DA ZHONG XIAO XUESHENG
SIXIANG ZHENGZHI JIAOYU DE
ZHENGTI YANJIU

本书系北京师范大学2017年度青年教师基金项目"大中小学生思想政治教育的整体研究与理论建构"
（项目编号：310422108）最终研究成果

大中小学生
思想政治教育的整体研究

吴林龙 著

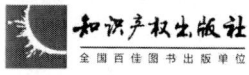

知识产权出版社
全国百佳图书出版单位

图书在版编目（CIP）数据

大中小学生思想政治教育的整体研究 / 吴林龙著 . —北京：知识产权出版社，2019.3

ISBN 978-7-5130-6140-7

Ⅰ.①大… Ⅱ.①吴… Ⅲ.①学生—思想政治教育—研究—中国 Ⅳ.①G41

中国版本图书馆 CIP 数据核字（2019）第 040701 号

内容提要

近年来，国家对不同层次和类型的学生思想政治教育日益重视，但学生思想政治教育始终比较缺乏学段贯通的整体研究。本书打通了大中小学诸学段，对国民教育整体视域中的学生思想政治教育基本理论与实践问题进行深入探究，特别是从应然的角度对诸学段的教育目标、内容、方法等给出系统的理论说明和科学阐释。这些探讨将对深化新时代学生思想政治教育本质和规律认识，为各个学段的思想政治教育实践提供示范，为决策管理部门制定相关政策、加强学科建设等提供借鉴和参考，具有很强的现实针对性、实践操作性和战略意义。

责任编辑：李海波　　　　责任印制：孙婷婷

大中小学生思想政治教育的整体研究
吴林龙　著

出版发行：知识产权出版社 有限责任公司		网　　址：http://www.ipph.cn	
电　话：010 — 82004826		http://www.laichushu.com	
社　　址：北京市海淀区气象路50号院		邮　　编：100081	
责编电话：010 — 82000860 转 8582		责编邮箱：lihaibo@cnipr.com	
发行电话：010 — 82000860 转 8101		发行传真：010 — 82000893	
印　　刷：北京中献拓方科技发展有限公司		经　　销：各大网上书店、新华书店及相关专业书店	
开　　本：720mm × 1000mm　1/16		印　　张：16.25	
版　　次：2019 年 3 月第 1 版		印　　次：2019 年 3 月第 1 次印刷	
字　　数：260 千字		定　　价：56.00 元	

ISBN 978-7-5130-6140-7

前　言

　　学生思想政治教育，历来是思想政治教育的重点。它的得失成败直接影响和体现着思想政治教育的整体成效。顾名思义，学生思想政治教育是按照国家和社会的要求对正在求学的人进行的思想政治教育。一方面要基于国家和社会的要求；另一方面要面对处于发展变化之中的学生，使学生思想政治教育呈现出一定的系统性、计划性、科目性以及不可或缺性。同时也决定了它在学校思想政治教育和全部思想政治教育乃至整个社会建设中的基础地位。学校思想政治教育一般包括教师思想政治教育和学生思想政治教育。尽管学校思想政治教育要针对教师加强思想政治教育，但就加强和改进学校思想政治教育的整体而言，学生思想政治教育是学校思想政治教育的核心和主体。一定意义上，人们甚至把学校思想政治教育等同于学生思想政治教育。学校的使命就是育人，是通过创设各种条件促进求学的人健康全面地成长发展。学生思想政治教育也是整个社会思想政治教育的根本和基础。社会思想政治教育通常是在学生思想政治教育的基础上进行的，是个体接受了一段思想政治教育后，进入社会中才接受的思想政治教育。个体的求学阶段不仅积累了一定的知识和技能基础，还形成了接受社会思想政治教育的基础。因此，自人类进入阶级社会以来，为了使学校里求学的人能成为国家和社会要求的人，古今中外的各个国家都致力于加强和改进学生思想政治教育，概莫能外，特别是在经济文化落后的基础上走上社会主义道路的中国，要有效防范敌对意识形态的渗透，培养国家和社会未来的合格建设者与可靠接班人，更应如此。

　　学生思想政治教育值得高度重视和加强改进，那么现实中当代中国的学生思想政治教育理论研究能否有力支撑这种客观要求呢？这是值得关注的更深层问题。近年来，国家对不同层次和类型的学生思想政治教育日益重视，但由于各种原因，学生思想政治教育始终缺乏学段贯通的整体研究。有些研究成果是以基础教育为主要研究对象，对大学生很少涉及；而有些集中于大学生思想政治教育，基础教育方面的研究则较为欠缺。学生思想政治教育研究不足的问题引人注意，必须系统地关注学生思想政治教育。同时，系统地关注学生思想政治教育也是国家和社会发展形势变化的客观要求。因而，随着理论研究的深入和社会现实发展的需要，特别是在中国特色社会主义进入新时代的背景下，着力培养新时代中国特色社会主义的合格建设者和可靠接班人，着力培育能够担当民族复兴大任的时代新人，引导青少年扣好人生第一粒扣子，成为有理想、有本领、有担当的国家栋梁之才，从贯通国民教育诸学段（以普通教育的大中小学为参照）来推进学生思想政治教育整体研究就成为一种必然趋势。

大中小学生思想政治教育整体研究，必须首先确证学生思想政治教育不仅存在于高等教育阶段而且贯通国民教育诸学段（大中小学），才能在贯通国民教育诸学段的意义上整体建构学生思想政治教育，为学生思想政治教育的整体研究提供坚实支撑。本书是在系统梳理和科学把握相关研究现状的基础上，从学生思想政治教育整体视域的确证、实践要素整体建构、学科理论建设三个维度，在贯通国民教育诸学段的意义上对学生思想政治教育进行深入系统的理论研究和科学阐释。特别是结合新时代经济社会发展和国际国内教育新形势对贯通国民教育诸学段的教育对象、教育主体、教育目标、教育内容、教育方法和效果评估进行系统性、整体性、关联性研究，形成既是实践要素的系统化，又是整体性和关联性的学生思想政治教育实践体系，系统回答国民教育诸学段的教育对象到底都有哪些发展需要、行为特点和存在的问题，诸学段的教育主体到底应该具有怎样的职能定位，诸学段的教育目标到底如何确定，诸学段到底应进行哪些内容的教育，诸学段的教育方法到底有哪些，诸学段的教育效果评估尺度等一系列问题，因而能为国民教育诸学段的学生思想政治教育实践提供样本示范，也能为学生思想政治教育决策管理部门制定相关政策提供借鉴和参考。

基于如上考量，笔者提出了大中小学生思想政治教育整体研究这个具有重要意义的现实课题，确证了学生思想政治教育整体视域是深化学生思想政治教育认识理解的必然要求，也是加强学生思想政治教育实践的现实需要，深入探讨了推进学生思想政治教育整体研究的逻辑进路，并在贯通国民教育诸学段的整体上对学生思想政治教育实践要素进行了整体建构，最后从学科建设的角度探讨了学生思想政治教育学创建的基本问题。所有这些探讨有一个非常重要的立论根据，那就是对学生思想政治教育内涵和外延的理解，是仅仅从教育内容的角度来理解学生思想政治教育，把学生思想政治教育看作学生思想政治内容的教育，还是从整体性质和发展趋势上来理解学生思想政治教育，把国民教育诸学段有着不同称谓和样态的实践活动，比如品德与生活教育、品德与社会教育，乃至当前的道德与法治教育，抑或思想品德教育等，都看作学生思想政治教育由于受到教育对象发展水平的限制和教育循序渐进规律的要求而在特定学段的实现形式和存在样态。本书充分论证了后一种观点并基于这种观点对学生思想政治教育进行了深入系统的研究，特别是我们呼吁，既然学生思想政治教育贯通国民教育诸学段，那么思想政治教育学科不仅要支撑高等教育阶段学生思想政治教育，也应该支撑基础教育阶段的学生思想政治教育，更应该在贯通国民教育诸学段的整体上对学生思想政治教育进行系统研究。

目　录

第一章

整体视域中的学生思想政治教育

　　大中小学生思想政治教育的整体研究何以可能、何以必要，首先取决于是否存在整体视域中的学生思想政治教育。学生思想政治教育是否贯通于国民教育诸学段或是否存在大中小学生思想政治教育，是大中小学生思想政治教育整体研究得以成立的前提，也是推进大中小学生思想政治教育整体建构的基础。大中小学生思想政治教育整体研究不是纯粹的抽象课题，而是深化学生思想政治教育认识的必然要求，也是加强学生思想政治教育的现实需要。基于整体视域，推进大中小学生思想政治教育的整体建构，必须坚持科学取向，必须贯彻以人为本，必须加强实效建设，必须落实系统化理念。

第一节 整体视域是深化学生思想政治教育认识的必然要求

现阶段，有作为实践活动的学生思想政治教育，也有作为研究领域的学生思想政治教育，但还没有对学生思想政治教育进行深入系统的整体研究。思想政治教育学科建设发展的过程表明，加强和改进学生思想政治教育是思想政治教育学科的根本性和基础性建设。思想政治教育学科的深入发展，必须着眼于学生思想政治教育的现实存在，必须在加强学生思想政治教育中不断开拓思想政治教育的学科视域，丰富学科内涵，增强学科特色，提高学科水平。而形成学生思想政治教育整体视域就是顺应这种客观要求的题中应有之义。

从现实看，学生思想政治教育似乎是不常用的术语。提到学生思想政治教育，人们想到的是高校学生思想政治教育、大学生思想政治教育或青年学生思想政治教育。就目前搜集到的资料看，20 世纪 80 年代初，曾德聪就出版了《学校思想政治教育学概论》（1983）❶。虽然从这部著作的名称看是学校思想政治教育学概论，涉及学校里的学生思想政治教育研究，涉及学生思想政治教育的理解，涉及学生思想政治教育实践要素诸多方面，但是仔细分析这部比较有代表性的著作可以发现，其具体内容主要是针对青年学生尤其是针对大学生的，是对高校学生思想政治教育的本质规律和实践要素的探讨。另外，在我们搜集到的较早的文献中发现不仅这部著作如此，其他的一些著作大体上也如此。例如，上海市高教局组编了《高等学校学生思想政治教育概论》（1984）❷，樊万清、赵才元主编了《高等学校学生思想政治教育学概论》（1989）❸。通过阅读这两部著作，我们发现虽然书中的章节乃至内容都比较普遍地直接使用了学生思想政治教育的称谓，但从论述的具体内容看，只是对高校学生思想政治教育的本质规律和实践要素进行了研究。黄书孟主编的

---

❶ 曾德聪. 学校思想政治教育学概论［M］. 福州：福建教育出版社，1983.

❷ 上海市高教局. 高等学校学生思想政治教育概论［M］. 北京：教育科学出版社，1984.

❸ 樊万清，赵才元. 高等学校学生思想政治教育学概论［M］. 北京：高等教育出版社，1989.

《学生思想政治教育概论》（1991），虽然名其曰学生思想政治教育概论，但书中只有一节论述中学生的主要特点，其他都是关于大学生的。❶ 21 世纪以来的学生思想政治教育著作数量陡增、难以计数，但几乎都是指向高校学生思想政治教育或大学生思想政治教育。

在思想政治教育学科领域中，尽管这种现象的出现可能是不自觉的，但当人们对学生思想政治教育作出如上把握，并形成如上成果呈现形式时，实际上说明了学界对学生思想政治教育的一种通常理解，即学生思想政治教育指向高校学生或大学生思想政治教育。学生思想政治教育是否就是高校学生思想政治教育呢？这有待深入探讨。稍有点常识的人都知道学生肯定不仅包括高校学生或大学生，还应该包括其他类型的学生。从学生的字面意义上看，学生思想政治教育与大学生、高校学生或青年学生思想政治教育，应该有着不同的指向，一个指向学生，另一个指向大学生、高校学生或青年学生。学生的外延一般要包括大学生、高校学生、中学生、小学生等。如果这种设想成立的话，在思想政治教育学科理论研究过程中将学生思想政治教育直接或间接等同于大学生、高校学生或青年学生思想政治教育，无疑缩小了学生思想政治教育的外延。现在一个更深层次上值得思考的问题是，从学生外延的角度来把学生思想政治教育理解为大、中、小学生思想政治教育又是否合理呢？从现实看，大学生或高校学生要接受思想政治理论课教育，处在青年初期的高中生有思想政治课。因而回答好这个问题的关键在于，除了大学生、高校学生、高中生的思想政治教育外，学生思想政治教育是否可以指向初中生和小学生。

在现实中，当前似乎很少听到初中生思想政治教育和小学生思想政治教育，但我们是否因此就能否认初中生和小学生思想政治教育的实际存在呢？首先历史地看，学生思想政治教育概念是伴随着中华人民共和国的成立以及在对旧式学校教育的改造过程中逐渐萌发的。1949 年 9 月 29 日通过的《中国人民政治协商会议共同纲领》第五章"文化教育政策"规定："人民政府的文化教育工作，应以提高人民文化水平，培养国家建设人才，肃清封建的、

---

❶ 黄书孟．学生思想政治教育概论［M］．杭州：杭州大学出版社，1991.

买办的、法西斯主义的思想，发展为人民服务的思想为主要任务。提倡爱祖国、爱人民、爱劳动、爱科学、爱护公共财物为中华人民共和国全体国民的公德。"这些规定尽管没有提出学生思想政治教育的概念，但是却为1949年后学校里的学生进行思想政治教育提供了重要遵循。1949年10月6日至14日，中国新民主主义青年团中央委员会常委扩大会议召开，会议指出今后共青团在学校的工作必须注意到和中华人民共和国成立前的学生工作的基本区别，要求学生必须做到科学知识、进步思想、健全体魄的统一。同时，本次会议还通过了《关于建立中国少年儿童队的决议》，该决议指出"这个组织是在学习和各种集体活动中，团结和教育少年儿童，培养他们成为爱祖国、爱人民、爱劳动、爱科学和爱公共财物的新中国的优秀儿女"。可以说，这个会议的召开为进一步对学生进行思想政治教育以及学生思想政治教育概念的形成提供了组织活动基础。紧随青少年儿童工作部署，10月8日华北人民政府高等教育委员会颁发《华北专科以上学校一九四九年度公共必修课过渡时期实施暂行办法》，规定本年度一、二、三、四各年级均必修"辩证唯物论与历史唯物论"（包括社会发展史）和"新民主主义论"（包括近代中国革命运动史）。按照这个文件精神，10月11日，华北人民政府高等教育委员会颁布了《各大学、专科学校、文法学院各系课程暂行规定》，明确规定把"辩证唯物论与历史唯物论"（包括社会发展史）和"新民主主义论"（包括近代中国革命运动史）、"政治经济学"等课程列为文学院、法学院的公共必修课。同年11月17日，中央人民政府教育部召开了华北地区及北京、天津专科以上院校联席会议，会议讨论了高等教育改造的方针，明确指出课程改革的中心环节是加强政治课学习。这就把开设政治理论课提高到居于整个学校课程改革中心环节的高度，确认了高校政治理论课的地位，为在高校形成学生思想政治教育概念奠定了基础。而最早从内容上系统地直接涉及学生思想政治教育的是1949年12月28日徐特立在《人民日报》发表的《普通学校的思想教育》。文章指出："历史证明，过去我们在党员、干部和群众的思想教育上都有比较长期的历史基础。所以我们广泛开展学校的思想教育，是具有足够的把握和充分的信心的，是能够胜利完成的，但同时必须要有领导有计划有步骤来进行这项工作。""普通学校的思想教育是把马克思主义的辩证唯物论和唯物史观，贯彻到学校各科课程和实际生活的各方面去，以培养学生能够独立地运用马克思主义的宇宙观去处理他们学习及日常生活的一切问题。""思想教育的对象是普通学校的教师和学生。"这篇文章的发表预示着中华人民共和国要将过去革命年代对党员、干部和群众的思想教育历史经验运用到学校的思想教育上，要对学校里的学生进行有计划、有步骤的思想教育。学校思想教育概念的提出，尤其是对学校思想教育内容的规定和对象的分类，为学生思想政治教育概念的形成奠定了直接基础。

学界最初是在探讨"中学生思想政治教育"时正式提出了学生思想政治教育概念。中国知网检索发现，20世纪50年代到70年代末，人们关于学生思想政治教育的探讨很大程度都指向中小学。在1953年《人民教育》第10期发表署名为北京四中的《学生思想政治教育总结》论文中首次提出了学生思想政治教育概念。随后，1963年《学术研究》第6期发表的署名为广教的《广东教育界座谈中小学思想政治教育问题》，1979年第1期《四川教育》发表的署名为营山县城守镇第一小学的《向学生开展生动活泼的思想政治教育》，1980年《锦州师范学院学报（哲学社会科学版）》第4期发表的署名为贾淑英的《必须加强对中小学生的思想政治教育》等都指向中小学生思想政治教育，只是到了20世纪80年代初到90年代初，才开始有了高校学生或大学生思想政治教育的称谓。其中，1981年《上海高教研究》第2期署名为高娇妍、杜年玲的《关于高等学校学生思想政治教育工作的几个问题》的文章首次提出高校学生思想政治教育的概念。可见，学生思想政治教育最初就是指称中小学生思想政治教育。

通过资料梳理，我们发现，人们在减少对中小学生进行思想政治教育称谓的同时，并没有否认它们的思想政治教育实质。从20世纪80年代开始乃至当前，在中小学生思想政治教育称谓减少的同时，中小学德育概念开始在国家文件和实践领域频现。中小学德育，实质上就是中小学生思想政治教育。例如，中共中央《关于改革和加强中小学德育工作的通知》（1988年12月）首次界定了中小学中德育的内涵，即"在中小学教育中，德育即思想品德和政治教育"。国家在1993年3月26日颁布实施的《小学德育纲要》就指出"小学德育即学校对小学生进行的思想品德教育"，1995年2月27日颁布实施的《中学德育大纲》指出"中学德育即对学生进行政治、思想、道德和心理品质教育",1998 年 3 月 16 日颁布的《中小学德育工作规程》指出"德育即对学生进行政治、思想、道德和心理品质教育"。可见,中小学德育实质上属于学生思想政治教育,是学生思想政治教育随着我国经济社会的转型发展和对个体成长发展规律研究的深入以及自身教育实践经验的积累,在中小学阶段的表现形式和言说方式,但这并不否认其属于学生思想政治教育的实质。

学生思想政治教育指向各级各类学生,而不仅仅指现在人们通常理解的高校学生思想政治教育、大学生思想政治教育或青年学生思想政治教育,是学生思想政治教育的"实至名归"。不论是中小学的思想品德教育抑或德育,还是大学生的思想政治理论教育,从性质上看都属于学生思想政治教育系列,都是在培养国家和社会需要的人,都是为了促进个体的全面成长发展。学生思想政治教育在不同的学段虽有不同的称谓和样态,但实质上是表现形式不同而已。只是由于个体的身心发展水平、接受理解能力以及教育的循序渐进原则决定了,学生思想政治教育不得不在国民教育的特定学段,进行特定内容的教育,如小学生的生活常识教育和行为习惯培养、初中生的思想品德培养、大学生的思想理论教育等,但这不能否认,在总体上这项在国民教育系统中不同学段有着不同教育内容或表现形式并旨在培养国家和社会需要的人的实践活动,可以统称为学生思想政治教育。

其实,由于以往把学生思想政治教育通常理解为高校学生思想政治教育、大学生思想政治教育或青年学生思想政治教育,而尚未在国民教育整体上理解学生思想政治教育,思想政治教育学科对学生思想政治教育的支撑主要局限在高校思想政治教育、大学生思想政治教育或青年学生思想政治教育,缺少对国民教育系统中不同学段有着不同表现形式而实则属于整个学生思想政治教育系列的诸学段实践活动的支撑。例如,目前思想政治教育学科尚未在学生思想政治教育的整体视域下对基础教育阶段的学生思想品德培养进行深入研究,而是在集中地研究高等教育阶段的学生思想政治理论教育。这事实上是把基础教育阶段的思想政治教育让渡给了教育学或德育学,造成了基础教育思想政治教育研究缺位的现象。当前,深化学生思想政治教育的理解认识，决定了思想政治教育学科必须把学生思想政治教育作为贯通国民教育诸学段的实践活动来认识，从贯通国民教育诸学段的整体上来理解学生思想政治教育。鉴于此，可试着得出如下几点结论。

一是应该把学生思想政治教育看作指向整个学生系统（各级各类学生）的思想政治教育。思想政治教育可分为学校系统的思想政治教育、军队系统的思想政治教育、党校系统的思想政治教育等；而指向学校系统的思想政治教育按对象指向又可分为指向学生系统和指向教师系统的思想政治教育。因而，我们应该在指向整个学生系统的意义上把握学生思想政治教育，而不是仅仅把学生思想政治教育看作高校学生思想政治教育、大学生思想政治教育或青年学生思想政治教育。

二是应该把学生思想政治教育看作在整个国民教育不同学段有着不同表现形态或层次类别的学生思想政治教育组成的系统性存在。这就是说，要把学生思想政治教育在不同学段的表现形态或层次类别，如小学阶段的生活常识教育，初中阶段的思想道德教育，乃至小学的少年队活动、中学的共青团活动等，都看作由学生构成的层次性、学生发展的阶段性以及国民教育的层级性决定的学生思想政治教育系统性存在，都看作学生思想政治教育在国民教育特定学段的本质规定和实现形式。

三是应该把学生思想政治教育看作由自身实践诸要素组成的系统性存在。我们要注意学生思想政治教育实践（如教育目的、内容、方法、队伍等）要素间的横向贯通关系，也要注意到学生思想政治教育实践要素自身在国民教育诸学段的纵向衔接关系。过去乃至当前，人们在思想政治教育学科内也谈论学生思想政治教育要素的系统把握，但由于认识理解的局限，一定意义上所谈论的主要是学生思想政治教育工作的系统建构（往往不包括教育对象和教育者队伍，只是局限于教育目标、内容和方法途径等的系统构成），而往往缺失从贯通国民教育诸学段的意义上对学生思想政治教育所有实践要素横向贯通和纵向衔接上来理解学生思想政治教育实践要素的系统构成。

因而，从深化对学生思想政治教育理解的角度看，学生思想政治教育从实质上看，并不仅仅局限于高校学生思想政治教育、大学生思想政治教育或青年学生思想政治教育，而是贯通于国民教育诸学段。尽管当前在国民教育诸学段，依据国家和社会的需要并旨在培养学生良好文明习惯、道德素养和政治素质的实践活动有不同的称谓，但从总体上看，都可以看作学生思想政治教育在国民教育不同学段的表现形式和存在方式。总而言之，当前在思想政治教育学科领域，深化对学生思想政治教育理解认识，有必要把学生思想政治教育作为贯通国民教育诸学段的实践活动来认识，形成学生思想政治教育的整体视域，从贯通国民教育诸学段的整体上来理解学生思想政治教育，把学生思想政治教育看作指向整个学生系统（各级各类学生）的思想政治教育，把学生思想政治教育看作在整个国民教育不同学段有着不同表现形态或层次类别的学生思想政治教育而组成的系统性存在，把学生思想政治教育看作由自身实践诸要素组成的系统性存在。

第二节　整体视域是加强学生思想政治教育实践的现实需要

在思想政治教育学科领域，形成学生思想政治教育整体视域，不仅是深化学生思想政治教育认识理解的必然要求，也是加强和改进学生思想政治教育实践的现实需要。对此，可以从如下几个方面来分析。

首先，近年来，国家对不同层次和类型的学生思想政治教育日益重视，为学生思想政治教育整体视域的形成提供了现实契机。一是中共中央、国务院《关于进一步加强和改进未成年人思想道德建设的若干意见》（中发〔2004〕8号），中共中央、国务院《关于进一步加强和改进大学生思想政治教育的意见》（中发〔2004〕16号）和教育部《关于进一步加强和改进研究生思想政治教育的若干意见》（教思政〔2010〕11号）等对不同层次的学生思想政治教育的重视，要求我们在加强和改进特定学段的学生思想政治教育的同时，进一步形成学生思想政治教育的整体视域，把学生思想政治教育看成指向中小学生（未成年人）、大学生、研究生的系统性存在，从贯通国民教育的整体上来把握学生思想政治教育，加强学生思想政治教育系统规划和设计。二是义务教育阶段的《品德与生活课程标准》（2011年修订）、《品德与社会课程标准》（2011年修订）、《思想品德课程标准》（2011年修订），《全日制普通高中思想政治新课程标准》（2004年版），中共中央宣传部、教育部

《关于进一步加强和改进高等学校思想政治理论课的意见》（教社政〔2005〕5号），教育部办公厅《关于做好研究生思想政治理论课教学大纲使用工作的通知》（教社科厅函〔2012〕18号），《普通高校思想政治理论课建设体系创新计划》（教社科〔2015〕2号）等文件对不同层次学生思想政治教育课程的日益重视，也要求我们把学生思想政治教育看作贯穿国民教育诸学段的系统性存在，用学生思想政治教育的整体理念来统领诸学段的课程建设。❶ 三是教育部《关于建立健全中小学师德建设长效机制的意见》（教师〔2013〕10号）、中共中央宣传部、教育部《关于进一步加强高等学校思想政治理论课教师队伍建设的意见》（教社科〔2008〕5号），中共中央组织部、中共中央宣传部、中共教育部党组《关于加强和改进高校青年教师思想政治工作的若干意见》（教党〔2013〕12）等文件进一步凸显了教师思想政治教育在学校思想政治教育中的重要性和紧迫性，为学生思想政治教育整体建构提出了间接要求。❷ 过去人们常以加强学校思想政治教育的形式来加强学生思想政治教育，实际上学校思想政治教育是由教师思想政治教育和学生思想政治教育两个部分组成的。当前教师思想政治教育的加强反过来进一步要求我们面向学生思想政治教育本身，推进学生思想政治教育系统设计和整体规划。

其次，改革开放以来，整体建构不同学段学生思想政治教育任务的提出以及目前亟须推进的现状，为学生思想政治教育整体视域的形成提供了现实根据。根据我们查阅到的资料，中共中央《关于改革学校思想品德和政治理论课教学的通知》（1985年8月）第一次从课程内容的角度对国民教育诸学段（小学、初中、大学、研究生阶段）的学生思想政治教育进行了系统安排。中

---

❶ 在基础教育阶段，教育部发出通知，为贯彻落实党的十八届四中全会关于在中小学设立法治知识课程的要求，即从2016年起将义务教育小学和初中起始年级"品德与生活""思想品德"教材名称统一更改为"道德与法治"，并于2017年秋季学期全国所有地区小学一年级和初中一年级使用统编"道德与法治"教材，2018年覆盖小学初中一、二年级，2019年所有年级使用。这个新的教材命名及使用一方面更进一步体现了中小学品德教育属于学生思想政治教育系列（因为在思想政治教育学科看来，道德和法治属于思想政治教育的基本内容）；另一方面也体现了基础教育阶段学生思想政治教育系统化趋势在加强。

❷ 2017年2月28日，《人民日报》发表的中共中央、国务院印发《关于加强和改进新形势下高校思想政治工作的意见》进一步凸显和强调了教师思想政治教育并做了专门部署谋划。

共中央《关于进一步加强和改进学校德育工作的若干意见》（1994 年 8 月）首次正式提出了"整体构建学校德育体系"，提出了要"科学地规划各教育阶段的具体内容、实施途径和方法"。国家颁布的《小学德育纲要》（1993 年 3 月）、《中学德育大纲》（1995 年 2 月）、《中国普通高等学校德育大纲》（1995 年 11 月）对大中小学不同学段的德育目标、内容、方法、途径乃至评价管理进行了系统规划，开创了整体规划学校德育体系的新阶段。随后，人们对整体规划不同学段的实践活动进行了深入探索，时至今日仍然是亟待完成的现实课题。如《国家中长期教育改革和发展规划纲要（2010—2020 年）》提出"构建大中小有效衔接的德育体系"。尽管如上内容主要是以德育话语的形式提出和推动的，但国家文件中关于德育的规定实质上就是学生思想政治教育。整体建构学校德育体系从实质上看就是要把学生思想政治教育看作贯通国民教育诸学段的系统性存在，对贯通国民教育诸学段的学生思想政治教育进行系统设计和整体规划。

最后，在具体的学生思想政治教育实践领域遇到的一些现实问题，为学生思想政治教育整体视域的形成和实践要素的整体建构提供了现实任务。在思想政治教育学科领域，形成学生思想政治教育整体视域不仅是适应国家对加强和改进学生思想政治教育实践的客观要求，同时也是解决具体的学生思想政治教育现实问题的本质要求。这些具体的现实问题的存在及其有效解决，决定了要形成学生思想政治教育整体视域，进一步推进学生思想政治教育的整体建构。从现实看，在学生思想政治教育实践方面还存在一些具体问题，即学生思想政治教育目标、内容等在不同学段重复、脱节、倒置等现象还在一定范围内存在。比如，一些学段的学生思想政治教育目标往往具有一定的抽象模糊性，不同学段的学生思想政治教育目标的层级性或梯度性还不够明显，甚至出现目标的"倒置"现象，一定程度存在如人们常说的"小学培养共产主义接班人，中学培养社会主义建设者，大学培养社会合格公民"的现象。同时，一个不容忽视的也是近年来呼声比较高涨的问题是，学生思想政治教育内容还存在一定的重复、断层和倒挂现象。例如，某出版社出版的品德教材中"六尺巷"的故事、"曾子杀猪"的故事、袁隆平杂交水稻的故事等都曾在小学和初中这两个学段大篇幅重复出现。而从学生思想政治教育方法途径看，也往往缺乏层次性和针对性，如有新闻报道某学校组织同一个班级春游连续六年去同一个地方。学生思想政治教育效果评价方面还缺乏具有可操作性的学段化、年级化的客观实效测评标准。同时，在学生思想政治教育者的整体定位方面，一定程度上还没有明确学生思想政治教育在不同学段的本质规定和职能要求，个别还"各自为营"，离"全员育人、全过程育人、全方位育人"的协同育人要求还有一定的距离。因而，如上这些具体的学生思想政治教育问题的存在表明，当前学生思想政治教育一定程度还缺乏系统规划和整体设计，教育要素尚需系统建构，教育阶段尚需有效衔接，教育活动尚需序列化开展，教育体系尚需协同配合。可见，在学生思想政治教育实践过程中面临的一些具体问题，决定了当前加强和改进学生思想政治教育，应该形成学生思想政治教育整体视域，注意小学、初中、高中、大学的衔接和螺旋式上升，克服倒挂、脱节、简单重复和脱离实际的问题，实现对学生思想政治教育实践中不同要素的系统规划，在贯通国民教育诸学段的意义上对不同学段的学生思想政治教育进行整体建构。

第三节　推进大中小学生思想政治教育整体建构的逻辑进路

不论是从深化对学生思想政治教育认识理解的意义上看，还是从加强和改进学生思想政治教育的现实需要的角度看，当前推进学生思想政治教育发展创新，应该从贯通国民教育诸学段的意义上来理解学生思想政治教育，深入推进大中小学生思想政治教育的整体建构。在贯通国民教育诸学段的意义上深化对学生思想政治教育基本理论问题的认识，并通过对国民教育诸学段的思想政治教育实践要素进行横向贯通、纵向衔接的把握和建构，为国民教育诸学段的思想政治教育实践提供参照参考，具有非常深刻的理论意义，也具有明显的应用前景。

基于学生思想政治教育整体视域，对大中小学生思想政治教育进行深入系统的整体建构具有非常深刻的理论意义。大中小学生思想政治教育深入系统的整体研究能够发展完善学生思想政治教育基本理论。因为大中小学生思想政治教育的整体研究，涉及学生思想政治教育内涵外延的理解，涉及学生思想政治教育本质规定和实现形态，涉及学生思想政治教育的实践要素系统建构，而这些研究无疑能深化和完善学生思想政治教育的理论认识。同时，如何理解大中小学生思想政治教育的整体建构也是值得思考的问题。诸如，是大中小学生思想政治教育系统构成的整体建构，还是大中小学生思想政治教育工作的系统化，抑或是大中小学生思想政治教育实践要素的整体建构，反映的是不同的致思路向。对大中小学生思想政治教育的实践要素进行横向贯通、纵向衔接的整体建构研究，一方面是对这些实践要素自身在不同学段的纵向延展的系统研究；另一方面是各要素之间相互关联性研究即整体性研究，因而这些探讨无疑能够深化对大中小学生思想政治教育整体的认识。其实，大中小学生思想政治教育的整体研究还能够充实和丰富整个思想政治教育的理论甚至促进整个思想政治教育学科理论建设。学生思想政治教育历来是思想政治教育的重点。推进大中小学生思想政治教育整体研究，形成学生思想政治教育整体研究的独特思路和理论成果，能够突破以往在思想政治教育学科领域只是将高校学生思想政治教育或大学生思想政治教育作为自己理论研究的视域，从而在国民教育诸学段的整体上对学生思想政治教育的本质规律和实践要素进行纵向衔接、横向贯通的整体研究。因而，从这种意义上看，形成学生思想政治教育的整体视域，对大中小学生思想政治教育进行整体研究，无疑能够充实和丰富整个思想政治教育理论，开拓思想政治教育学科的理论视域，推动思想政治教育学科不仅担负起支撑高校学生思想政治教育的职责使命，也担负起支撑基础教育阶段学生思想政治教育的职责使命，同时也能够在贯通国民教育诸学段上对整个学生思想政治教育进行系统研究。

基于学生思想政治教育整体视域，对大中小学生思想政治教育进行整体建构是实践的需要，具有明显的应用前景。大中小学生思想政治教育的整体建构虽具有重要的科学意义，但它的目的取向是实践，有助于整个学生思想政治教育实践的发展。大中小学生思想政治教育整体研究以普通国民教育的诸学段为参照，对学生思想政治教育实践要素进行全面深入系统的整体建构，可以为国民教育诸学段思想政治教育实践提供参考；也可以为决策管理机关制定相关政策提供借鉴，促进学生思想政治教育更加专业化、科学化。大中小学生思想政治教育整体建构还能够为推进党和国家的指导思想及理论创新成果融入学生思想政治教育实践提供一些参照。在社会大系统内对大中小学生思想政治教育实践要素进行整体建构，特别是通过联系新时代经济社会发展和国际国内教育新形势，促进国民教育诸学段学生思想政治教育系统化，必将在整个社会意识形态建设、国家的安全与稳定、凝聚价值共识、促进社会和谐稳定、确保党和国家的事业发展及时代新人培养等方面，发挥重要的战略应用价值。而从具体应用的角度看，既可以为不同层级、不同类别学校思想政治教育和教学单位的教师及工作人员，提供教育教学的参考；也可以为教师教育和职工教育教师培训机构，提供参考教材和学习资料；还可以为不同层级的学术研究机构，提供学术研究的参考资料；同时，还可以为各级教育行政机构和党政宣传部门的工作人员，提供教育策略和决策的参考。

现在的问题是，既然形成学生思想政治教育的整体视域，对推进大中小学生思想政治教育整体建构具有十分重要的现实意义，那么如何基于学生思想政治教育整体视域来推进学生思想政治教育的整体建构，这是值得深入思考的问题。在思想政治教育学科领域，形成学生思想政治教育整体视域，对学生思想政治教育进行整体建构，对加强和改进不同层次的学生思想政治教育既具有理论意义，也具有实践价值。然而，目前学生思想政治教育整体建构研究尚属起步阶段，还没有完全进入思想政治教育学科的视域，成为理论界关注的焦点。在贯通国民教育诸学段的整体上来推进大中小学生思想政治教育整体建构，必须遵循整体建构的客观规律，把握整体建构的科学进路。我们以为，基于整体视域，推进大中小学生思想政治教育整体建构必须遵循如下逻辑进路。

一、坚持科学取向

在思想政治教育学科领域，推进大中小学生思想政治教育整体建构，必须坚持科学取向。这里的科学取向与思想政治教育学科的创立发展有关。"思想政治教育是一门科学"是 20 世纪 80 年代初人们在总结实践经验的基础上提出的命题。命题的提出推动了人们关于思想政治教育科学化的讨论，为思想政治教育作为学科和专业在高校创设提供了舆论前提，也直接推动了思想政治教育的科学研究。思想政治教育是一门科学，本义是说，思想政治教育实践有着内在的规律性，必须科学认识思想政治教育规律，必须加大对这种规律的研究，必须遵循和利用这种规律。现在值得追问的是，思想政治教育是一门科学，目前的思想政治教育成为科学了吗，即把握住了思想政治教育的本质和规律了吗？回答这个问题可能要引起争论。但在科学化进程中有两点值得关注：一是思想政治教育要想成为科学，必须科学把握思想政治教育与学生思想政治教育的关系；二是思想政治教育要想成为科学，必须运用科学的研究方法。

对于前者，目前在思想政治教育学科领域，并没有厘清思想政治教育与学生思想政治教育的关系，并没有彰显学生思想政治教育的应有地位。虽然我们在高校创设了思想政治教育学科和专业，但是我们往往把思想政治教育研究混淆于学生思想政治教育研究，导致二者边界混淆取代、论域杂糅不分。例如，有的教材虽然名其曰思想政治教育学原理，却是以学生思想政治教育乃至大学生思想政治教育为立论根据。我们也没有把学校思想政治教育与学生思想政治教育区分开，往往把学校思想政治教育等同于学生思想政治教育。实际上，学校思想政治教育至少还包括教师思想政治教育。同时，目前即使有人在做学生思想政治教育研究，但也鲜有从整体上打通大中小学各学段对学生思想政治教育进行深入系统的整体研究。其中存在的明显不足是，在思想政治教育学科领域，人们多关注高等教育阶段学生思想政治教育，而忽视基础教育阶段学生思想政治教育研究。学生思想政治教育是对正在求学的人进行的思想政治教育，虽然目前在不同的学段有不同的称谓，如在小学称为品德培养，在初中称为思想品德教育，在高中和大学才有思想政治课，有时在大中小学也称为德育，但是这不否认，可以把这项根据学生身心发展特点和社会要求系统培养学生良好思想品德的实践活动称为学生思想政治教育。小学阶段的品德习惯培养，初中阶段的思想品德教育，高中阶段和大学阶段才出现的思想政治课，一定意义上都是学生思想政治教育在不同学段的表现形式，因而我们应该从整体上打通大中小学各学段对学生思想政治教育开展系统的科学探究。这是坚持科学取向，以推进学生思想政治教育科学研究的必然要求。

在科学化进程中除了没有科学把握学生思想政治教育的本质规律外，人们还热衷于抽象的书斋思辨，热衷于寻求抽象的普遍道理，热衷于其他学科概念或原理在研究中的套用或借用。"一种不好的倾向是，不是从思想政治教育实践中，从历史与现实的大量现象中去提炼重要的论题，而是从马克思主义哲学原理的体系中直接地把问题套过来，带上个'思想政治教育'帽子，作为思想政治教育学原理中的基本论题。"❶ 这不仅导致思想政治教育研究的虚假繁荣，也形成思想政治教育研究投机务虚的形象。例如，思想政治教育主客体的抽象讨论就限制了人们对教育者职业素养和学生成长发展的深入研究。其实，思想政治教育要想认识、发现和利用自己的规律，就必须充分占有研究对象的资料，必须采取实证、问卷、访谈、调查等研究方法，才能抓住真问题、发现真道理、形成真科学。周详的占有材料、丰富的调查研究、透彻的概念提炼、严谨的理论建构才是思想政治教育成为科学的阶梯。思想政治教育学科走过 30 多年的发展历程，由于研究方法的传统主观思辨，一定程度上限制了学生思想政治教育领域诸多有真正影响且推动实践发展的成果产生。思想政治教育要想成为科学，要想成为人们普遍认可尊重的科学，就必须克服那种抽象空洞思辨的方法论偏向，采用科学的研究方法尤其是狭义科学方法所涵括的问卷调查、交流访谈等实证方法对学生思想政治教育进行研究。

因此，在思想政治教育学科领域，不论是深入推进思想政治教育成为科学，还是从改善思想政治教育研究方法的角度看，深入推进学生思想政治教育的科学研究，就要科学把握思想政治教育与学生思想政治教育的关系，运用科学方法来研究学生思想政治教育，就要从整体上揭示贯通国民教育诸学段的学生思想政治教育本质规律和对学生思想政治教育的实践要素进行深入系统的整体建构。坚持这种科学取向，决定了不仅应该研究高校学生或大学生思想政治教育，还应该研究基础教育或中小学生思想政治教育，更应该打通大中小学诸学段从整体上对学生思想政治教育进行深入系统的整体研究。可见，坚持科学取向能够克服以往思想政治教育学科关于学生思想政治教育整体研究不足的现状，使思想政治教育学科不仅支撑起高校学生思想政治教

❶ 刘建军. 思想政治教育学原理建构中哲学思维的运用[J]. 思想教育研究，2012（4）.

育，还能支撑起基础教育阶段的学生思想政治教育，同时，在贯通国民教育诸学段的意义上对大中小学生思想政治教育的本质规律和实践要素进行整体研究。正是在这种意义上，我们以为在思想政治教育学科领域，基于学生思想政治教育整体视域，推进大中小学生思想政治教育整体建构，就应该把坚持科学取向作为深入推进大中小学生思想政治教育整体建构的首要路向。

二、贯彻以人为本

在思想政治教育学科领域，形成学生思想政治教育整体视域，推进大中小学生思想政治教育的整体建构，除了要坚持科学取向，还应该贯彻以人为本。以人为本是我们的治国理念，也是现代思想政治教育的基本原则；学生思想政治教育以人为本就要以学生的发展为本，发展是对学生思想政治教育的本质要求。同时，学生是思想政治教育规模最集中的对象，不论是数量上，还是构成上，还没有哪一类思想政治教育对象能与学生的规模集中性相比。学生是组织的最系统的思想政治教育对象，个体从小学到大学的整个过程，不论从经历的时段看，还是从接受的内容看，都是最系统的，也是最正规的。学生是国家和民族的未来，学生的身心发展具有可塑性，个体在求学阶段处于世界观、人生观和价值观的形成时期，也会经历成长成才的关键期和人生发展的奠基期。因此，从这种意义上看，以学生为本和以学生发展为本，就要形成学生思想政治教育整体视域，推进大中小学生思想政治教育整体建构。然而，目前在如何贯彻落实以人为本的理念上人们做得并不够，人们并没有踏踏实实地把这种理念原则贯彻到实际的学生思想政治教育理论研究和现实行动中。对于以人为本的理念，观念倡导得多，实际行动做得少。坚持以人为本就要关心、尊重、理解和培养学生。而关心、尊重、理解和培养学生，最根本的就是基于学生思想政治教育整体视域，去深入系统地认识和研究国民教育诸学段的学生，对学生成长发展进行过程研究。没有对学生的深入认识和系统把握，就不可能真正推进大中小学生思想政治教育的整体建构。

现阶段，在思想政治教育学科领域，特别是在学生思想政治教育领域，尽管关于学生的研究具有非常重要的地位，但从方法上看，点位研究的多、系统研究的少，重复研究的多、创新研究的少，思辨研究的多、实证研究的少；从内容上看，关注身心特点、心理问题的多，而关注行为特点、品德问题的少。因而，在当前的思想政治教育学科领域，关于学生的研究特别是关于学生成长发展过程的规律性研究总体上还比较滞后，还无法满足对学生思想政治教育进行整体建构的需要。基于学生思想政治教育整体视域，推进学生思想政治教育整体建构就要对大中小学不同学段的学生成长发展状况及规律进行深入系统的把握，整体呈现他们在不同学段甚至年级的成长发展内容。一定程度上看，只有在对学生在不同学段的成长发展内容，特别是对不同学段学生的主导需要、行为特点和典型问题等进行发展性、阶段性和规律性的过程研究的基础上，才能为推进学生思想政治教育的整体建构找到立足点，才能深化学生思想政治教育的认识理解，才能据此推进学生思想政治教育实践要素的整体建构。

其实，学生思想政治教育实践活动是一个复杂的过程。在学生思想政治教育领域，只有坚持以人为本，有效推进学生成长发展过程的深入系统研究，才能对学生在不同学段的成长发展内容，特别是对不同学段学生的主导需要、行为特点和典型问题等进行发展性、阶段性和规律性的过程研究。需要指出的是，以学生的发展为本，就是要使学生个性充分发展，就是要使学生发展满足广大人民的需要。从这种意义上看，也需要充分地认识和研究学生的成长发展，有针对性地促进学生的个性发展，这样才能把学生的发展引导到国家和人民需要的轨道上，才能整体建构学生思想政治教育体系。只有认识了学生，把握了对象，学生思想政治教育才能真正做到关心、尊重、理解和培养学生。学生处在成长发展的动态过程中，他们在不同的年级和学段有不同的发展内容和行为特点，也面临和存在不同的发展困惑和品德问题。因而，从这种意义上看，在学生思想政治教育领域，坚持以人为本，认识和研究学生，就要充分把握学生在不同年级和学段的发展内容，包括充分把握学生的生理发展、心理发展以及社会性发展等内容，同时，也要充分把握学生在不同年级和学段的行为特点，以及面临与存在的困惑和品德问题。只有这样，才能够深入地认识学生，才能够全面地了解学生，进而才能清晰地把握学生的成长发展过程。可见，落实以人为本，就要深入认识和研究学生，就要加强关于学生成长发展过程研究。不去研究学生，不去系统地研究学生，落实以人为本就是一句空话。因此，在学生思想政治教育领域，贯彻以人为本的理念，有利于充分地关心、尊重、理解学生，有利于深入推进学生系统研究，进而为推进学生思想政治教育整体建构提供一定的立足点，使学生思想政治教育能够在充分把握学生成长发展规律的基础上实现自身的整体建构。

三、注重实效建设

在思想政治教育学科领域，推进大中小学生思想政治教育整体研究，除了要坚持科学取向和贯彻以人为本之外，还应该注重实效建设，注意增强学生思想政治教育的实际效果。这应该是当前在思想政治教育学科领域，之所以要形成学生思想政治教育整体视域和推进学生思想政治教育整体建构最为深层的动机。一定程度上看，之所以要形成学生思想政治教育整体视域和推进学生思想政治教育整体建构，就是为了增强学生思想政治教育的实际效果。近年来，思想政治教育的实效问题日益成为思想政治教育学科的热点和焦点问题。尽管人们对思想政治教育的实效有不同的理解，但从最主要的方面看，思想政治教育的实效应该是教育内容被教育对象认同、接受并外化行为的状况。这种效果是国家和社会的期望与要求，也是教育实践主体的责任和目的。国家和社会作为教育的领导者、管理者与组织者，自然希望教育实践能够具有实际效果。教育实践者作为教育的实施者和传授者，有责任把教育内容转换成教育对象的认识和实践活动，同时教育实践者作为有理性的人也不想徒劳，也希望自身的教育实践能够带来实际效果。当然，与其他领域的学生思想政治教育相比，学生思想政治教育追求实效从深层看，还在于教育对象很大程度上都是处于成长发展过程中的人。这些人往往处在人生发展的关键阶段，是思想品德形成的敏感期，是成长发展问题的多发期，也是教育引导塑造的最佳期。如果对处于成长发展过程中的人开展教育是低效、无效，甚至是负效的，不仅会加大后续思想政治教育的难度，同时由于引导缺失或失误而对教育对象成长发展产生的消极影响将具有无法弥补性。高明的庄稼人总是把水浇在植物生长最需要的时候。印度狼孩、中国东北猪孩的例子证明错过成长发展的关键阶段就很难获得正常发展。因而，为了很好地促进不同学段学生的成长发展，就应该根据学生在不同学段的成长发展状况来实现国民教育诸学段的思想政治教育实践要素的整体建构。

就目前看，在思想政治教育学科领域，人们就如何提高学生思想政治教育实效进行了持续性探讨。有人主张斟酌思想政治教育内容和呈现方式，有人主张改进思想政治教育的方法和艺术，有人主张要研究教育对象的思想和行为特点，也有人主张加强思想政治教育队伍建设，还有人主张对思想政治教育实效进行评价等。其实这些观点和看法一定程度上都涉及影响学生思想政治教育实效的因素，都具有一定的合理性。但是存在一个不容忽视的问题，就是这些对策和意见，一定程度上都是单维度和静态的。学生思想政治教育实效的取得不是受到所谓的单一维度的教育内容或教育方法或教育队伍的影响，而是多重因素影响的结果。学生思想政治教育实效的获得是教育对象的把握、教育内容的创新、教育方法和艺术的选择、教育队伍的建设和教育实效的评价等多方面实践要素横向贯通的整合和相互作用的结果。这里的道理有点类似我们所熟知的"木桶效应"，哪个因素出现了短板都会影响到整个学生思想政治教育的实际效果。从这个层面上看，深入推进学生思想政治教育的实效建设，就应该基于学生思想政治教育整体视域，推进学生思想政治教育实践诸要素的横向建构，使不同的学生思想政治教育实践要素之间能够横向地相互适应和匹配，这样才使不同的学生思想政治教育实践要素发挥同向作用，以取得理想的教育效果。可见，加强实效建设，决定了要对学生思想政治教育实践要素之间进行相互适应和匹配的整体建构。

从深层看，加强实效建设，除了要促进学生思想政治教育实践要素横向的相互适应和匹配外，还有一个更为深层的客观诉求，那就是应该推进国民教育诸学段的学生思想政治教育实践的各要素本身纵向的相互衔接和协调。与其他思想政治教育相比，学生思想政治教育是对成长发展的人进行思想政治教育。个体在不同的学段有不同的成长发展的内容，呈现出成长发展的连续性和阶段性的相统一，因而从这种意义上看，学生思想政治教育实践的诸要素应该具有层次性和变化性，决定了不同学段的学生思想政治教育实践的诸要素应该具有不同的本质规定。只有这样才能适应个体成长发展的客观要求，才能将国家和社会的要求有效地转化为个体成长发展的内容，也才能使学生思想政治教育取得理想的效果。如果学生思想政治教育的实践要素脱离教育对象成长发展的实际，不能实现有序安排和层次设计，就无法满足教育对象成长发展的需要，就会出现揠苗助长、超越阶段的现象，失去对教育对象成长发展引导的效果。可见，学生思想政治教育的实效建设是一个系统工程，不仅涉及特定阶段的学生思想政治教育实践要素能够相互匹配，同时也要求不同学段的学生思想政治教育实践要素之间也能够相互衔接。实现不同学段的学生思想政治教育实践要素的相互衔接，就需要把学生思想政治教育看作一个整体性存在，特别是看作由不同学段的学生思想政治教育形式组成的学生思想政治教育整体，充分把握学生思想政治教育在不同学段的本质规定和实现形式，并在此基础上基于学生思想政治教育整体视域对学生思想政治教育实践要素在不同学段的具体表现和实现方式进行深入的把握，实现学生思想政治教育实践要素的纵横整体建构。

可见，在思想政治教育学科领域，加强学生思想政治教育实效建设，就应该推进学生思想政治教育实践要素的整体建构。学生思想政治教育的实效建设决不能毕其功于一役，各自为营和各自为战，必须形成学生思想政治教育的整体视域，既应该深入推进学生思想政治教育实践要素的横向适应和匹配，也应该深入推进学生思想政治教育实践要素的纵向衔接和协调。只有这样才能从深层上做好学生思想政治教育实效的建设，才能推动学生思想政治教育取得理想的效果。因而，基于学生思想政治教育整体视域，深入推进学生思想政治教育的整体建构，就应该把加强实效建设作为推进学生思想政治教育整体建构的现实路向，这样既能回应现实中人们对提高学生思想政治教育实效的关注，同时也能从深层上找到提高学生思想政治教育实效的方略，更能从提高实效的维度推进学生思想政治教育的整体建构。

四、落实系统化理念

在思想政治教育学科领域，基于学生思想政治教育整体视域，推进大中小学生思想政治教育整体建构，应该落实系统化理念。学生构成的层次性、学生发展的阶段性、国民教育的层级性、客观形势的制约性，决定了要培养国家和社会的建设者和接班人，就不得不在国民教育的特定阶段，进行特定样式的教育。不论是从推进科学取向，还是贯彻以人为本，抑或提高实效的角度，最根本的是实现对处于动态成长发展过程中的学生进行系统培养，形成匹配性、针对性、层次性、衔接性强的贯通国民教育诸学段的学生思想政治教育体系。推进系统化是对大中小学生思想政治教育整体建构最本质和最核心的要求。从理论研究看，有很多人谈到学生思想政治教育整体建构。例如，刘智运（1991）❶、田建国（2013）❷ 等把思想政治教育内容理解为系统。文辉等（2007）❸ 把学生思想政治教育构成要素理解为思想政治教育系统。陈志垠（2010）❹ 等把思想政治工作系统理解为学生思想政治教育系统，甚至提出"学生思想政治教育是一项系统工程，它由科学控管系统、组织实施系统、信息反馈系统、评价激励系统、保障系统等构成。它们合理配置、相互联系、相互协调，就能够保证大学生思想政治教育运作机制的和谐运转，促进大学生思想政治素质的健康发展"❺。孙其昂（2011）认为学生思想政治教育系统包括理念内容、途径方法和条件保障三个子系统。❻ 徐艳国（2008）认为要树立科学的工作理念，确定科学的战略战术，搭建科学的工作框架，制定科学的保障措施。❼ 彭庆红等（2008）认为要积极建构整体性德育模式，明确各部门职责分工，加强德育系统内部的协调配合。❽ 柯文进等（2012）认为要有统一的目标，要优化内部要素的关系，要关注系统与环境的互动。❾ 不容忽视的是，尽管目前人们对学生思想政治教育系统化进行了探讨，但总体上看，学界很少有人打通大中小学并连通高等教育和基础教育阶段对不同学段的学生思想政治教育进行系统研究。

---

❶ 刘智运. 高校德育体系的结构设计 [J]. 高等教育研究，1991（1）.
❷ 田建国. 把立德树人作为教育的根本任务 [N]. 光明日报，2013–02–09.
❸ 文辉，黄少波. 系统论在高校学生思想政治教育工作的运用与实践 [J]. 学术论坛，2017（5）.
❹ 陈志垠. 高校德育系统的要素构成探赜 [J]. 学校党建与思想教育，2010（24）.
❺ 陈坚良. 大学生思想政治教育的系统分析 [J]. 思想理论教育，2006（23）.
❻ 孙其昂. 思想政治教育系统建构的创新实践 [J]. 思想教育研究，2011（4）.
❼ 徐艳国. 浅论科学构筑大学生思想政治教育工作体系 [J]. 思想教育研究，2008（8）.
❽ 彭庆红，张再兴. 高校思想政治教育队伍协调配合机制的完善与改进 [J]. 思想教育研究，2008（9）.
❾ 柯文进，李丽娜. 从系统整合的视角看大学生思想政治教育 [J]. 高校理论战线，2012（5）.

　　落实系统化理念，推进学生思想政治教育整体建构要解决两大核心问题：一个是学生思想政治教育要素本身的系统把握；另一个是学生思想政治教育要素之间的系统建构。这里最主要的是到底采取怎样的理路对学生思想政治教育进行整体建构。其实，大中小学生思想政治教育实践要素的系统化是整个学生思想政治教育整体建构的核心。一是学生思想政治教育实践要素之间的横向贯通、相互匹配，即学生思想政治教育实践要素之间的系统化。这主要针对学生思想政治教育实践诸要素之间的关系进行本质性、关联性把握和建构。从基本要素看，就是要以深入把握国家和社会要求为背景，以教育对象成长状况分析为起点，科学把握教育主体的职能定位，系统地建构教育目标和内容，然后提出教育的方法体系，最后提出教育效果评估的学段标准。目前这个维度的系统建构做得还不够，学生思想政治教育实践要素之间匹配性还不够强。如教育目标内容、方法途径之于教育对象的适应性、针对性还不够强。二是每个学段的思想政治教育实践要素本身的纵向衔接、逐步提高。国家和社会要求的"高势位"以及学生成长发展的过程性和国民教育的阶段性，决定了学生思想政治教育实践要素之间要相匹配，也决定了每个学生思想政治教育实践要素本身要逐步提高。因而，这要求对学生成长发展内容进行学段化呈现，逐步建构贯通国民教育诸学段并且能够纵向衔接的教育者职能定位、教育目标序列、教育内容序列、教育方法序列和教育实效评价标准序列。三是要在推进学生思想政治教育实践诸要素横向贯通和纵向衔接的基础上，实现整个学生思想政治教育实践要素的纵横体系化，形成匹配性、针对性、层次性、衔接性强的贯通国民教育诸学段的学生思想政治教育体系。需要指出的是，基于整体视域，对大中小学生思想政治教育进行整体建构，必须充分认识到贯通国民教育诸学段的学生思想政治教育是由一定的要素构成的，对要素系统把握的先后顺序和相互关系体现着不同的学生思想政治教育整体建构理路，直接决定着学生思想政治教育整体建构的科学性、针对性和实效性。鉴于此，落实系统化理念对大中小学生思想政治教育进行整体建构，从要素建构的先后顺序和相互关系看，应该遵循教育对象——教育者职能——教育目标——教育内容——教育方法——教育效果评估的逻辑进路。

　　第一，教育对象的系统把握是大中小学生思想政治教育整体建构的原点。

教育对象的系统把握在整个大中小学生思想政治教育整体建构之中具有重要的位置，应该是整体建构学生思想政治教育的原点。没有教育对象或没有以教育对象为起点的系统把握，就是没有根基的学生思想政治教育整体建构，是不可能真正实现整体建构的。对学生思想政治教育进行整体建构就要深入系统地研究作为教育对象的大中小学生成长发展规律，特别是充分把握国民教育诸学段乃至诸年级学生的成长发展规律。贯通国民教育诸学段的学生思想政治教育是对成长发展过程中的学生进行的思想政治教育，学生是思想政治教育的对象。教育对象不清楚，学生的成长发展状况不明白，各级乃至整个学生思想政治教育整体建构就会陷入盲目，就会成为对象无效或无效对象的学生思想政治教育。只有在深入系统把握国民教育诸学段学生成长发展基础上推进学生思想政治教育整体建构，才是有的放矢的学生思想政治教育整体建构。教育对象的系统把握的意蕴是指：一方面要对教育对象即学生成长发展进行系统把握；另一方面要以教育对象的系统把握为起点去推进学生思想政治教育整体建构。关于教育对象本身的系统把握和据此推进学生思想政治教育的整体建构，就要对学生成长发展的内容进行全面性的研究；就要对学生成长发展的全过程进行动态性的研究；就要对学生成长发展的年级、学段差异进行具体性的研究；就要一般地把握学生成长发展的基本特点和规律；就要系统地呈现特定学段或年级学生通常具有的发展水平、成长需要、行为特点以及经常面临和存在的各种问题。不可否认，只有在深入系统把握国民教育诸学段学生成长发展基础上推进学生思想政治教育整体建构，才能确保整体建构的学生思想政治教育适应教育对象成长发展的需要。

第二，教育者职能的系统定位是大中小学生思想政治教育整体建构的关键。基于整体视域，对大中小学生思想政治教育进行整体建构，必须系统把握学生思想政治教育者在不同学段的本质规定和职能定位。学生思想政治教育者的职能是其素质、能力乃至品德要求的集中体现，充分把握学生思想政治教育者在不同学段的理想职能，对推进学生思想政治教育者的系统把握具有根本性的地位，是大中小学生思想政治教育整体建构的关键所在。学生思想政治教育者是学生思想政治教育的实施者和组织者，是具体的教育目标、内容和方法的确定者及运用者，因而学生思想政治教育者在不同学段能否具有合理的职能要求将直接关系到特定学段的学生思想政治教育的成败。从适应教育对象成长发展的状况，更好地运用具体的教育目标、内容和方法的角度看，必须根据教育对象的成长发展状况并联系特定学段的教育目标、内容和方法等把握特定学段的思想政治教育者的职能定位。当然，为了合理地定位不同学段学生思想政治教育的职能，不仅应该把握特定学段学生思想政治教育者的职能，同时还应该实现不同学段学生思想政治教育者职能之间的相互衔接和协调，这也是学生思想政治教育者职能系统化的重要维度。只有从横向的角度充分把握特定学段的学生思想政治教育职能，同时也能够从纵向角度充分实现不同学段的学生思想政治教育职能的序列化，才能够真正实现大中小学生思想政治教育者职能的系统建构。

第三，对教育目标进行系统建构是大中小学生思想政治教育整体建构的重点所在。要在中国特色社会主义进入新时代的现实背景下，在系统把握新时代国家和社会发展要求的基础上，结合教育对象的系统把握和教育者职能的整体定位，对教育的目标进行系统建构。教育目标的系统建构应该以国家和社会的发展对整个学生思想政治教育提出的要求为根本依据，特别是在中国特色社会主义进入新时代的情况下，要以着力培育能够担当民族复兴大任的时代新人为使命，培养具有坚定理想信念、高强本领和强烈使命担当的国家栋梁之才。这是教育目标系统建构的重要前提，也是最根本的依据。当然，仅仅做到这点还不是学生思想政治教育目标系统化建构本身。学生思想政治教育目标的系统化建构是在国家和社会发展要求（培养能够担当民族复兴大任时代新人为根本方向）的基础上，深入贯通国民教育诸学段的学生思想政治教育实践中，将新时代国家和社会发展要求转化成不同学段的学生思想政治教育的学段目标。因而，在确定了贯通国民教育诸学段学生思想政治教育根本目标的基础上，还应该善于将这个根本的目标进行分解，实现根本目标在不同学段的系统化。学生思想政治教育目标在不同学段系统化的过程，就是要实现特定学段教育目标与特定学段其他教育实践要素，特别是与特定学段教育对象的成长发展实际及其成长发展的潜力和可能相适应和匹配，在贯彻国家和社会的根本要求的同时，建构出具有可行性、有序列、分层次的目标领域和学段目标。当然，学生思想政治教育目标的系统化除了要实现特定学段的教育目标与其他教育要素特别是教育对象相互匹配，还应该注意教育目标在不同学段间的相互衔接和协调。这是学生思想政治教育目标系统化的重要维度，甚至说是学生思想政治教育目标系统化建构更本质的维度。

第四，教育内容的系统化建构是大中小学生思想政治教育整体建构的核心环节。在贯通国民教育诸学段的意义上对教育对象的成长进行系统把握、对教育者职能进行整体定位，对教育目标进行系统建构的基础上，为了促进国民教育诸学段教育对象的成长发展，更好地发挥国民教育诸学段教育者的职能，更好地实现国民教育诸学段的教育目标，还应该在贯通国民教育诸学段的意义上对教育内容进行系统化建构。教育内容系统化建构对大中小学生思想政治教育整体建构具有重要的意义，即便对教育对象进行深入系统把握、对教育者职能进行正确定位，甚至制定了科学的教育目标，如果没有科学有效的教育内容，那也等于无米之炊，也无法满足教育对象成长发展的需要，教育者的职能也就无法落实，教育目标也就无法实现。因而，从这种意义上看，推进大中小学生思想政治教育整体建构，必须在贯通国民教育诸学段的意义上对教育内容进行系统化建构。在贯通国民教育诸学段的意义上对教育内容进行系统化建构同样有两个特别重要的维度：一个重要维度是实现特定学段的教育内容与特定学段的其他教育要素横向的相互适应和匹配，使特定学段的教育内容能够更好地促进国民教育诸学段教育对象的成长发展，更好地发挥国民教育诸学段教育者的职能，更好地实现国民教育诸学段的教育目标；另一个重要维度是实现不同学段的教育内容能够纵向的相互衔接和协调，使教育内容能够适应教育对象不断成长发展变化的现实，同时还能在教育对象新的成长发展阶段进一步促进教育对象成长发展，实现教育内容能够在国民教育诸学段中成为一种逐步提高、环环相扣的序列化存在。

第五，教育方法的系统化建构是大中小学生思想政治教育整体建构的必然要求。在系统把握教育对象、教育者职能、教育目标、教育内容的基础上，也要建构出与之相对应的教育方法体系。没有与特定学段的学生思想政治教育相匹配的教育方法，就无法实现特定学段的教育对象的教育引导，就无法实现教育者职能的发挥，也无法实现教育目标，更无法传授教育内容。从直接的意义上看，教育方法是教育者用来传授教育内容的方式，但教育方法的实际地位和作用并不仅仅限于此，教育方法还关系到教育对象成长发展，关系到教育者职能的发挥，关系到教育目标的实现。因而，教育方法系统化在大中小学生思想政治教育整体建构中具有不可忽视的地位，直接对其他学生思想政治教育实践要素产生重要影响。教育方法系统化不是空中楼阁，必须找到合理的逻辑进路，必须遵循大中小学生思想政治教育系统化的本质规律。教育方法的系统化必须是在贯通国民教育诸学段的意义上对教育对象、教育者职能、教育目标和教育内容进行系统把握的基础上进行的。没有在贯通国民教育诸学段的意义上对教育对象进行系统把握、对教育者职能进行整体定位、对教育目标和内容进行系统建构，就无法充分把握学生思想政治教育方法在特定学段的本质内涵和表现形式，就无法科学建构贯通国民教育诸学段的教育方法体系。这是教育方法系统化建构必须要充分认识到的。同时，在认识到教育方法系统化建构的这种逻辑理路的前提下，还必须结合特定学段已经实现系统化把握的教育对象成长发展状况、教育者职能定位、教育目标和教育内容的具体表现，建构出与这些已经系统化的实践要素相互匹配的特定学段的教育方法体系，实现对这些实践要素的横向系统化。这里需要提及的是，教育方法的系统化最根本的是以教育对象成长发展的系统化把握为根基。当然，教育方法的系统化不仅要实现特定学段的其他实践要素的横向系统化，也应该注重不同学段的教育方法的纵向衔接。这也是教育方法系统化建构的本质要求。只有实现特定学段的教育方法的纵横系统化，才能整体建构贯通国民教育诸学段的学生思想政治教育方法体系。

第六，教育效果评估的系统化建构是大中小学生思想政治教育整体建构的重要维度。任何实践活动包括贯通国民教育诸学段的学生思想政治教育实践活动，都应该有自己的实践结果。实践结果是包括学生思想政治教育实践活动在内的任何实践活动的本质构成。教育效果是学生思想政治教育实践活动的重要因素，是贯通国民教育诸学段的学生思想政治教育实践要素相互作用的必然结果。在特定的学生思想政治教育实践活动中，一定的教育对象、教育者职能、教育目标、教育内容和教育方法的相互作用和影响，必然会产生相应的教育效果。其实，这个教育效果不仅是学生思想政治教育实践的重要因素和必然结果，同时也是进一步开展学生思想政治教育实践的前提和基础。为了充分把握学生思想政治教育实践的要素相互作用的状况，特别是检测已经实现了系统化把握或建构的教育对象、教育者职能、教育目标、教育内容和教育方法相互作用的最终状况，需要对这个教育结果进行认识和评估，实现教育效果评估的系统化。从教育效果的本质看，教育效果评估的系统化必须基于已经系统化把握或建构的教育对象、教育者职能、教育目标、教育内容和教育方法，充分把握这些已经经过系统化的实践要素相互作用的最终结果。其实，教育效果评估的系统化最根本的是教育效果评估标准的系统化，建构出能够贯通国民教育诸学段的教育效果评估标准体系。需要指出的是，尽管教育效果是多种教育实践因素综合作用的最终结果，但从最本质的角度看，教育效果是在各种教育因素的作用下教育对象对教育内容要求的接受认同和践行状况。教育效果评估的整体建构从根本上看是基于教育对象的系统把握和教育内容要求的接受认同状况对不同学段的教育效果进行评估，建构蕴含不同学段的教育效果评估标准体系，为不同学段的学生思想政治教育提供可具操作性的效果评估尺度。因而，从这种意义上看，教育效果评估系统化，一方面要适应其他教育实践要素系统化状况及其相互影响的规律，建构出适应特定学段教育实践诸要素横向匹配的教育效果评估标准；另一方面在贯通国民教育诸学段的意义上对不同学段的教育效果评估标准进行纵向衔接的系统化建构。

当然，坚持系统化理念，遵循教育对象——教育者职能——教育目标——教育内容——教育方法——教育效果评估的逻辑进路，必须特别注意充分把握国家和社会的要求。推进整体建构的战略基点是我国社会性质和经济社会发展全局及未来目标。特别是在中国特色社会主义进入新时代的背景下，党和国家事业有了新发展和新要求的情况下，必须对国家和社会的要求进行科学把握，特别是系统把握国家和社会发展及其对学生思想政治教育和学生思想品德素质提出的要求。一是要从巩固和发展社会主义政治经济文化建设，培养新时代中国特色社会主义建设者和接班人的高度着手，确保学生思想政治教育整体建构的社会主义性质和方向。二是要充分把握新时代我国经济社会发展的新阶段、新特征，从新时代经济社会发展的新形势、新任务出发，深入研究经济社会进入新阶段的背景下如何推进学生思想政治教育整体建构，如何使社会主义核心价值观融入国民教育全过程，如何以社会主义核心价值观来统领学生思想政治教育整体建构，确保学生思想政治教育整体建构的现实针对性。三是要充分把握我国经济社会的未来发展目标，从全面建成小康社会、"两个一百年"目标乃至实现中华民族伟大复兴中国梦的角度，来系统规划设计和完善学生思想政治教育体系，确保学生思想政治教育整体建构的未来前瞻性，担负起培育能够担当民族复兴大任时代新人的历史使命。

因此，坚持系统化理念，在大中小学生思想政治教育进行整体建构的过程中，必须坚持形成要素横向贯通、学段纵向衔接、总体螺旋上升、形成逐步提高的一种图景。这种整体建构的背景是国家和社会的现实要求，起点是对教育对象的系统把握，然后在系统把握教育对象的基础上结合国家和社会的现实需要，对教育者的职能定位、教育的目标和内容进行系统建构，并在这些基础上实现教育方法体系化建构，最后落脚于教育效果评估标准的系统建构。这种整体建构与以往的理解有所不同，以往的学生思想政治教育整体建构是学生思想政治工作的系统，一般不包括教育对象系统把握和教育者职能的整体建构，往往只局限于教育目标、内容和方法途径等的整体建构。在这方面值得提及的是，学者詹万生在《整体建构德育体系总论》中在学段上涉及了小学、中学、高中、大学，但每个学段的目标、内容、途径、方法等由道德、法纪、心理、思想、政治构成，这里有过度模式化、诠释化的倾向，同时缺失对诸学段的教育对象（学生）发展内容和教育队伍（教师）职能要求进行系统建构。❶ 以往的学生思想政治教育整体建构往往把国家和社会要求作为整体建构的起点，而不是在把握教育对象的基础上系统把握国家和社会要求，这就容易导致教育目标、内容和方法等偏离教育对象的成长发展需要。当然，根据学生思想政治教育整体建构的客观要求，这里只提供了整体建构研究的思路，至于如何整体建构立体多维动态的学生思想政治教育体系，将需要深入地开展研究。

不容忽视的是，大中小学生思想政治教育的整体建构，也要系统地梳理学生思想政治教育的经验和现状。学生思想政治教育整体建构不是"无中生

---

❶ 詹万生. 整体建构德育体系总论［M］. 北京：教育科学出版社，2001：1－5.

有"或"推倒重来"的整体建构，而是对以往和现实学生思想政治教育的整体建构。推进学生思想政治教育整体建构必须注重对以往历史经验的总结，要善于回顾总结古今中外学生思想政治教育的经验教训，将历史中的一些宝贵经验做法作为我们推进学生思想政治教育整体建构的经验借鉴。例如，朱熹《〈大学章句〉序》就指出："人生八岁，则自王公以下，至于庶人之子弟，皆入小学，而教之以洒扫、应对、进退之节，礼乐、射御、书数之文；及其十有五年……皆入大学，而教之以穷理、正心、修己、治人之道。"此外，还必须立足新时代学生思想政治教育实践，知道学生思想政治教育的现实状况，知道在推进整体建构方面我们都做了哪些工作、有哪些成绩及存在的不足和提升空间，才能找到学生思想政治教育整体建构的切入点和着力点。此外，学生思想政治教育整体建构也需要一定的理论支撑。比如，要在贯通国民教育诸学段的意义上对学生思想政治教育进行深入系统的整体研究，这包括要研究为什么国民教育诸学段旨在培养学生良好思想品德并有不同表现形态的实践活动总体上可以统称为学生思想政治教育；要结合社会发展要求、学生成长状况以及其教育的经验和现实，深入研究和确定学生思想政治教育在国民教育诸学段最适合、最恰当的表现形态和实现形式；要研究和确定学生思想政治教育在国民教育诸学段的分工和重心；要研究和确定学生思想政治教育在国民教育诸学段的特殊规律和要求，等等。只有从贯通国民教育的意义上对学生思想政治教育等进行深入系统的理论研究，才能为学生思想政治教育整体建构提供理论指导。

需要说明的是，将这项贯穿国民教育诸学段的实践活动整体上统称为学生思想政治教育，对国民教育不同学段具有不同表现形式和实现方式并旨在培养个体能够接受与认同国家和社会要求的实践以学生思想政治教育的称谓进行整体建构，并不是要对国民教育进行泛政治化，并不是要过度突出政治，而是基于这项实践活动的性质或实质，基于思想政治教育学科理论研究的需要。或许有人认为用学生思想政治教育来指称国民教育诸学段的实践活动，推进学生思想政治教育整体建构，还不如用德育来指称这项实践活动及推进德育整体建构。其实，尽管德育在国家文件中与学生思想政治教育相通，但德育从学术研究或学科分类上一般被认定为教育学的概念。在实践中我们不反对德育概念的使用及德育研究，但当我们用学生思想政治教育来整体指称国民教育诸学段的实践活动，并把小学的品德常识教育、中学的思想品德教育、大学生思想政治理论教育，乃至中小学德育等，都看作学生思想政治教育在不同学段的表现形式或言说方式，进而推进学生思想政治教育的整体研究，那么必将会开拓思想政治教育学科理论建设的视域。

可以预见，在思想政治教育学科充分地支撑起高校学生思想政治教育之后，随着其理论研究的深入以及研究队伍的壮大，必将会出现思想政治教育学术研究的基础教育转向。因为即便是系统地加强和改进大学生思想政治教育，也需要这个学科去关注基础教育的诸多实践，并在贯通国民教育诸学段的意义上系统审视和整体规划学生思想政治教育。更何况基础教育本身具有基础性、普及性以及个体在基础教育阶段对人生发展的奠基性和定向性。我们以为，思想政治教育学科理论建设可能有多种新取向、新视域，提出并深入确证学生思想政治教育概念外延并据此把学生思想政治教育作为贯通国民教育诸学段的实践活动来认识，从贯通国民教育诸学段的意义上推进大中小学生思想政治教育整体研究，整体建构大中小学生思想政治教育体系，则是必须坚持的重要取向，更是思想政治教育学科领域的前沿问题。

第二章

学生思想政治教育对象的整体研究

对学生思想政治教育进行整体研究，就要深入学生思想政治教育实践领域，推进学生思想政治教育实践要素的整体建构。学生思想政治教育实践要素的整体建构不是随意的事情，而是必须遵循整体建构的客观规律。与其他思想政治教育相比，最根本的区别是，学生思想政治教育是对处于成长发展过程中求学的人进行的思想政治教育，学生思想政治教育本质规定乃至学生思想政治教育的目标、内容、方法等都要受制于教育对象成长发展状况的制约和影响。在贯通国民教育诸学段的意义上整体揭示学生思想政治教育对象成长发展的规律及学段内容，是整体建构学生思想政治教育实践体系的原点，其他学生思想政治教育实践要素的建构都必须以此为原点。对学生思想政治教育对象进行整体研究，必须充分吸纳借鉴已有的学生思想政治教育对象研究成果，必须充分把握学生思想政治教育对象发展关键期，必须对学生思想政治教育对象成长发展规律及学段内容进行系统把握。

第一节　学生思想政治教育对象的研究现状

学界关于学生思想政治教育对象的整体研究主要集中在关于学生思想政治教育基础理论研究的著作中和一些期刊论文中。从教材专著看，目前尚没有在贯通国民教育诸学段上对学生思想政治教育对象进行专门研究的学术著作。为了深化对学生思想政治教育对象的整体研究，现将有关研究现状做如下梳理。

上海市高教局组编教材《高等学校学生思想政治教育概论》较早对学生思想政治教育对象进行了研究。❶该著作第二章"思想政治教育对象的科学分析"中认为："对教育对象的状况进行科学的分析，研究大学生思想上、心理上和行为上的特征及其发展变化的规律，就非常重要。"随后该著作分三节对大学生进行了研究。在第一节"科学地认识大学生"中探讨了科学地认识大学生的意义和科学地认识大学生的方法；在第二节"我国大学生的思想政治特点"中探讨了我国大学生的基本特征和新时期大学生的思想特点；在第三节"大学生的心理特点"中探讨了大学生观察力、记忆力和想象力的发展，抽象思维和创造性思维的发展，情感更加丰富而强烈，自我意识增强和性意识发展等问题。这本著作的特点是对高校学生思想政治教育对象进行了研究，是以高校学生思想政治教育的名义对大学生从思想上、心理上和行为上的特征及发展变化的规律进行了比较早、比较系统的分析，具有代表性。

思想政治教育学科领域另一本比较有代表性的著作是黄书孟主编的《学生思想政治教育概论》❷。该著作以学生思想政治教育为统领，在第八章共分三节讨论了"当代青年学生的主要特征"。第一节"当代中学生的主要特点"集中论述了中学生的生理发展特点、中学生的心理发展特点和中学生的思想特点；第二节"当代大学生的时代特征"集中探讨了科学准确地认识大学生现状、大学生身心发展的主要特征、大学生思想的显著特征是矛盾性、当代

---

❶ 上海市高教局. 高等学校学生思想政治教育概论［M］. 北京：教育科学出版社，1984.

❷ 黄书孟. 学生思想政治教育概论［M］. 杭州：杭州大学出版社，1991.

大学生与以往大学生的比较；第三节"当代大学生的思想特点"集中把握了当代大学生的基本思想特点、当代大学生在校各个不同时期的思想特点、高校不同类别不同类型学生的思想特点。该著作较早地对学生思想政治教育对象进行了相对系统的深入研究，不仅对高校学生思想政治教育对象（大学生）进行了研究，还研究了基础教育的学生思想政治教育对象（中学生）。尤其在研究大学阶段思想政治教育对象时还研究了大学生在校各个不同时期的思想特点等。这些研究内容都深化了学生思想政治教育对象研究。令人遗憾的是，这里虽然提出了学生思想政治教育视域，但这种视域贯彻得并不彻底，只是贯彻到中学阶段，并没有从总体上把小学阶段也纳入学生思想政治教育的整体视域中。

目前，学界除了一些关于学生思想政治教育基础理论研究的著作外，还有一些期刊论文对"学生思想政治教育对象"进行了研究。笔者在中国知网输入"学生思想政治教育对象"进行题名检索（截至 2018 年 5 月 10 日），共搜到以"学生思想政治教育对象"为主题的期刊论文 168 篇。这些研究主要集中于高等教育阶段的学生思想政治教育对象研究，目前尚没有基础教育阶段的以"学生思想政治教育对象"为题目的研究。代表性成果有：赵飞（2006）从价值的角度对高校思想理论教育对象有效性进行了研究；[1] 宋妍、李超（2009）研究了新形势下高校学生思想政治教育对象的特点；[2] 李家珉（2009）综合国际国内双重视角分析把握了高校思想政治教育对象的新情况与新特点；[3] 汪丽红（2012）研究了如何以人为本地发挥大学生思想政治教育对象的主体性；[4] 曾涛（2012）研究了高校思想政治教育对象的群体心理。[5] 这些成果即便是集中于对高校学生思想政治教育对象的研究，也并没有对高校学生思想政治教育对象进行深入系统的研究，而主要侧重于抽象宏观层面的

---

[1] 赵飞. 论高校思想理论教育对象有效性[J]. 中山大学学报论丛，2006（1）.

[2] 宋妍，李超. 高校思想政治教育工作对象研究[J]. 思想理论教育导刊，2009（5）.

[3] 李家珉. 关于高校思想政治教育对象的若干思考[J]. 思想理论教育，2009（7）.

[4] 汪丽红. 以人为本与大学生思想政治教育对象的主体性发挥[J]. 吉林省教育学院学报，2012（4）.

[5] 曾涛. 高校思想政治教育对象的群体心理研究[J]. 教育教学论坛，2012（1）.

讨论，侧重于教育对策的说明。

值得注意的是，在思想政治教育学科领域还有一些研究成果虽然并没有以学生思想政治教育对象为题目的形式出现，但一定程度上却以潜在的形式研究了学生思想政治教育对象。这些研究成果集中体现在思想政治教育视域中以学生为主题的研究中：一是在教材专著方面，这些研究主要集中在高等教育阶段从思想政治教育视域对大学生问题、大学生思想特点、大学生成长发展规律的研究，而基础教育阶段从思想政治教育视域对中小学生进行深入系统研究的著作很少（有的只是从心理学或班级管理的角度对学生的心理问题和特点等进行研究，而不是基于思想政治教育学科视域）。代表性成果有：马长青（2001）对大学生普遍存在的一些具体问题进行了研究；❶ 吴鲁平（2003）研究了当代大学生的一些热点问题；❷ 王立仁（2009）对大学生活进行时容易产生和存在的各种问题进行了研究和剖析；❸ 杨晓慧（2011）从横向、纵向和热点三方面考察和探索了大学生成长发展规律；❹ 谭德礼（2012）在充分调查当代大学生思想现状的基础上深入分析了大学生的思想特点、群体身份特点、心理特点。❺ 二是在期刊论文方面，在中国知网检索（截至2018 年 5 月 10 日）发现这些成果主要包括：①思想政治教育视域中大学生特点研究，有 114 篇期刊论文，多是一般性特点的讨论和研究。②思想政治教育视域中大学生需要研究，只有 50 多篇期刊论文，多是一些对策性研究，调查观察性研究少。③思想政治教育视域中大学生思想动态研究，有 30 多篇期刊论文，多是一些宏观研究。④思想政治教育视域中大学生研究，有 2 篇博士论文：陶丽（2011）《思想政治教育视阈下的大学生成长轨迹研究》❻ 和何会宁（2011）《新时期思想政治教育视域下的大学生研究》❼。这 2 篇博士论文虽对大学生进行了研究，但并没有对大学生进行分年级探讨。⑤思想政治

❶ 马长青. 大学生问题［M］. 北京：中国青年出版社，2001.
❷ 吴鲁平. 中国当代大学生问题报告［M］. 杭州：江苏人民出版社，2003.
❸ 王立仁. 问题与对策——大学生活进行时［M］. 长春：吉林人民出版社，2009.
❹ 杨晓慧. 当代大学生成长规律研究［M］. 北京：人民出版社，2011.
❺ 谭德礼. 当代大学生思想特点及成长成才规律研究［M］. 北京：人民出版社，2012.
❻ 陶丽. 思想政治教育视阈下的大学生成长轨迹研究［D］. 沈阳：辽宁大学，2011.
❼ 何会宁. 新时期思想政治教育视域下的大学生研究［D］. 重庆：西南大学，2011.

教育视域对不同年代的学生进行的研究。马依依（2008）对"80后"大学生政治信念和道德状况进行了调查研究❶，翁铁慧（2008）认为要准确把握"80后"的成长特点增强思想政治教育实效性等❷，对"80后"大学生进行了比较有代表性的研究；张宝君（2010）对"90后"大学生心理特点与对策进行了研究❸，陈郭华（2010）研究了"90后"大学生群体风格和思想特点等❹，对"90后"大学生进行了比较有代表性的研究。⑥思想政治教育视域关于中学生的研究，只有20多篇期刊论文，并且多是从思想品德课的角度提出要研究中学生。例如，孙成英（1994）认为思想品德课教学应研究学生的接受心理❺，胡兴松（1996）认为思想政治课教学艺术包括研究学生的艺术❻，王静（2004）认为解读中学生敏感需要是思政课魅力所在等❼，提出了思想品德课教学要对中学生进行研究。可以说，思想政治教育学科视域关于学生的研究主要集中探讨了大学生研究方面，对中学生涉及的比较少，小学生的研究几乎是空白。

综上所述，目前人们对学生思想政治教育对象一定程度上进行了深入研究，取得了一些研究成果。但总体上看，学生思想政治教育对象研究尚缺乏系统性，缺乏学段贯通的整体视域，缺少过程性和系统性研究。这主要表现在：①虽然一些学生思想政治教育的基础理论著作涉及学生思想政治教育对象的研究，但这些研究相对宏观抽象；并且学生思想政治教育对象本身研究也相对滞后，甚至陷入学生思想政治教育对象主客体的抽象争论。②在思想政治教育学科领域，人们直接研究高等教育阶段学生思想政治教育对象的多，研究基础教育阶段学生思想政治教育对象的少，缺少在学生思想政治教育整体视域下融入过程视角对其教育对象进行深入系统的整体研究。③虽然思想

---

❶ 马依依. 80后大学生政治信念和道德状况调查研究［J］. 思想理论教育，2008（15）.

❷ 翁铁慧. 准确把握"80后"的成长特点增强思想政治教育实效性［J］. 思想理论教育，2008（19）.

❸ 张宝君. 90后大学生心理特点解析与对策［J］. 思想理论教育导刊，2010（4）.

❹ 陈郭华. "90后"大学生群体风格和思想特点研究［J］. 思想理论教育，2010（21）.

❺ 孙成英. 思想品德课教学应研究学生的接受心理［J］. 思想教育研究，1994（5）.

❻ 胡兴松. 思想政治课教学艺术续论三：研究学生的艺术［J］. 中学政治教学参考，1996（4）.

❼ 王静. 解读中学生敏感需要是思政课魅力所在［J］. 现代中小学教育，2004（9）.

政治教育视域中关于学生的研究涉及学生思想政治教育对象研究，但这些研究从方法上看，零星点位研究多，系统深入研究少；从内容上看，关注身心特点、心理问题的多，而关注行为特点、品德问题的少；对不同学段学生的主导需要、行为特点和典型问题等进行过程研究更少。④需要补充说明的是，虽然教育学科领域涉及学生研究，心理学领域涉及个体发展研究，但这些领域的研究现状、研究视域、研究成果并不能取代从思想政治教育学科立场对思想政治教育视域中的学生或个体成长发展进行研究。因此，从整体视域出发对学生思想政治教育对象进行深入系统的过程研究，以形成贯通国民教育诸学段的学生思想政治教育对象理论和知识体系，是树立思想政治教育学科前沿意识，开拓思想政治教育学科前沿视域，形成思想政治教育学科前沿成果的现实而紧迫的任务。

第二节　学生思想政治教育对象发展关键期

讨论学生思想政治教育对象发展关键期是深化学生思想政治教育对象研究的必然要求，也是基于整体视域对学生思想政治教育对象进行系统把握的现实需要。通过对目前学界研究现状的梳理可知，人们关于学生思想政治教育对象的研究主要集中于研究大学生，而缺少对学生思想政治教育对象的纵深研究，学生思想政治教育对象是包括大中小学生在内的整体。推进学生思想政治教育对象的系统把握有必要对学生思想政治教育对象发展的关键期进行讨论。这种讨论既能够深入落实整体把握学生思想政治教育对象的理念，同时也能够深化整体视域中对学生思想政治教育对象本质和发展规律的认识。具体来说，探讨学生思想政治教育对象的发展关键期原因如下：一是学生思想政治教育必须读懂对象的需要；二是学生思想政治教育对象成长过程存在着关键期事实，且是成才的机遇期，也是分岔期；三是关键期是学生思想政治教育的最佳期和黄金期。因而，关于学生思想政治教育对象发展关键期的讨论，无疑可以在思想上或观念上使国家、社会、学校和家庭更加重视关键期的学生思想政治教育和人才培养工作，在学生思想政治教育整体建构中凸显关键期对象的教育并实现其与非关键期教育的有效衔接，增强教育效果。

对此，我们将基于思想政治教育学科立场和学生思想政治教育整体视域，提出学生思想政治教育对象成长发展的关键期这样一个具有基础性价值和借鉴意义的重大命题。

必须承认，在思想政治教育学科领域，基于学生思想政治教育整体视域来讨论学生思想政治教育对象发展关键期，是学生思想政治教育对象整体纵深研究的客观需要，同时讨论学生思想政治教育对象关键期也具有一定的开拓性，但关键期这个概念并不是我们的原创。从国外相关成果看，关键期最早是胚胎学概念，"指只有在特定时期才能使胚胎发生改变"。后来，动物行为学家劳伦兹（1965）发现了小鹅的"母亲印刻"并称其为认母的"关键期"。克拉斯（1972）、康诺利（1972）、摩根（1977）等心理学者对个体关键期的含义、关键事件和生理基础等进行了较有代表性的探讨。苏联心理学者敏钦斯卡娅（1954）和丽普金娜（1957）分别研究了学生世界观形成的关键过程和学生世界观中道德成分形成的关键轨迹。无疑，国外这些成果对我们探讨学生思想政治教育对象发展关键期具有重要的借鉴和启发作用。

在思想政治教育学科领域，形成学生思想政治教育整体视域，推进学生思想政治教育对象的整体纵深研究，当前应该充分确证学生思想政治教育对象发展关键期存在的客观性。经验和理性表明，学生思想政治教育对象客观上存在着发展的关键期，即我们的教育对象在成长发展的整体历程中客观呈现出半幼稚与半成熟、独立性与依赖性、自觉性与被动性、动荡性与稳定性、危机与转机等矛盾性心理特征的转折阶段以及由此带来的世界观、人生观、价值观的初步奠基时期。目前国内相关研究普遍地认为中学阶段是个体发展的关键期。例如，程英帆（1982）认为"中学阶段是学生道德品质形成的关键期"[1]；张小乔（1984）认为"少年是人生道路上一个短暂而重要的转折阶段"[2]；卢承业（1987）认为"少年期是人生成才的黄金期、关键期和奠基期"[3]；章永生（1994）认为"中学时期是既是多事之春的时期，也是接受教

---

[1] 程英帆. 中学生违法犯罪问题试析[J]. 北京政法学院学报，1982（2）.

[2] 张小乔. 少年的自我意识与少年期教育[J]. 首都师范大学学报（社会学科版），1984（4）.

[3] 卢承业. 略论少年期教育[J]. 青海师范大学学报（社会学科版），1987（1）.

育最佳时期"❶；路金声（2000）认为"中学阶段是世界观、人生观和价值观形成的重要阶段"❷。可见，学生思想政治教育对象是包括大中小学生在内的整体，其中，学生思想政治教育对象发展关键期就处于中学阶段。这个阶段从个体成长看一般从少年期到青年初期；从年龄看一般从 11～12 岁到 15～16 岁；从学段看一般从初中阶段到高中前期。然而，值得思考的问题是，学生思想政治教育对象发展关键期是如何形成的呢？有哪些主要影响因素呢？内在的生成机理又是什么呢？这是探讨学生思想政治教育对象成长发展的关键期在理论研究和实践中必须认真回答的问题。

一、生理的发育成熟是发展关键期生成的前提保证

学生思想政治教育对象在发展关键期内生理迅速趋于成熟。关键期的教育对象正处于青春发育期，"青春发育期生理上的变化是多种多样而又十分显著的，但是归结起来，不外是身体外形、内脏机能和性成熟等三类变化"❸。首先，教育对象的身高、体重和面部等体貌外形发生变化。此时激素活动的加强，促进了骨骼的生长，导致身高的快速增长；教育对象体重显著增加，肌肉组织因快速增长而显得结实有力；教育对象面部的前额发际逐渐向头顶及两鬓后移，嘴巴变宽，嘴唇丰满，俨如成人面目。其次，教育对象的心脏、肺及呼吸系统、脑和神经系统等机能器官成熟。此时心脏迅速生长，心脏密度增加，心肌纤维增强，心脏调节功能完善；肺的功能趋向完善，肺活量定型，胸围增大，呼吸差增加；脑和神经系统的神经纤维变粗、分支变多和髓鞘化以及脑电波频率等指标趋向完善。最后，教育对象性生理发育的成熟。此时教育对象的第一性征即性器官、性机能成熟，第二性征即性的体形、体态成型。由此可见，教育对象此时正处于发育的高峰期，他们迅速地改变了儿童期所具有的身体特点，生理机能明显增强，尤其性的成熟标志着他们从生理上已成为成人。

---

❶ 章永生. 中学生道德信念形成之研究[J]. 西南师范大学学报（哲学社会科学版），1994（1）.

❷ 路金声. 关于中学生心理失衡的哲学思考——谈谈中学生的世界观教育[J]. 基础教育研究，2000（2）.

❸ 林崇德，李庆安. 青少年期身心发展特点[J]. 北京师范大学学报（社会科学版），2005（1）.

学生思想政治教育对象生理迅速走向成熟对心理产生的影响：一是身体的一般变化的心理影响。体态变化必然导致对自己身体、容貌、风度等各方面的关注，爱美之心日益加强。教育对象往往因身体的健美、美丽而心满意足、沾沾自喜，而对体型、容貌、姿势、举止等方面的缺陷十分敏感，并容易由此引起自卑、羞怯、忧虑等情况。尤其随着身高、体重、体态、体力、面部和性成熟产生了成人感和"心理断乳"，开始模仿成年人并要求别人像成年人一样看待他们，而这种心理需要无法得到满足，他们就会产生压抑、紧张、反叛和过激行为。二是身体的特殊差异的心理影响。此时教育对象成熟的早晚往往导致自身、成年人及同龄人对其行为的期望和评价的差异。早熟的男生和晚熟的女生对积极心理的形成阻碍较小，而早熟的女生和晚熟的男生则会对身体发育的变化和适应产生心理困惑。三是性生理对心理的影响。"性成熟促使少年期性意识的觉醒，这种变化使少年学生开始关心性，关注性生殖方面的知识，开始关心自己的容貌打扮，同时产生了接触异性、与异性交往的好奇和愿望。"❶ 可知，教育对象生理的成熟对其心理及行为无疑产生了重要影响。这是把握教育对象及其发展关键期的身心特点必须重视的内容。

生理发育走向成熟是学生思想政治教育对象发展关键期生成的前提保证。关键期是教育对象发展的转折时期，一方面这种特殊时期的形成必须有一定的物质承担者；另一方面这种物质承担者必须具有新异性，并以独特的作用为发展关键阶段到来准备先导条件。很明显，这里的物质承担者只能是教育对象的身体，身体的存在和发育是教育对象心理意识产生的前提。没有身体的存在，就没有精神的产生；没有身体的动变，就没有精神的变化，更不可能有关键期的到来。因而身体是心理意识产生的前提，教育对象独特的心理结构必然诉求身体的特殊变化。关键期的本质属性是黄金期与危机期的交织，而为这个特殊发展期提供身体前提的只能是教育对象生理发育不断走向成熟。一方面教育对象生理发育不断走向成熟表现出的态势和倾向本身就可以构成关键期的突出标志和内容；另一方面教育对象生理迅速走向成熟，尤其身体的外形、机能的变化和性成熟，带来的心理影响为关键期的独特心理结构的

---

❶ 陈安福. 中学生心理学［M］. 北京：高等教育出版社，2004：31.

出现提供了生理前提。因为教育对象生理走向成熟的同时，却在认知能力、个性特质、社会经验等方面存在不足，于是生理成熟和心理成熟的不平衡性，就极大地促成了具有转折性的心理模式以及半幼稚与半成熟、独立性与依赖性、主动性与冲动性、开放性与闭锁性等错综复杂心理矛盾的生成。因而可以说生理发育的成熟是教育对象发展关键期生成的前提保证。

二、认知的发展变化是发展关键期生成的内在基础

学生思想政治教育对象在发展关键期内认知发生了显著变化并趋向高级。关键期内的生理发育，尤其是脑和神经系统的成熟，为教育对象认知发展提供了生理前提。而此阶段教育对象学习的自觉性、主动性和独立性不断增强，独立分析和解决问题的能力要求越来越高；但中学课程门类增多且难度加大，知识走向专门化并接近学科的体系，知识的规律性、严密性和逻辑性增强。这些情况为教育对象的认知发展提供了条件，也带来了挑战。对此，一方面从教育对象感知、记忆、注意等直接性认知发展特点看：此时教育对象感知的目的性、持久性、精确性和概括性不断地增强；教育对象的记忆力不论是记忆的容量，还是记忆的自觉性、抽象性都发展到了高水平；教育对象的注意从以无意注意为主向以有意注意为主过渡，注意的广度、深度、持久性和稳定性不断深化。另一方面从教育对象的间接性认知看：与其他的认识成分相比，属于间接性认知核心的思维此阶段的主要特点是抽象逻辑思维占居主导地位。"在校初中一年级学生的形式逻辑思维已开始占优势，到高中二年级时已基本成熟；辩证逻辑思维在初一阶段已经开始出现，但是水平低下，到高中二年级时已趋于优势的地位。"❶ 可知，此时教育对象不论是直接性认知还是间接性认知都发生了显著的变化并趋向高级。

学生思想政治教育对象认知发展带来的心理变化及行为影响：一是对认识发展本身的心理影响。此时教育对象认知虽已是抽象逻辑思维开始占主导地位，但认知还需经验的支持，只是到了青春期后期才由经验型过渡到理论型的抽象思维。因而，此时教育对象认知必然具有一些矛盾性特点，即认知

---

❶ 黄煜峰. 初中生心理学［M］. 杭州：浙江教育出版社，1993：154.

的抽象性与具体性、深刻性与表面性、批判性与片面性、灵活性与偏执性等特征并存。二是认知的矛盾性特征导致教育对象过分关注自己内心感受和外在表现。此时教育对象虽能日益把握现实世界，并分清现实与想象的区别，以及了解和考虑他人的想法，但教育对象在认识上具有"自以为是"的倾向，他们只对自己的形象和行为表现过度重视。而且这种心境也使教育对象的是非观、审美观与别人的混淆，以为别人应该爱自己的所爱、恨自己的所恨，不理解为什么别人的想法与自己格格不入，易产生认识结论和价值取向的偏颇。三是认知发展会促进良好行为，也会诱发极端行为。教育对象认识水平的提高，能促进对自身行为实践及其后果的认识，增强行为实践的自觉性、独立性、计划性、预见性。而教育对象认知的片面性、表面性、偏执性会使教育对象产生独特的心理图式，即认为自己是绝对正确的，在对行为实践进行分析、判断和推论时常常按照自己的意愿行事，易诱发极端冒险行为和不端品行。可知，教育对象在关键期内的认知发展对心理及行为具有双重影响，从主流看，这种影响具有积极、进步、向好的趋势，有利于良好心态和价值观的形成，但认知的矛盾性特点也对心理及行为发展有独特的震荡和牵制作用。把握住这些认知发展对心理及行为的影响，对理解教育对象发展关键期的形成具有重要价值。

学生思想政治教育对象认知的发展变化是发展关键期生成的内在基础。任何事物的发展都有一定的内在基础，追问事物发展的内在基础是理解事物生成的必然要求。教育对象关键期无疑具有特殊的规定性，这种特殊性必然诉求存在基础的独特性。那么，关键期生成的特殊基础是什么？是此阶段教育对象认知的发展变化及其影响。教育对象认知的发展变化不仅是关键期内的突出心理表征，而且对心理和行为的整体发展具有基础性影响。一方面，认知的发展丰富教育对象的心理世界，增强教育对象的精神力量，使教育对象的心理行为能力迅速崛起，这种过程及其结果无疑内在地构筑了发展关键期的重要内容，因为关键期的重要指标是心理和行为的急剧波动和不断丰富；另一方面，教育对象认知发展的矛盾性特征，即认知的抽象性与具体性、深刻性与表面性、批判性与片面性、灵活性与偏执性等决定教育对象在认识、情感、行为以及个性趋向和社会性发展等心理面貌上的多维性、动荡性和波动性等特点。人是认识指导下的存在物，认识活动的性质及结果决定着人的整体心理水平和行为特征，因而教育对象发展关键期固有的在认识、情感、行为以及世界观、人生观和价值观等方面的多维性、动荡性和波动性等本质特征，也只能内生于此时教育对象自身的认知高度发展但又没有完全成熟的矛盾性阶段。对此，教育对象认知的发展变化是关键期生成的内在基础。

三、自我意识的高涨是发展关键期生成的关键环节

学生思想政治教育对象在发展关键期内自我意识不断觉醒并日益高涨。教育对象从出生到成熟，自我意识有一个不断发展的过程。此阶段教育对象的自我意识已进入快速发展的高峰期。因为教育对象在生理上的迅速成熟产生了成人感，认知发展开始把注意力指向主观世界，思想意识进入自我观照的阶段。对此，教育对象开始主动对自己的内心世界和行为表现进行观察、思考和分析。例如，"我到底是一个什么样的人""我的特点是什么""别人是怎样看待我的""我到底该做些什么"诸如此类的问题经常浮现于教育对象脑海。教育对象自我意识的高涨使他们沉浸在自己的内心世界之中，而此时教育对象喜欢写日记就表明了他们希望了解自己、分析自己，关心自己成长的心理诉求。自我意识的发展还表现在现实自我和理想自我的分化及其统一的趋势上，随着自我发现，教育对象比任何时候都经常考虑自己的未来，而由于理想自我是个体在头脑中塑造的自己所期望的未来形象，因而理想自我此时发展相对较快，会超过现实自我的发展水平，尤其出现把理想自我作为自我发展动力的现象。可知，此阶段教育对象的自我意识已获得了充分发展并日益高涨。

学生思想政治教育对象自我意识的发展对心理变化及其行为的影响：一是会产生积极的心理动力和精神力量。教育对象的自我觉醒，产生独立的愿望，并努力把握未来对自己的意义，会形成面向未来的新态度，进而以理想自我作为自我发展完善的动机。二是易产生自我中心主义。教育对象自我意识的高涨，内心世界的发现，使一些教育对象对周围的事物不屑一顾，导致个性价值取向的偏执。他们往往唯我独尊，总认为自己是正确的，听不进别人的意见；神经过敏，感觉到别人总是在用挑剔的态度看他们；充满自我表

现和炫耀的冲动，表现出哗众取宠、标新立异的举动。三是易产生逆反心理和抗拒行为。逆反的实质是维护自尊，突出自我。自我意识的高涨产生强烈的自尊愿望，如果成人和社会忽视了教育对象的这种心理需要，教育对象就会因自我独立性受到忽视，自尊心遭遇到挫折，发生抗拒行为和我行我素的极端行为，因而这时成人会明显感觉到教育对象没有以前"听话"了。因此，此时教育对象自我意识的发展对整个心理面貌及其行为方式产生着深远影响。

学生思想政治教育对象自我意识的高涨是发展关键期生成的关键环节。"自我意识是指个体对自己作为客体存在的各方面的主观映现，包括对自身机体状态的意识、自己感知觉、思维、情感、意志等心理活动的认识，对自己与客观世界关系的认识，对人我关系的意识。"❶ 因而在教育对象个性的形成和发展过程中，生理因素、认知因素、环境因素的作用及其相互影响无疑是通过自我的认知、体验和控制才能起作用的。教育对象自我意识的高涨及其作用对关键期形成的影响如下：一方面，使发展关键期生成的诸多条件和因素通过自我意识起作用。生理发育的成熟、认知的发展变化以及社会生活的影响只有进入教育对象自我意识的阈限，才能通过自我认知、自我体验、自我控制的方式来整体建构教育对象发展的特有心理图景和行为模式。教育对象的自我意识就像一个过滤器，有选择地接受自身和外界的各种影响，并赋予关键期的诸因素以特殊的意义图解。另一方面，自我意识反过来也灵敏地反映生理、认知和生活等发展特点，而对整个心理发展状况的反映往往会呈现出自我意识的成熟与幼稚、独立与依赖、开放与闭锁、自觉与盲目、高傲与自卑等特征。人是有意识的动物，其实质是人在自我意识指导下的生存物，因而自我意识可以带来心理发展机遇期，也可以带来心理的起伏动荡期，并形成教育对象心理发展的前进与曲折、稳定与波动、发展与危机并存的敏感期和转折期的交织，而这些特征构成了发展关键期的具体内容。实际上，教育对象正是通过自我意识来认识自己、解释自己所获知的经验，初步形成世界观、人生观、价值观，并以此来预期和展开自己的行为实践，进而生成关

---

❶ 张向奎，刘秀丽. 发展心理学［M］. 长春：东北师范大学出版社，2002：264.

键期的特殊心理倾向和价值取向。因此可以说，自我意识的高涨及作用是教育对象发展关键期生成的关键环节。

四、社会生活的变化是发展关键期生成的外部条件

学生思想政治教育对象的社会生活在发展关键期内发生了重大改变并呈现复杂多样化。一是社会交往活动的变化。此时教育对象改变了儿童期以游戏、玩耍为主的交往取向，交往目的开始逐渐转向倾吐烦恼、交流思想、表露感情的深层心理层面；交往重点也开始转向同龄朋友关系，而教育对象与父母、教师的关系呈现出了要求平等民主的诉求。二是社会任务和要求的变化。此阶段教育对象不仅要学习学科知识，还要树立正确道德观、价值观、人生观以及面临升学就业和人生道路的选择，因而生活任务和要求日益复杂繁重。三是社会生活环境的变化。随着教育对象交往和生活领域的不断扩张，他们开始参与到各种社会活动中，并体验着多彩世界带来的新奇和刺激，而各种环境因素对教育对象思想品德的影响既有正向积极因素，也有负向消极因素，往往良莠不齐、鱼龙混杂。可知，此时教育对象无论社会交往还是社会任务以及生活环境都出现了与以往不同的一些新的特点和趋向。

学生思想政治教育对象社会生活的变化对心理及行为的影响：一是交往活动变化的影响。由于教育对象此时生理和自我意识的发展，他们在社会交往中会要求与成年人一样的权利、地位和自由。但此阶段教育对象无论是在社会交往的技能技巧上，还是在物质经济基础上，都因无法满足这些需要而产生心理问题和价值困惑。二是社会任务和要求变化的影响。虽然新的任务和要求为教育对象发展提供了动力，但也会遇到困难和挫折。由于教育对象内心比较敏感又争强好胜，易产生压抑感、挫败感和焦虑感，而成人过高的期望和要求会导致对他们的消极评价多于积极评价，易造成其心理波动和认同危机。三是社会生活环境变化的影响。随着教育对象参与的生活范围以及扮演角色的增多，教育对象的心理成熟会因生活环境的复杂多样性而表现出相对滞后性。这就加大了实际生活与心理成熟的距离，使教育对象身心失衡的现象随之增加并带来心理困扰和问题行为。这也是青少年犯罪或失足问题

突出的重要原因。对此，把握发展关键期生成必须重视此阶段教育对象社会生活的变化带来的心理和行为影响。

学生思想政治教育对象社会生活的变化是发展关键期生成的外部条件。这时期影响教育对象身心发展的各种社会因素大量出现，如人际交往的成败、对异性爱慕的萌发、学习成绩的好坏、人生道路的选择，而自我意识的高涨又使其对人生经历以及社会生活的感受性、波动性和接受性日益敏感。正是由于教育对象社会生活的日益变动，生理的日趋成熟，并伴随生活经验的相对不足和认知结构的矛盾特征，所以才催生出对社会生活和自我发展日益敏感的认知、体验和调节，使教育对象心理发展和行为模式表现出危机与转机、挑战与机遇、升华与堕落、昂扬与低迷等矛盾综合体的交织图景。实质上，这种相互作用及其结果就是发展关键期的生成过程。由于人的意识本质上是现实社会生活的能动反映，因而关键期的形成无疑与教育对象社会生活的变化密切相关，只有通过参与此时的复杂生活才能塑造出关键期独特的心理特征、行为模式和价值取向。当然，从内外因辩证关系看，此时教育对象关键期的生成是内外因共同作用的结果，而这里的外因主要就是此阶段社会生活的不断变化及提出的新形势、新要求。因为只有此时社会生活使教育对象在生理、认知和自我意识发展的基础上产生新的成长需求和发展任务，才能使教育对象呈现出半幼稚与半成熟、独立性与依赖性、自觉性与被动性、动荡与稳定等矛盾性心理特征并促进世界观、人生观和价值观的初步形成。因而此阶段社会生活的外在影响客观上助益了教育对象发展关键期的到来。

综上所述，学生思想政治教育对象发展关键期的生成有着内在必然性，即发展关键期的生成是教育对象在生理发育成熟的前提下，通过认知基础的发展变化并在自我意识不断高涨的作用下，以及社会生活复杂变化的影响下，系统综合多种因素而形成具有转折性的身心发展的辩证图景。关键期是学生思想政治教育对象发展的转折期，也是进行相应心理教育、道德教育、思想教育和政治教育的最佳期。因而把握住学生思想政治教育对象发展关键期的生成机理，是对学生思想政治教育对象进行深入的理论研究和推进学生思想政治教育实践整体建构的客观需要。

第三节　大中小学生思想政治教育对象的系统把握

基于学生思想政治教育整体视域，对大中小学生思想政治教育对象进行整体研究，不仅要从整体上把握学生思想政治教育对象成长发展的关键期，还应该更进一步从贯通国民教育诸学段的整体上纵深把握学生思想政治教育对象的成长发展状况，即充分地从国民教育整体上把握学生思想政治教育对象成长发展的元素构成及其成长发展的学段特征。这是对学生思想政治教育对象进行整体研究和把握最重要的问题。

我们知道，学生思想政治教育对象是包括大中小学生在内的各级各类学生，而各级各类学生一般来说是处于成长发展过程中的人。这种发展的人从根本上看是指哪些方面的发展呢？对于这个问题，单纯从个体发展的维度，我们很难确定学生思想政治教育对象的发展到底由哪些元素构成。不同的视域可以形成不同的发展内容。如心理学领域往往把个体的发展分为生理发展、心理发展和社会性发展。教育学领域往往把个体的发展分为知识、能力和素质发展。学生思想政治教育对象的元素构成要遵循个体成长发展的逻辑，也要遵循思想政治教育的逻辑。就前者而言，这种元素构成一定是个体成长发展的构成。就后者而言，这种元素构成应该是思想政治教育本质要求的一种投射。如果把二者看作矛盾统一体，那么这个矛盾的主导方面则是思想政治教育的本质要求。把握学生思想政治教育对象的元素构成，实质上就是要明确做好学生思想政治教育需要把握个体成长发展的哪些方面。

第一大元素是生理。这是由生理在思想政治教育视域中个体成长发展的前提性地位决定的。学生思想政治教育对象是处于成长发展过程中的人，这个成长发展过程的第一制约因素就是生理的发育。生理的发育构成个体成长发展的方面，同时也是个体其他方面成长发展的前提。无论是培养良好的思想品德，还是培养正确的世界观、人生观和价值观，都离不开一定的生理发育前提，生理发育制约个体其他任何方面的形成发展。

第二大元素是心理。这是由心理在思想政治教育视域中个体成长发展的基础性地位决定的。对处于个体成长发展过程中的人进行教育，必然受制于个体的心理发展状况，个体的心理过程及发展水平直接制约和决定了个体接受思想政治教育的能力和水平。"人的心理是思想品德形成的基础，是思想品德发展的先导，无论何种思想品德都是在心理系统的作用下萌发起来的。"❶世界观、人生观、价值观乃至思想品德都要以心理认知的发展为基础。这说明要想培养个体正确的世界观、人生观和价值观以及思想品德，必须把心理作为学生思想政治教育对象的元素构成。

第三大元素是需要。就现实说来，提到需要，人们一般想到心理需要，常把需要作为心理学的范畴和领域。实际上，需要并非就是指心理需要，研究需要也并非心理学专有。至少就目前而言，需要也是哲学、经济学和伦理学等学科要研究的内容。其实，即便是心理学对需要的研究也未能摆正需要的位置，目前心理学一般把需要作为个性心理倾向的一个方面，实际上需要不仅是个性心理倾向的一个方面，更是个性心理倾向的基础，甚至整个心理倾向都是需要在心理层面的表现。需要之所以成为元素构成，主要是由需要在学生思想政治教育视域中个体成长发展的核心地位决定的。要想促进个体的成长发展，必须满足学生成长发展的需要，需要既是个体成长发展的重要方面，也是个体成长发展的原动力，更是个体形成思想品德、世界观、人生观、价值观的内驱力。

第四大元素是行为。这是由行为在思想政治教育视域中个体成长发展的关键性地位决定的。个体的成长发展离不开行为，行为发展状况体现了个体成长发展的思想道德水平。培养良好行为，就要关注个体的行为发展状况。同时，生理、心理或需要发展状况，都要通过行为表现出来。离开行为的表现，不仅无法对它们进行观察认识，甚至它们的存在都是存疑的。因此，无论是从以培养良好行为根本的角度，还是行为和生理、心理、需要等表里关系的角度，都需要把行为作为学生思想政治教育对象的元素构成。

第五大元素是问题。个体身心发展的未成熟性，需要形成的多样性，行为养成的反复性，社会生活的复杂性，决定了其难免会具有这样或那样的成长发展困惑，或与社会要求存在的差距问题。学生思想政治教育促进个体成

---

❶ 王易，彭思雅. 论思想品德的形成规律［J］. 教学与研究，2012（9）.

长发展，必须关注个体成长发展中的问题，必须把握个体成长发展的问题。只有关注了问题、把握了问题，才能帮助个体健康地成长发展。问题在个体成长发展中具有伴随性，具有不可避免性，因而也是学生思想政治教育对象本身的有机构成。

从思想政治教育的本质要求与个体成长发展有机统一的角度来确定这五大元素，可以为人们如何从根本上整体把握学生思想政治教育对象的成长发展提供思维理路。目前人们对学生思想政治教育对象的成长发展进行了研究，如有人研究了大学生的成长发展，有人研究了中小学生的成长发展，但对这些成长发展的研究还缺少独特视角。人们关注身心特点的多，缺少对不同学段学生的主导需要、行为特点和典型问题等进行源发性、发展性、阶段性和规律性的过程研究。个体的思想品德乃至思想意识发展无非是在生理、心理、需要、行为和问题状况的有机作用、相互制约的基础上形成的。对这五大元素的深层把握是解读学生思想政治教育对象成长发展的钥匙，也是培养他们良好思想品德和正确世界观、人生观、价值观的根据。我们要充分把握这五大元素的独特内涵及相互关系，也要充分把握这些元素在不同学段的表现形式，并揭示它们的整体发展规律。因此，接下来有必要系统把握学生思想政治教育对象本体元素及在不同学段中的发展状况。

一、学生思想政治教育对象生理的系统把握

大中小学生思想政治教育对象的系统把握首先要把握他们的生理发展。生理是个体存在的根据，生理发育是个体发展的前提，要了解求学过程中个体的成长发展，进而引导个体在求学过程中实现成长发展，就必须首先对学生思想政治教育对象生理发展做一些整体的把握和了解。当然，学生思想政治教育视域中的个体成长发展的生理并不是关涉个体通常意义上的生理的所有方面和细节。尽管学生思想政治教育要尽力去把握个体成长发展生理的各方面，但是毕竟学生思想政治教育不是专门研究个体成长发展生理的。即使现实中人们对个体成长发展的生理进行专门的研究也往往只涉及生理发展的某个层面。例如，生物学侧重从生理结构及功能的角度研究人体以及动物的生理，医学则侧重从个体生理的解剖以及病变的角度研究人体的生理。况且，研究学生思想政治教育对象的思想政治教育学科也并不像生物学、医学等学科那样属于自然科学，而是属于人文社会科学。因此，学生思想政治教育对象生理的分析和把握就要有自己的特殊指涉。这种指涉既决定了学生思想政治教育对象生理的分析和把握必须借鉴目前各个不同学科尤其是自然科学的关于个体生理发展的研究成果，也决定必须从做好学生思想政治教育的角度去重点关涉学生思想政治教育对象生理的所指。因而对生理发展的关注点主要是从生理对心理、思想行为、品德以及世界观、人生观和价值观的影响的角度来厘定应该关注哪些生理现象。鉴于此，就学生思想政治教育视域中个体生理发展与心理、思想、行为、品德以及世界观、人生观和价值观的主要关系而言，应该把握个体神经系统及发展。这是由神经系统在学生思想政治教育视域中个体成长发展的根本性地位决定的。哲学研究表明，意识是人脑对客观世界的主观反映，人脑是意识形成的物质载体，这里的意识一定意义上涵括了心理、思想、道德、精神等现象，因而据此也应该把握个体神经系统及发展。个体的成长发展，除了受到个体神经系统生长发育的影响外，还受到个体内分泌系统及发展状况的影响。生理学的研究表明，人体的内分泌系统是个体的重要调节系统，往往与神经系统相辅相成，在促进个体的成长发育、新陈代谢，以及影响行为方面具有重要的作用。除了把握个体神经系统和内分泌系统的相关指标的成熟发展状况外，还要涉及个体的运动系统、呼吸系统乃至生殖系统等发育状况。当然，学生思想政治教育视域中个体生理发展，也应该涉及生理的其他方面。因为人体系统一般包括九大系统，即运动系统、消化系统、呼吸系统、泌尿系统、生殖系统、内分泌系统、免疫系统、神经系统和循环系统。这九大系统构成了人的整个生命系统，也实际上构成了个体生理发育的基本方面。但学生思想政治教育视域中个体生理的成长发展并不是要涉及个体生理发育的所有方面，主要是指那些与个体心智成长以及行为能力密切相关的系统，这些系统主要就是前述的神经系统、内分泌系统、运动系统、呼吸系统以及生殖系统等。更具体点说，主要是指神经系统的大脑发育，内分泌系统中腺体及激素的发育，运动系统中骨骼肌肉以及运动能力的发育，呼吸系统中肺以及肺活量的发育，生殖系统中第二性征的发育。

神经系统的发展过程。以大脑为主要代表的个体神经系统的发展过程可以分为个体出生前和出生后。大脑的发育是整个生命个体优先发育的部分，个体大脑发育从形成受精卵以后的胚胎期就已经开始，胎儿 3 个月的时候更是大脑中枢神经系统的初步定型时期，在新生儿出生时，大脑重量已经达到成人脑重的四分之一。在个体出生后，个体大脑的发育速度遵循由快到慢，并逐步走向成熟。这种发育又主要体现在脑重、脑结构、脑功能等方面。就个体出生后的脑重发育而言，个体出生后第一年是脑重增加最快的时期，到个体出生的第三年，脑重已经能够达到成人脑重的四分之三，随后的几年个体大脑重量的增加开始放缓，到个体进入小学一、二年级的时候个体大脑的重量已经能够达到成人的 90% 以上。当然，脑重最终停止增加并达到正常水平要到 20 岁左右。就脑结构的变化而言，脑结构的日益完善及复杂化是大脑发育的主要指标。有研究发现，个体出生后脑重的变化很大程度上与脑结构的发育完善有关，脑重的增加并不是脑细胞数量的简单增殖，而主要是脑细胞结构的复杂化和神经纤维的增长以及各种沟回的加深和神经纤维髓鞘化的完成。有研究表明，个体大脑结构在新生儿出生时就已经开始髓鞘化。在随后的一两年内，先是与感觉运动有关的部位，后是与智慧活动有关的额叶、顶叶等区域开始完成髓鞘化。当个体进入小学一、二年级的时候，几乎所有的大脑皮质传导通路都已髓鞘化。就脑功能而言，主要体现为大脑在五六岁时是脑电波的飞速发展时期，随后大脑的功能区在发展完善，个体在小学三年级的时候枕叶开始基本成熟，个体在小学五年级的时候颞叶开始基本成熟，而整个大脑的皮质即枕叶、颞叶和顶叶大约要到初中一年级才能基本成熟；就大脑整个功能的稳定而言则要到高中一、二年级。可知，个体大脑的发育经历出生前和出生后，呈现出先快后慢、先重量后结构等过程。从发育的时间段看，大脑的发育主要在个体成长的早期，当然个体进入小学阶段，乃至中学阶段和大学阶段也是大脑的发展完善时期。个体大脑的发育及完善对个体的认知和行为都会产生非常重要的影响。由此可见，学生思想政治教育必须把握如上个体大脑发育的基本内容，才能更好地了解不同学段的教育对象。例如，个体在小学四年级的时候，由于大脑精神系统的发育完善，学生爱玩的天性逐渐消失，思维和行为变得更加内敛和稳定，而在这之前由于个体大脑精神系统的兴奋度比较高，所以学生往往表现出活泼好动、注意力难以长时集中等行为。

内分泌系统的发展过程。以腺体及激素的发育为代表的内分泌系统有一个不断发展的过程。人体的内分泌系统是一个复杂的系统，这个系统与人体的生长发育关系最为密切。这体现为相关腺体对性激素和生长激素的分泌及对个体生长发育的影响，而这又集中体现为对青春期的启动。青春期的启动主要是由下丘脑分泌的促性腺激素，以及性腺发育共同完成的。这些激素在形成之前有一个相关腺体的发育过程。有研究表明，女生 6 ~ 7 岁，男生 7 ~ 8 岁，肾上腺皮质就开始发育，这要先于性腺 2 ~ 3 年，然后随着肾上腺的去氢异雄酮先升高，开始形成相关激素，刺激性腺分泌性激素。个体一般进入小学中、高年级，女生 11 ~ 12 岁，男生 12 ~ 13 岁，性器官对性激素的敏感性增强，促进第二性征发育。这就进入了通常所说的青春期，这个过程一般从 12 ~ 13 岁开始，到 17 ~ 18 岁结束，此后个体的生理发育开始趋于稳定或缓慢阶段。同时，随着青春期的启动，个体的甲状腺、脑垂体等在个体进入青春期以后开始发育并分泌大量的生长激素。生长激素与性激素协同促进个体体貌体征的变化。因此，学生思想政治教育必须充分把握如上以腺体及激素的发育为代表的内分泌系统的发展过程，并根据相关腺体及其激素的生长发育节奏，来理解个体的内心感受、心理变化、发展需要以及面临的困惑与问题，进而适时引导个体正确对待自己的生长发育以及带来的不适，促进个体健康成长。

运动系统的发展过程。运动系统的发展过程主要是以骨骼肌肉及其运动能力发育为代表的。就骨骼的发育而言，个体在小学阶段，骨骼茁壮成长，骨骼成分中胶质较多，钙质较少，富有弹性，可塑性较大，坚固性较差，易弯曲变形，不易骨折，容易脱臼扭伤；中学阶段，骨骼的发育迅速，骨骼中胶质成分减少，钙质成分增多，生长软骨开始硬化并趋向停止生长，坚固性增强，不易弯曲变形；大学阶段，骨骼基本停止生长，骨骼钙化增多，不易弯曲变形，达到成人骨骼标准。就个体的肌肉而言，个体在小学阶段，肌肉发育尚不完善，肌肉中含水较高，肌肉细长而柔弱，因而在小学阶段开展思想政治教育时不宜安排强度较大的各类活动，更不宜安排一些爆发性的竞赛类活动；中学阶段，肌肉发育开始完善，肌肉中纤维增多，肌肉的力量增强，肌腱发达，肌肉伸缩能力增强；大学阶段，肌肉的各项指标已经趋向成人标准，腿部、腰部力量增强，肌肉的爆发能力显著。伴随着个体的骨骼肌肉发育，个体的身高也有一个明显的变化过程。有研究表明，男生在 9～10 岁，女生在 8～9 岁，身高、坐高、体重、胸围等指标开始突增。一般来说，女生的身高、坐高在初三到高一年级开始趋于稳定，随之而来体重增加、胸围丰满；男生的身高、坐高在整个高中后期开始趋于稳定，随后才体重增加、胸围宽阔。因此，对成长发展中的个体开展思想政治教育必须充分认识到个体骨骼肌肉及运动能力以及相关指标的发育节奏及特点，尤其在开展不同学段的教育活动时要考虑到个体的活动能力。

呼吸系统的发展过程。呼吸系统的发展过程主要是以肺及肺活量的发育为代表的，特别是个体肺的发育直接制约个体的行为活动能力和健康水平。就个体肺的发育而言，肺是人体器官发育比较晚，同时也是发育较快的器官。人体的肺是在胎儿的后期开始发展的，尤其是胎儿出生时，脱离母体，肺部才开始与外界空气接触，获得扩张。在随后的几年内，个体的肺开始迅速发展。这种发展既表现为儿童肺活量的增加，更主要表现为肺的结构的发育完成。有研究表明，个体在小学一、二年级肺的基本结构已经发育完成，到小学毕业时，个体的肺的结构发育较为完善。医学领域中的通行小学儿童的肺活量参照标准：在小学一年级男生是 1342 毫升，女生是 1213 毫升；二年级，男生是 1496 毫升，女生是 1354 毫升；三年级，男生是 1654 毫升，女生是 1516 毫升；四年级，男生是 1843 毫升，女生是 1685 毫升；五年级，男生是 2010 毫升，女生是 1883 毫升；六年级，男生是 2200 毫升，女生是 2077 毫升。肺的发育在经历了小学阶段后主要表现为肺活量的增强。中学阶段，肺活量迅速增加，在初三时，男生平均能达到 3300 毫升，女生能达到 2800 毫升；高三时，男生平均能达到 3600 毫升，女生平均能达到 3200 毫升。大学阶段，肺的结构和肺活量已经日趋发育完善，各项功能指标均已达到成人标准。个体肺的发育成熟，标志着个体内部机能的增强，活动范围的扩大。因此，学生思想政治教育在开展各类活动时必须根据个体肺的功能的发育状况，既适应肺的发育状况，又能促进肺的发育健全。

生殖系统的发展过程。把握以第二性征的发育为代表的生殖系统的发展过程，既是促进个体身心发展的需要，也是适时进行性生理、性知识和性道德教育的需要。虽然个体第二性征的发育过程与内分泌系统中相关腺体及其激素的分泌有关，但是其作为生殖系统的组成部分，却有着自己相对独立的发育表征和轨迹。第二性征的出现与青春期密切相关，是青春发育期到来的标志性现象。其实，生殖系统的发育过程在青春期到来以前就已经缓慢发展。同时，伴随着社会生活水平的提高、饮食热量的提高，以及外在环境的刺激，个体的青春发育期已经普遍提前。青春发育期的普遍提前意味着第二性征出现的迁移。目前有关研究表明，个体在小学高年级已经普遍进入了青春发育期，特别是女生的生殖发育已经达到三分之一以上。"现在女性发育的平均年龄是 9.2 岁，平均来例假的时间为 12.54 岁，男生性发育的年龄是 11 岁，平均初次遗精的时间为 13.85 岁。男女生性发育的提前，要求我们从小学就开始进行系统的性教育。"❶ 初中阶段，男女生的性器官和副性征的发育最为迅速，性激素急剧增多，第二性征的外形特征开始趋向成人标准。高中阶段，女生已经完成生殖发育并走向性生理的成熟，男生的生殖发育也开始放缓放慢，并进入强烈性萌动阶段。大学阶段，男女生的生殖发育已经成熟，开始进入求偶恋爱阶段。由于生殖发育对个体的第二性征以及性心理、性行为、性道德等产生重要的影响，因而学生思想政治教育必须根据个体生殖发育的节奏和节点，进行有针对性的教育引导活动，进而促进养成良好的性观念、性态度，形成正确的性角色和婚姻恋爱观。

二、学生思想政治教育对象心理的系统把握

心理是学生思想政治教育对象本体的第二大元素，大中小学生思想政治教育对象成长发展离不开心理。心理既是个体成长发展的基础，也是成长发展的重要方面。因此，我们必须对学生思想政治教育对象的心理有一个整体的了解和把握。

当然，把握学生思想政治教育对象的心理，必须要明确应把握哪些心理。

---

❶ 张春铭. 斩断伸向孩子的黑手[N]. 中国教育报，2013 – 07 – 23.

就心理现象而言，往往纷繁复杂，涉及种系和个体的方方面面，很难穷尽所有心理。不光学生思想政治教育无法弄清楚全部心理现象，就是专门以心理现象为研究对象的学科也无法清楚把握全部心理现象。专门研究心理的学科分化趋势特别明显，形成了专门研究心理现象中认知的认知心理学，专门研究心理现象中人格的人格心理学，专门研究心理现象中自我的自我心理学，等等。对学生思想政治教育对象的心理进行独特的研究，不是要研究所有的心理现象，而是要研究与学生思想政治教育视域中个体成长发展密切相关的心理现象。个体思想品德成长发展或正确世界观、人生观、价值观以及良好行为习惯的形成并不是孤立进行的事件，而是既与个体整体的成长发展密切相关，也与个体的心理发展水平密切相关。经验和理性表明：个体思想品德的形成需要认知、情感、意志和行为等心理因素的参与。除了这些心理成分外，世界观、人生观、价值观的形成还需要认知能力、思考能力、反思能力以及自我控制能力的发展。通常意义上讲，个体思想品德或世界观、人生观、价值观的形成需要心理认知的参与，也需要心理状态的投入。问题是，到底是学生思想政治教育对象的哪些心理认知和心理状态成分参与了思想品德或世界观、人生观、价值观等的形成发展呢？

就心理认知成分而言，个体思想品德或世界观、人生观、价值观的形成发展主要离不开知觉成分、记忆成分、思维成分以及情绪情感成分的参与。没有这些心理认知成分的参与及发展，个体就无法认识自我与他人、社会、自然的关系，无法形成正确的观念、判断以及良好的行为。知觉能力有利于个体认识到事或物的存在以及状况；记忆能力能够使个体学会总结经验以及知识的迁移运用；思维能力能够使个体对事或物形成正确的判断并作出正确的行为选择；情绪情感能力影响着个体对事或物的态度体验以及价值选择。就心理状态而言，个体思想品德或世界观、人生观、价值观的形成发展主要是注意成分和意志成分的参与。通常意义看，注意和意志虽是心理学领域经常探讨的两种心理状态，但对于正在成长发展的人进行思想政治教育而言，这也是个体思想品德或世界观、人生观、价值观的形成发展不可缺失的最重要的心理状态。具体来说，大中小学生思想政治教育对象心理的整体把握主要就是对大中小学生思想政治教育对象的知觉、记忆、思维以及情绪情感等心理认知成分和注意、意志等心理状态成分的发展进行学段贯通性整体把握。

知觉的发展。知觉是个体心理认知的基础性成分，学生思想政治教育对象知觉在不同的阶段有着不同的发展内容和水平。随着年级的增长，知觉的品质也在不断发展。小学阶段，个体知觉一般具有无意性强、精确性较低、全面性不够等特点。例如，一般小学低年级的学生在查数班级的人数时，往往会忘记把自己也数进去，做作业时也容易混淆形近字。因而这就会导致个体在品德学习和行为习惯养成中缺乏精确性和主动性。到了小学高年级，知觉的有意性、精确性、全面性均会大幅度提高。中学阶段，知觉的目的性、持久性、精确性和概括性等不断地增强。中学生知觉能力在小学阶段的基础上有很大的发展，中学生知觉的随意性突出，能够根据自己的目的观察事物，各种感官能够长久准确地专注于某事物，尤其高中生不仅能够感知事物的外部特征，还能够发觉事物的主要特征和本质特征，更加全面地理解事物。有研究发现，初中学生的视觉感受性比小学一年级学生的视觉感受性增加 60% 以上，初三、高一学生的视觉和听觉的感受性都能达到成人水平，甚至超过成人。大学阶段，个体知觉的针对性、深刻性、批判性、全面性等均获得最大发展，个体观察自然、社会和自我的能力及水平不断趋于完善，个体能够通过纷繁复杂的现象揭示和感知事物的本质及规律，能够根据自己的需要随机、有选择地觉知各种事物，并作出自己的判断。因而，这就为我们在大学阶段引导大学生开展各种社会调研、观察和分析社会现象，提供了知觉发展的基础。学生思想政治教育要增强针对性、主动性和适应性，就必须充分考虑不同学段的知觉发展的特点、内容和趋势。

记忆的发展。学生思想政治教育对象要把国家和社会的要求转化为自身的认识和实践，必须有记忆成分的参与。当然，个体的记忆能力及水平并不是一成不变的，而是有一个成长发展的过程。小学阶段，从记忆的随意性看，在小学低年级个体记忆的随意性不是很强，无意注意占主导地位，到了小学高年级，个体有意记忆的频率和效果开始逐渐超过无意注意。就记忆方法来说，小学生的记忆一般由最初的机械记忆向高年级的意义记忆过渡。一般来说，小学低年级由于知识经验缺乏，抽象思维欠缺，因而他们关于品德与生活的学习主要采取机械识记的方法，到了小学高年级，由于个体认识能力以及知识经验的积累和信息加工能力的提升，在学习活动中运用意义识记的比例在逐渐增大。就识记的内容来说，小学生在形象记忆的基础上，关于符号、概念等抽象记忆在迅速发展。在小学低年级由于第一信号系统占优势，因而一般为形象记忆，而伴随着个体发展，到了小学中、高年级，由于知识经验的积累，大脑第二信号系统逐渐占优势，因而开始有了比较明显的抽象记忆。当然，这里的抽象记忆仍然要以事物的具体形象为基础。中学阶段是人一生中记忆力最佳的发展期。从记忆的随意性看，初中阶段是有意记忆基本占主导地位的阶段，高中是有意记忆继续发展阶段。个体到了初中阶段，随着自我意识，做事的目的性、计划性逐渐增强，有意记忆的效果在逐渐增强，并占据主导地位，到了高中阶段，随着个体知识经验以及各方面能力的发展，有意记忆已占据绝对的主导地位。有研究发现，在同样长的时间里，高中一、二年级学生记住的学习材料的数量比小学一、二年级学生几乎多 4 倍，比初中一、二年级学生多 1 倍。就记忆的方法而言，中学阶段，虽然初中阶段的个体还存在一定的机械记忆，但是高中阶段的学生已经能够完全依赖意义记忆进行学习。就记忆的内容而言，随着知识学习以及个体发展，中学阶段，尤其是初三以及高中阶段的学生，他们记忆的内容越来越抽象化、概念化、理论化和系统性。大学阶段，就个体记忆的整体发展而言还处于发展完善阶段，但是与中学阶段相比，其已经过了记忆迅速发展的阶段。研究资料表明，随着年龄的增长，从 16 岁到 18 岁，记忆的能力基本上没有什么变化。因而，这就预示着大学阶段记忆不论是在随意性、方法，还是内容上，都只能处于发展完善阶段，基本上已经处于有意记忆、意义记忆和抽象记忆占主导地位的阶段。

思维的发展。思维是认知心理和认识发展的核心内容。学生思想政治教育视域中个体的思想品德或世界观、人生观、价值观的形成发展离不开思维能力和水平的发展。小学阶段，思维处于从具体形象思维向抽象思维过渡的阶段。低年级的学生对品德与生活知识的学习往往以具体形象思维为主，从小学高年级开始，个体逐渐开始运用概念进行判断和学习。小学高年级的学生一般开始逐步区分概念中本质的东西和非本质的东西，尽管这个辨析过程仍需要感性经验的辅助。中学阶段，抽象逻辑思维处于优势地位。这突出表现在中学生能够通过假设进行思维活动，思维具有预见性，思维活动中自我意识或监控能力明显，思维的深刻性、灵活性和独立性突出。就中学阶段的形式逻辑思维与辩证逻辑思维的发展而言，初中阶段是形式逻辑思维占据主导地位的阶段，到了高中阶段，个体的辩证逻辑思维发展迅速。林崇德认为："初中二年级（约十三四岁）是中学阶段思维发展的关键期。从初二开始，青少年的抽象逻辑思维即由经验型水平向理论型水平转化。到了高中二年级（约十六七岁）这种转化初步完成。"❶ 大学阶段，思维发展进一步走向完善，思维中理论性、批判性、创造性等不断增强。因此，大学阶段个体思维的这种发展，一方面促使个体不断地思考自我与社会、国家和他人的关系；另一方面也为其接受系统的思想政治理论教育奠定了基础。

情绪情感的发展。情绪情感是在感觉的基础上发展起来的，因而是认知心理的重要构成，同时也是学生思想政治教育视域中个体认知心理的重要内容。小学阶段，学生富有表情，情感控制力不足，易受感染而产生多变、不稳定的情感。个体到了小学高年级，情感的内容不断扩大加深，情感的稳定性增强。小学四年级是个体情感稳定性的重要发展期。中学阶段，个体往往充满热情，富有朝气，感情热烈，由于伴随着生理发育以及自我意识和成人感的增强，个体情感的两极性、波动性等比较突出。一般来说，高中阶段是道德感、理智感等比较成熟的阶段。大学阶段，个体的情绪情感仍在发展，但是就总体而言，情绪情感的自控性、稳定性、现实性、社会性等都在不断发展完善。同时，尽管在中学阶段个体的异性交往已经进入敏感期，但是大学阶段则是两性情感发展全面深刻的阶段。因此，对成长发展过程中的人进行思想政治教育，必须根据不同学段情感发展的特点来选择不同的教育内容、方法、途径以及活动。

注意的发展。学生思想政治教育对象的心理发展，不仅包括认知心理的发展，还包括心理状态的发展。其中，注意就是学生思想政治教育对象重要的心理状态。开展学生思想政治教育，必须根据个体在不同学段的注意心理

---

❶ 林崇德. 中学生心理学［M］. 北京：中国轻工业出版社，2013：155.

状态的发展水平进行。小学阶段，从无意注意占优势，逐渐发展到有意注意占主导地位。一般来说，小学低年级个体在品德学习中注意状态主要受到事物强度、新颖性、差异性和变化性等方面的特点的影响。到了小学高年级，随着年龄的增长以及大脑的成熟和神经内抑制功能的发展，到小学生毕业时，有意注意基本上占据主导地位。就总体而言，小学生注意力不够稳定，不易持久，有意注意虽有发展，但是很不完善，集中注意的时间有差异，小学低年级一般集中注意时间在 20 分钟以内，中年级 20 分钟左右，高年级一般在 25 分钟左右。中学阶段，个体的有意注意已经占据绝对的地位，个体对事物的注意主要受到注意目的性的支配，尤其高中阶段的个体，注意的集中性、持久性等在不断发展完善，甚至集中注意的时间能达到 45 分钟以上。因而，这种个体注意发展的水平和能力为思想品德学习或践行道德能力提供了心理状态基础。大学阶段，注意的发展已经开始走向完善，尽管注意的深刻性、全面性和持久性仍在发展完善，但是就总体而言，注意的各种指标和能力已经达到正常水平。因此，越是对学段较低的个体开展思想政治教育，就越要考虑到个体注意发展的状态和水平。

意志的发展。意志是个体重要的心理状态，这种心理状态的发展水平也是学生思想政治教育视域中个体心理发展不容忽视的内容。一般来说，意志的发展状况直接关系到个体思想品德认知以及良好行为习惯的养成。小学阶段，个体意志的目的性不断增强，克服困难的毅力在逐步发展，并形成一定的意志品质。有研究发现，意志的自觉性从小学中年级就开始形成，学生一般能够自觉遵守纪律；意志的坚持性在小学三年级就成为比较稳定的意志品质。当然，就总体而言，小学阶段个体的意志水平并不高，依赖性较强，克服困难的毅力不足。中学阶段是个体意志发展的最重要的阶段。中学生随着年龄的增长、年级的升高，依赖性逐渐减少，根据目的而作出意志决定的水平不断提高，各种意志品质都获得重大发展。当然，初中阶段和高中阶段，意志发展又有细微差别。有研究表明，初中生自制力较差，行为举止较难控制，高中生的自制能力则比较强。初中阶段虽然表现出来的青春期激情比高中阶段要强得多，但意志难以控制。随着情感的稳定性发展，初三年级至高中一年级这一阶段，学生意志行动的自制力也在逐步加强。小学生和初中生的意志果断性都不高，到了高中阶段才是果断性发展的黄金阶段。大学阶段，意志在经历了中学阶段的迅速发展后，已经不断地走向成熟，但是就总体来看，意志的品质还在不断地发展，个体克服困难、执行计划的能力不断提高，意志行为结果的预见能力也在增强。因此，学生思想政治教育要根据不同学段意识发展的特点，开展充分利用意志发展特点培养思想品德或实现理想目标的活动。

三、学生思想政治教育对象需要的系统把握

需要是学生思想政治教育对象本体的核心元素，学生思想政治教育要促进求学的人的成长发展，必须满足和引导他们的需要。即便再完美的教育内容要求，再精致的教育方法艺术，再高超的教育实践者，如果不能满足和引导教育对象的需要，那也无法促进他们的成长发展。因为不需要！在学生思想政治教育领域，必须树立"需要"意识，加强大中小学生思想政治教育对象需要的研究。

然而，通常说到需要，人们经常把它理解为有机体内部的一种不平衡状态，或者说是有机体因某事物的欠缺而形成的紧张状态。这是心理学教科书中的通常界定，是心理学视域中关于需要的经典解读。但这种理解只是心理需要的定义，而不能代替其他视域或层面对需要的理解。学生思想政治教育对象的需要厘定既涉及需要本身的理解，也要融入学生思想政治教育视域。就一般而言，需要本质上是欲求状态，反映的是一种倾向性。生理需要无疑是生理欲求的倾向性，心理需要无疑是一种心理欲求倾向性。因而，学生思想政治教育对象的需要无疑反映的是学生思想政治教育对象欲求的倾向性。问题是，这到底反映的是学生思想政治教育对象哪方面的欲求倾向性呢？这还要引入学生思想政治教育视域，即要把握学生思想政治教育视域中个体的欲求倾向。学生思想政治教育要培养良好的思想政治品德或正确的世界观、人生观和价值观。学生思想政治教育视域中的欲求倾向性应该与思想政治品德或世界观、人生观和价值观等相关。那么，思想政治品德、世界观、人生观和价值观等属于什么层面呢？或者说这些概念的上位范畴是什么呢？总体上看，这些内容都属于思想意识范畴。因而，学生思想政治教育视域中个体

欲求倾向性是与思想意识相关的欲求倾向性，是思想意识的欲求倾向。这种思想意识中的欲求状态，不同于生理欲求，也不同于心理欲求。生理的欲求往往与肉体有关，反映的是肉体渴望满足的紧张状态；心理欲求往往与个体的心理有关，反映的是各种心理成分的渴求满足的倾向。思想意识欲求是社会性欲求，涵括到个体与自我、他人、社会、国家等层面的关系，是个体思想意识对这种内在环境或外在环境的一种稳定的敏感性。就是说，大中小学生思想政治教育对象的需要，本质上是一种思想意识中的欲求状态，反映的是思想意识中的倾向性和敏感性，是涉及个体对自我、他人、社会、国家的一种稳定的主观要求。因此，寻找教育对象的需要不能到国家和社会的要求中去寻找，不能到成人的期待和希望中去寻找，更不能把国家、社会和成人的要求直接看成教育对象自身的需要，而是要到教育对象思想意识的欲求状态中去寻找，这往往通过思想意识的渴望、追求、期待、期许、盼望等形式表达出来。分析学生思想政治教育对象的需要，就要把握其思想意识在处理自我、他人、社会、国家等不同层面关系中都有哪些渴望、追求、期待、喜好等。特别是思想意识中的那些长期的、稳定的、持久的主观欲求，就是我们要重点把握的需要。对大中小学生思想政治教育对象的需要进行专门的整体研究，就要对不同发展阶段或学段的需要进行研究，把握需要发展的过程及阶段内容。

小学阶段的主导需要。这里的主导需要是指个体在小学阶段思想意识中主要的欲求状态，或者说是占主导地位的欲求倾向。首先，小学低年级的主导需要。一是游戏玩耍的需要。小学低年级的孩子特别喜欢玩耍嬉戏，往往乐此不疲。二是关心抚慰的需要。孩子喜欢围在老师的身边，如果老师们抚摸他们的头和脸蛋，他们就会表现得特别高兴和满足。三是喜欢被口头表扬的需要。孩子喜欢听老师的口头表扬，他们并不太关注为什么表扬，他们只关注即时性的表扬，只要老师表扬他们、夸奖他们，他们就很高兴，并且经常是为了追求表扬而做事。四是被组织安排的需要。小学低年级的学生在生活学习中特别希望成人能够告诉他们怎么做，告诉他们该做些什么，期待着或渴望着成人能够组织安排他们的学习、游戏等各种活动，很乐意担任各种角色和任务。如上这些需要都是小学低年级比较明显的需要，我们必须在充分利用并满足这些需要的过程中使个体形成良好的行为习惯和生活常识。其次，小学中年级的主导需要。一是主动表现自己的需要明显。个体到了小学中年级，他们越来越在意自己在他人、集体中的形象和地位，与低年级学生相比，他们开始主动表现自己，以使自己获得夸奖。二是明显的情感体验需要。中年级个体与低年级较容易受情绪影响相比，他们在意识中更喜欢追求和投入深层的情感体验中，喜欢感受事物，揣摩故事人物的心理，移情体验突出。三是渴望被关爱的需要。小学中年级的个体，随着内心活动的丰富以及自我形象的关注，越来越渴望与同学、老师和父母建立良好的关系，得到他人的理解、同情和支持。四是独立思考的需要明显。小学中年级的个体思想意识的欲求中最明显的一个变化就是有了独立思考的意识倾向，他们在生活和学习中开始喜欢对身边事物充满好奇并试图探索答案。如上这些小学中年级需要的形成、萌发对引导学生形成了解自己、关心他人以及初步的责任意识、角色意识等都具有重要价值。最后，小学高年级的主导需要。一是同伴接纳认可的需要强烈。在小学高年级，随着自我意识的增强，越来越将目光投向同伴交往，渴望获得友谊，渴望在同伴中有一定的影响，获得同伴的接受和认可。二是了解认知社会的需要。个体到了小学高年级，最明显的一种欲求倾向就是开始对各种社会现象和事物感兴趣，开始关注社会新闻话题，开始参与家庭事务。三是追求学业成绩的需要高涨。虽然在小学的中、低阶段个体也比较希望自己取得好成绩，但是能主动自觉以及把它与自身的升学目标联系起来强烈地追求学业成绩则发生在小学高年级。四是未来想象的需要明显。小学高年级关于未来的想象是个体偶尔出现的意识倾向，而不像小学中、低年级个体那样关于未来目标的回答完全是受到外界因素的激发或把外界的期望直接回答成自己的未来理想。因此，培养小学高年级良好思想品德必须充分利用这些欲求倾向，重点引导个体初步认识自我与他人、社会、国家等不同层面的关系，进而传导初步的人际规范以及国家和社会赋予他们的初步的权利、义务和责任等。

初中阶段的主导需要。一是渴望获得独立的需要明显。个体进入初中阶段，随着身心的发育、知识经验的积累和自我意识的发展，普遍渴望摆脱父母、老师对他们的限制，希望获得独立并自主地安排自己的活动。二是平等交往的需要突出。初中阶段的个体由于独立意识和成人感的增强，他们渴望与成人拥有平等交往的机会，而不像过去一样他们在成人眼里只是个孩子，他们期待着与成人平等地交流沟通。三是彰显和表达自我的需要。伴随着自我意识的觉醒，初中阶段的个体意识开始进入反观和表达自我的阶段，他们开始通过言行举止等来彰显和标榜自己，渴望引起别人的注意和关注。四是异性交往的需要强烈。虽然在小学的高年级，个体已经开始对异性充满兴趣，但这种兴趣的强度远没有初中阶段那样强烈和普遍，伴随着生理发育以及性意识的发展，初中阶段的个体普遍地进入与异性交往的渴望状态，形成了强烈接近异性的愿望。五是参与现实生活的需要。小学高年级个体已经开始关注社会现象并参与家庭事务，但是普遍地参与现实社会生活，以及对社会现实生活中流行和时尚表现出特别敏感的关注则是从初中阶段开始的。初中阶段的个体对外部世界更加充满好奇，有强烈的参与体验现实生活的倾向。六是憧憬未来的需要。个体在初中阶段由于自我意识的发展和升学就业的现实，他们开始思考自己是什么样的人，自己未来的方向以及理想目标。初中阶段教育对象的这些需要，决定了我们必须注意利用这些需要敏感期对其进行人际交往、自由平等、民主法治、基本国情和理想目标等教育。

高中阶段的主导需要。一是主动发展的需要明显增强。个体进入高中阶段，开始对自我的发展形成自觉意识，有了主动学习和发展各种能力的倾向性。二是全面触及生活的需要增强。高中阶段的学生已经不再像初中学生那样只是关注社会现实的流行时尚，他们的思想意识已经有了普遍接触和讨论各种经济、政治、文化现象的倾向性，是对各种社会观点形成敏感的阶段。三是休息娱乐的需要。个体到了高中阶段思想意识中普遍地渴望能够获得各种休息娱乐的时间，期待着能有自由放松的机会。四是学业成功的需要强烈。个体进入高中阶段，随着认识能力、责任意识的提高以及高考到来，他们在思想意识中普遍地渴望取得好成绩，能够考入理想的大学。五是获得精神支持的需要。高中阶段的个体与初中阶段相比，他们已经不再满足成人及同伴的言语关心，他们渴望获得心灵的信任与精神的支持，希望周围的人能够理解他们在学习和生活中的烦恼，并给他们提供参考意见。六是明显的思考人生的需要。高中阶段的个体普遍喜欢思考自己的未来，思考未来的方向以及努力的目标，这种思考已经远非初中关于自我未来的憧憬，此时的思考已经进入人生的层面，从人生追求的层面探索自己的未来方向。因此，根据如上高中生思想意识中的这些欲求倾向进行教育，就必须对他们进行人生责任、审美情感、精神修养、理想目标以及社会生活基本领域的常识、规范和规则等教育。

大学阶段的主导需要。教育对象的需要在经历了小学阶段和中学阶段的发展，进入大学阶段，由于生活环境、学习任务以及知识经验的积累，思想意识中会产生一些新的欲求倾向。一是能力发展的需要觉醒。个体进入大学阶段，是对能力发展特别敏感的阶段，各个年级的大学生普遍关注自己各种能力的锻炼和提升，渴望拥有人际交往、生活学习等各种能力。二是专业成长的需要。大学生普遍渴望能够实现自己的专业成长发展，能够掌握本专业的一些基本的技能技巧，并通过专业学习，期待毕业后能够拥有满意的发展平台。三是社会实践的需要。大学生普遍地渴望了解社会、参与社会，希望通过对社会的了解和参与积累各种经验，获得对社会的认知和了解。四是美好爱情的需要。大学阶段的个体由于已经成年，他们渴望找到自己爱慕的对象，希望能够获得异性的关注，渴望获得异性的关心和爱护，期待拥有情投意合的爱情。五是价值实现的需要。个体进入大学阶段已经有了相对成型的价值观念，有着自己的价值追求，渴望自己获得别人和社会的认可尊重，实现自己的人生价值和社会作用。因此，大学阶段的思想政治教育必须充分考虑大学生思想意识中这些比较明显的欲求倾向，通过引导这些需要的形式对个体进行思想观念、政治观点、道德规范、理想目标的教育。

可知，学生思想政治教育对象作为成长发展过程中求学的人，在不同的学段有着不同的需要内容。从需要的形式上看，个体在求学之前就已经具备了人的基本需要。但就需要的内容看，不仅求学前与求学后有着不同的需要，即使在整个求学不同阶段乃至年级，个体都会有不同的优势需要，都会有特定的需要内容。例如，同样是参与社会的需要，小学阶段只是开始关心社会新闻或参与家庭事务，中学阶段则是关心和参与日常生活和生活领域，大学阶段则体现为希望参与社会实践和积累社会经验。学生思想政治教育对象需要的发展主要不是需要形式的改变，而是需要形式中内容不断丰富完善和深化。就发展的基本趋势而言，学生思想政治教育对象的需要是从直接表层的游戏活动的需要向深层精神的需要转化，由情绪情感性的需要向理智理性的需要转化，由个体性需要向社会性需要转化，由现实性需要向未来性需要转化，等等。

四、学生思想政治教育对象行为的系统把握

行为是学生思想政治教育对象本体的有机构成，是学生思想政治教育对象成长发展的关键性元素。这里的行为有着特定的内涵，也有着独特的作用以及发展过程。单纯地谈行为，我们很难明确它的内涵，只能具体分析。行为在不同的领域有着不同的所指。行为在生理学领域是指动物的各种习性；行为在心理学领域是指各种心理活动及过程的外化形态；行为在语言学领域是指言语活动及交流活动，等等。人们对行为的认识总是具体的，总是基于一定的视角。因此，要想准确地界定学生思想政治教育对象的行为，必须基于思想政治教育学科的视角，关注学生思想政治教育视域中的行为。在思想政治教育学科领域，在谈到行为时，一般都是思想行为、品德行为、思想政治行为、行为习惯等。这里的行为主要是指思想意识指导下的行为，涉及个体与自我、他人、国家和社会关系的协调活动。一定意义上看，凡是能够进行价值判断的行为，都是学生思想政治教育要关注的行为。理解学生思想政治教育对象的行为，还可以从学生思想政治教育领域中的学生日常行为规范和守则获得启发。学生日常行为规范和守则涉及或规约的行为，并不是生理意义的本能行为，也不是心理意义上的心理活动，主要都是一些涉及个体如何处理与自我、他人、国家和社会关系的行为实践。即便有时候这里的行为规范也涉及心理内容，如自我包括心理自我，个体要正确处理与心理自我的关系，但这也不是心理行为。

学生思想政治教育对象的行为从实质上看是涉及个体如何协调与自我、他人、社会、国家等关系的活动，但是就存在形式看，这里的行为是通过教育对象的日常生活表现出来的，是在日常生活中表现出的相对稳定的涉及个体如何处理与自我、他人、社会和国家关系的方式和模式。这里的行为不是内隐性的行为，而是外显性行为。学生思想政治教育就是要使教育对象形成能够促进自我发展、人际和谐以及符合国家和社会需要的行为实践。内隐性

的行为只能算作精神活动或意识活动，学生思想政治教育要追求和关注的是一种表现性行为，是一种感性的活动，是一种正确处理个体与自我、他人、国家和社会关系的行为实践。可见，我们要到教育对象的日常生活表现中去观察和分析教育对象处理其与自我、他人、社会和国家等关系的方式和模式。特别是教育对象作为成长发展过程中求学的人，在不同的发展阶段或学段，其行为必然有着不同的内容。这些不同的行为内容主要体现行为特点的不同。对学生思想政治教育对象行为进行整体把握，就要在具体分析行为内容的基础上，把握其在不同发展阶段或学段的行为特点。

小学阶段的行为特点。小学阶段教育对象的行为是日常生活中表现出的涉及个体与自我、他人、社会和国家关系的协调活动，与教育对象的生理、心理和需要等本体元素的发展状况密切相关。小学阶段的教育对象的行为不仅与其他学段不同，即便是在小学的中、高、低年级也会有不同的行为特点。首先，小学低年级的行为特点。一是活泼好动性。神经兴奋和抑制系统的发育状况以及心理发展和游戏娱乐的需要等决定了小学低年级的孩子不论是在课堂上，还是在操场上，都十分活泼好动。二是行为的依附性明显。小学低年级的学生在处理各种事务时一般没有自己的判断，不会坚持自己的观点，他们往往都是把成人的喜好看作自己的喜好，把成人认为的是非看作自己对事物的判断。三是行为的向师性突出。小学低年级的学生对老师尊敬友好，他们以老师为自己活动的中心，课间经常围在老师的身边，向老师诉说自己的见闻，特别喜欢听到老师的表扬。四是行为的浅层化明显。小学低年级的行为往往比较简单、单纯和直接，对行为的表现是直接的、即时的，也是充满情绪体验的。其次，小学中年级的行为特点。一是行为的自主性萌发。个体到了小学中年级，随着认知能力的提高以及自我意识的发展，对人对事对物开始有了自己的初步判断，并开始主动地学习以及初步学会关心老师、家长和同学。二是行为的文饰性明显。小学中年级的个体行为的表现与内心的想法开始分离，有了内心不说的秘密，他们开始注意维护自己在他人心目中的形象。三是行为的兴趣性明显。小学中年级学生有了自己的兴趣爱好，对人对事对物的倾向性与低年级相比显得更加明显。四是行为的合作性增强。个体到了小学中年级，他们的集体意识逐渐形成并增强，开始积极参与各种班级活动，在活动中或与他人的交流中其协调合作的能力开始增强。最后，小学高年级的行为特点。一是行为的自制性增强。小学高年级的学生与中、低年级相比，他们自我管理、控制和约束的能力普遍提高，生活和学习的各种习惯基本形成，对学习和生活的安排有了目的性，对行为后果的预见性增强。二是行为的交互性增强。个体到了小学高年级，与同伴、成人和社会交往有了互动性，开始形成固定的朋友圈，学会了关心他人，甚至开始积极参与各种社会公益活动。三是行为的原则性出现。伴随着认识能力的提高和知识经验的积累，高年级的学生已经初步形成了自己的是非判断标准，开始要求别人公平地对待自己，自己也开始逐渐公平地对待别人。四是行为的性别化形成。小学高年级的男生和女生与中年级相比行为表现的性别化越来越明显，开始在服饰以及情感表达和性别归属上完成了性别角色定位。因此，为了促进和引导其行为发展，对低年级要重点进行良好的行为习惯教育，对中年级要重点进行乐于探究的生活态度培养教育，对高年级要重点进行文明道德规范的教育。

初中阶段的行为特点。初中阶段的教育对象在处理和协调个体与自我、他人、社会和国家等关系的过程中有了一些新的内容，表现出一些新的特点。一是行为的纯真性依然存在。初中阶段低年级行为比较单纯，想问题比较简单，待人待事待物比较真诚，文明规范较好。二是行为的情绪性凸显。个体到了初中阶段，对自我、他人的情绪体验比较强烈，行为容易受到情绪的影响，时而兴奋高兴，时而偏激激动，往往不容易控制好自己的情绪。三是行为的逆反性明显。初中阶段的个体对成人对他们的态度特别敏感，希望能够与成人建立民主平等的关系，为了在成人面前彰显或标榜自己的存在感，他们甚至表现出一些与成人要求相反的行为。四是行为的思想性形成。虽然小学中、高年级个体已经能够对人对物对事有一些自己的看法，但是这种看法还不够稳定，还比较表层，同时对自己行为的指导性比较弱，但是在初中阶段，随着个体认知能力以及自我意识和知识经验的积累，他们开始对人对物对事形成了一些相对稳定的看法和观点，并且这种看法和观点开始成为他们为人处世行为的普遍指导。五是行为的伦理性形成。行为的原则性在小学高年级虽已经初步形成，但是总体上看，在小学阶段个体的道德行为还不太具有对等性。个体往往对别人提出的要求多，而忽视自己对别人应尽的责任，但是到了初中阶段，随着人际平等意识的形成，能够在人伦对等的意义上对他人、对自己提出道德要求，并能够从道德责任的层面要求自己的行为。六是行为的个性化形成。个体到了初中的高年级，行为越来越具有稳定性，越来越具有个性倾向性，开始具有明显的行为风格和个性特点。因此，针对初中阶段教育对象的行为发展状况，就要重点进行人际交往、思想观念、道德规范等教育，以促进良好行为的形成发展。

高中阶段的行为特点。一是行为的主动自觉性明显。个体到了高中阶段自理能力普遍提高，能够主动合理地安排自己的生活和学习乃至人际交往。二是行为的体贴互谅性增强。高中阶段的个体不论是在与成人的交往，还是在与同伴交往的过程中，都有了明显的换位思考的能力，能够体谅老师和父母的辛苦，学会包容、关心和体贴人，既能够理解别人的难处，也能够体谅别人的关爱。三是行为的责任性增强。高中阶段的个体能够充分认识到自己发展状况对于家庭、对于自己未来的意义，因而行为具有了明显的责任和担当。四是行为的批判性增强。个体能够深入参与社会生活的诸领域并形成自己的看法，而且还能够用自己的思想观点评判各种社会现象，进而决定自己的行为态度和行为方式。五是行为的理想目标性明显。高中阶段个体能够确立自己的理想目标，有着自己的理想追求，并将之用来普遍地指导自己的行为实践，如为考入理想大学的各种学习活动。六是行为的意志性明显。个体在高中阶段对待学习和生活以及其他方面，克服困难的能力，执行目标的持久力和意志力普遍地提高。因此，根据高中阶段教育对象的行为特点，就要重点进行理想目标、理性思维、人生价值、角色责任、艰苦奋斗等教育，为良好行为的形成发展注入积极健康的内容。

大学阶段的行为特点。教育对象的行为在大学阶段表现出一些新的内容和特点。一是行为的自主规划性增强。个体在大学阶段，已经能够普遍自主地规划自我，能够自主地安排自己的生活学习和休闲娱乐，主动经营自己的人际关系和发展目标。二是行为的价值选择性突出。大学阶段往往会面临对不同的生活方式、学习态度、道德修养乃至各种政治观点的选择，个体在处理和协调与自我、他人、社会和国家的关系时要不断作出自己的行为选择和判断。虽然中学阶段的个体也会面临着价值的选择，但是就选择的广度和深度而言，远没有大学阶段的个体面临的价值选择多样和复杂。三是行为的现实取向性明显。大学阶段的个体随着对社会的接触以及自我认识的深化，与中学阶段充满幻想色彩的行为取向相比，他们对自己的发展的定位开始面向社会和自我的客观实际，开始现实地看待和协调自我发展、人际交往，以及国家和社会的需要，甚至一定程度上能够开始按照自己的实际以及国家和社会的需要来安排自己的生活和学习。四是行为的社会责任性增强。与中学生的自我责任意识的觉醒相比，大学生已经能够站在人类历史或国家和民族未来发展角度来思考公民的责任和使命，一定程度上能够摆脱自我利益的限制来处理自我与社会和国家的关系。五是行为的未来预期性明显。大学阶段的个体普遍希望自己的努力能够获得别人的认同，自己的能力能够获得国家和社会的认可，自己能够有理想的生活，能够有充分发挥自己才能的工作，这些未来预期都导致大学生在日常生活中特别关注当下各种行为的未来效果以及回报，经常把自己的行为实践与未来的预期发展联系起来。根据这些行为特点，对大学生进行思想政治教育，就要重点进行价值观念、政治观点、社会责任感和人生意义教育。

可知，学生思想政治教育对象的行为是不断丰富和发展变化的并表现出不同的本质特点。在不同的学段，教育对象的行为有着不同的内容和特点。如果不结合特定学段行为的内容进行具体分析，我们很难把握特定学段的教育对象行为特点。例如，同样是行为的主动性，小学阶段表现为活泼好动性；中学阶段，初中生表现为独立叛逆性，高中生则表现为主动自觉性；大学阶段则表现为自我发展的规划性。就总体而言，学生思想政治教育对象的行为呈现出由外在依附性向主体自觉性转换，由情绪情感性向思想指导性转换，由自我中心性向伦理关怀性转换，由榜样模仿性向价值创造性转换，由个体主观性向社会实现性转换。

五、学生思想政治教育对象问题的系统把握

问题是学生思想政治教育对象成长发展的伴随性现象，是学生思想政治教育对象本体的有机构成。从最直接的意义上看，我们之所以对成长发展过

程中求学的人开展思想政治教育，主要就是求学的人在成长发展过程存在这样或那样的问题。从人们对学生思想政治教育对象认识的逻辑发生看，人们往往都是看到教育对象的问题才开始去关注教育对象，既然要全面了解学生思想政治教育对象，就要对其生理、心理、需要和行为等进行分析，但在现实中就这种认识的触发机制或直接指向看，却是以教育对象的问题为契机或是为了解决教育对象的问题。尽管如此，目前学界并没有对学生思想政治教育对象问题作本体化、概念化、条理化、序列化研究。我们读懂对象，促进对象发展，就要对对象问题的实质、根源及演化过程有一个整体的了解和把握。

当然，学生思想政治教育对象的问题不是一般的问题，也不是所有的问题。人类最一般的问题是生、老、病、死。人类的问题纷繁复杂并且外延还在不断地扩大。仅仅以人的问题为研究对象的科学就有许多，如医学主要是以人的生理疾患为研究对象，宗教学主要是以人的信仰问题为研究对象，等等。学生思想政治教育对象的问题只能是学生思想政治教育视域中人的问题，或处于成长发展过程中求学的人的问题。学生思想政治教育要培养具有良好的思想品德的人，因而学生思想政治教育视域中人的问题，从一般的意义上看就是指思想品德问题。但是思想品德是抽象的，思想品德主要是通过个体处理与自我、他人、社会和国家的关系获得体现的，因而学生思想政治教育对象的问题，从具体的意义上看主要指个体在处理与自我、他人、社会和国家等关系方面存在的困境或不足。我们还可以换个角度来揭示学生思想政治教育对象问题的实质，即学生思想政治教育视域中健康成长发展的人是怎样的？学生思想政治教育视域中健康成长发展的人至少要具备两大维度，一是能够实现自己的个性充分发展，二是能够满足国家和社会的要求。个体没有自己的个性，国家和社会的发展就会失去活力；个体无法满足国家和社会的需要，就不会实现自己的聪明才智。二者缺少任何一个维度，或者说，任何一个维度有问题，都不是学生思想政治教育视域中健康成长发展的人，都会成为有问题的人。从这种意义上，学生思想政治教育对象的问题就是无法实现个性充分发展或无法满足国家和社会的要求。前一个问题可以主要表现为个体自身在成长发展过程中面临的困惑问题，涉及的是个体与自我的关系问题。后一个问题可以主要表现为个体的成长发展与国家和社会要求的差距问题，实际上主要涉及个体与他人、国家和社会的关系问题。因此，学生思想政治教育对象的问题有着特定的内涵，是学生思想政治教育视域中的人的问题。基于这种视域，不论是从良好的思想品德角度，还是从健康成长的人的角度，我们都能够得出学生思想政治教育对象的问题主要指涉求学中的个体在处理与自我、他人、国家和社会的关系方面存在的困惑或差距。

当然，任何问题都有自己的根源，学生思想政治教育对象的问题亦如此。这种特殊的根源与学生思想政治教育对象本身有关，也与外在的环境有关。总体上看，学生思想政治教育对象的问题根源于自我的建构（个体发展的未成熟性），也根源于社会的建构（国家和社会的价值要求与期待）。因为只要学生思想政治教育对象存在着，不论是从成长发展的角度，还是国家和社会要求的角度，抑或二者融合的视角，都决定了问题存在的必然性。不管这种问题是成长发展的困惑问题，还是国家和社会要求的差距问题，都决定了问题必然伴随教育对象成长发展过程的始终。正是在这种意义上，我们说问题是学生思想政治教育对象的本体构成。澄明教育对象问题的根源，加深对教育对象问题发生的理解，有利于认识到问题在学生思想政治教育对象成长发展中的地位和作用。如果处于成长发展过程中求学的人能够具有良好的思想品德或健康成长，那么学生思想政治教育就没有存在的必要。一定意义上，探寻教育对象问题的根源，突显教育对象问题的必然性，也就找到了学生思想政治教育实践的合法性根据。问题是学生思想政治教育对象成长发展的伴随性现象。在不同的发展阶段，由于成长发展的状态不同，国家和社会的要求与期待不同，问题必将伴随着教育对象的成长发展而不断演化，在不同的阶段或学段有不同的表征。这里涉及大中小学生思想政治教育对象问题的整体把握和建构。

小学阶段的典型问题。这里的典型问题是指教育对象在小学阶段由于不能够正确处理与自我、他人、社会和国家的关系而表现出的一些比较明显、比较突出且具有代表性、经常性的问题。首先，小学低年级的典型问题。一是上学的适应问题。小学低年级是个体接受正规学校教育的起始阶段，与幼儿阶段的教育相比，个体将面临新的环境、陌生的老师和同学，还有严格的作息时间、学习的内容增多和难度加大等，这些都会使小学低年级的个体在入学阶段出现一些心理适应的不良现象，甚至会产生消化不良、发烧感冒等生理现象。二是生活自理能力较差。小学低年级的个体在衣食住行等方面不能够完全自理，甚至有学生经常会随意丢弃自己的生活用品。三是学习的规范缺失。小学低年级的学生，不论是课堂的坐姿，还是书写规范，乃至纪律规范，都还没有形成，经常出现课堂走神、走动，不会听课，不看黑板等现象。四是欺负打闹现象普遍。小学低年级学生活泼好动，易受情绪影响，经常会发生打闹现象，甚至还会出现一些学生随意欺负其他同学的现象。因此，根据小学低年级的这些典型问题，就要重点进行入学适应以及初步的生活、学习规范和友爱感、同情心等教育。其次，小学中年级的典型问题。一是逆反现象开始明显。随着认识能力的发展以及自我意识的增强，小学中年级学生开始初步有了自己的想法和看法，由原来的完全依从成人权威开始有了稍许的独立性，开始变得调皮，有了自己的心眼。二是撒谎现象较为突出。随着自我意识的发展，以及认识能力的提高，个体为了维护自己在老师和同伴心目中的形象，在做错了事或犯了错误时往往会找一些其他的借口进行搪塞掩饰。三是纪律约束性较弱。虽然在小学低年级个体纪律约束性也不是太好，但一定程度上是无意识的，到了小学中年级个体违反纪律往往有了意图性，往往是明知故犯。四是学业成绩开始分化。小学中年级课程难度加大，学习进度加快，以及学习习惯和方法不当，都会使学业成绩开始分化。因此，根据小学中年级的这些典型问题，就要重点进行尊敬长辈、诚实守信、课堂纪律以及学习方法和习惯等教育。最后，小学高年级的典型问题。一是文明习惯的养成问题。个体到了小学高年级由于活动范围的扩大，交往层次的加深，需要养成良好的文明习惯，但是有些学生为了吸引别人的注意，男生会说脏话，女生会涂指甲，各种文明礼仪较弱。二是散漫现象增多。个体到了小学高年级由于学习的分化，以及理解和应对事务的能力提高，一些学生开始变得懒散，做事拖沓，面对老师的批评满不在乎。三是情绪波动起伏增强。由于青春期发育的开始、自我意识的增强，以及理智能力的不足，小学高年级的个体情绪体验变得敏感，情绪的波动起伏比较大，内心的挣扎困惑增多。四是异性交往的规范性问题增多。随着性意识的萌发，与小学中年级的异性疏远期相比，到了小学高年级个体已经普遍进入了对异性产生好感的时期，容易出现异性交往的不规范性现象。因此，根据小学高年级的这些典型问题，就要重点进行文明习惯、榜样示范、异性交往等教育。

初中阶段的典型问题。伴随着教育对象进入初中阶段，在新的成长发展状态以及外在要求和期望的基础上会产生一些新的问题。一是初中入学的适应问题。对于刚进入初中的学生来说，面临新的环境、新的学习任务，往往会在一段时间内存在一定的学习生活和人际交往的困难。二是叛逆问题突出涌现。随着自我意识以及成人感的增强，初中阶段的个体渴望摆脱成人的管束，希望找到自我的存在感，经常反叛常规，出现叛逆逆反，甚至会违反道德规范。三是偶像崇拜集中出现。虽然个体在小学的高年级已经开始对一些偶像人物进行模仿，但不论强度还是深度，都远没有初中阶段的个体对偶像崇拜那样深刻。初中阶段集中出现的偶像崇拜往往是对言行服饰等进行模仿，有的甚至到了狂热的地步，浪费很大的精力和时间。四是人际困惑集中出现。伴随着自我意识的发展以及理想自我形成，个体到了初中阶段在表达自我、关心别人、处理师生关系、父母关系、同伴关系、获得友谊等人际交往方面，有很多人际困惑。五是早恋倾向集中增多。虽然个体在小学高年级已经进入了异性的好感期并开始了试探性交往，但是就恋爱行为的开始时间看，主要还是在初中阶段开始的。因此，基于以上初中阶段的典型问题，就要重点进行入学适应、榜样人物、人际关系、异性交往等方面教育。

高中阶段的典型问题。一是高中的入学适应问题。由于高中阶段的学习生活以及环境等不同于初中阶段，所以个体在进入高中的开始阶段普遍存在学习方法、时间安排以及生活环境的适应问题。二是生活烦恼的集中增多。高中阶段的个体思考的问题普遍增多，不仅经常思考自己的学习生活，还会思考自己的未来；不仅思考当下人际交往，还要思考未来的社会交往，面对当下与未来、现实与理想等矛盾时，生活的烦恼与初中阶段相比会异常地增多。三是学业压力集中增强。由于自我意识的发展已经普遍认识到学业对于自我未来的意义，同时面临高考的现实都希望能够取得理想的成绩，以及老师和父母对自身的期望，因而高中学生的学业压力集中增大。四是违规违纪现象增多。高中阶段由于学习压力的增大，以及社会交往范围的扩大，学业成绩以及发展水平开始分化，一部分因学业不理想的学生很快就会将自己的注意力转移到逃课、打架、上网、看小说，以及结交闲散人员等方面。五是情绪焦躁问题突出。由于学业压力、烦恼增多，高中阶段的个体经常会存在情绪烦躁不安，心静不下来，过度紧张，心情忧郁等问题。六是自我的负责意识不强。高中阶段的个体虽然能够认识到学业对自我的意义，但是经常管不住自己，在未来发展及专业的选择上存在很大的模糊认识，对父母、对周围人的依赖性比较强。因此，根据高中阶段的这些典型问题，就要重点进行入学适应、学习态度及方法、人生发展、理想目标等方面教育。

大学阶段的典型问题。教育对象的问题在经历了小学阶段和中学阶段后，在大学阶段会演化出新的内容。这些新的问题内容集中表现为以下几个方面：一是大学的生活适应问题。个体在进入大学阶段，一般要远离父母、家乡到外地求学，因而往往在生活学习以及人际交往适应等方面会面临与存在一些问题。二是理想目标问题。一般来说，高中阶段的个体的目标就是要考大学，而考大学的目标实现后，个体往往不能结合自我与社会发展确立新的奋斗目标，导致一些大学生开始享受生活，不思进取，荒废学业，失去奋斗的方向。三是情感困惑的问题。大学阶段的个体已经进入普遍的求偶阶段，渴望获得异性的好感，渴望获得爱情，也经常遇到感情冷漠、单相思、失恋等问题，面对这些问题，容易意志消沉、无法自拔。四是自由与纪律问题。大学阶段的个体渴望各种生活、学习以及言论等自由，但是他们又往往不能正确地理解自由，不能认识自由的限度，往往认识不到为了自我发展，就必须遵循各种纪律，而不是纯粹主张虚妄的自由。五是眼高手低问题。部分个体在大学阶段自我感觉良好，不注意扎实专业知识和技能的学习，导致动手操作能力、解决实际问题能力差。虽然大学阶段教育对象还会存在文明习惯、人际交往、考研就业等问题，但就普遍意义看，如上几个问题却是教育对象在大学阶段的典型问题，因此要重点进行入学适应、理想目标、婚恋观、自由与纪律、民主与法制、社会实践能力等方面教育。

可见，学生思想政治教育对象问题处于不断的演化过程中。这种演化过程表现为不同学段有不同的典型问题，这些典型问题的出现与教育对象成长发展的阶段性有关，也与国家和社会要求的不同期待有关。虽然有些典型的问题从性质上看在不同的学段经常出现，如入学的适应问题几乎贯穿于诸学段，但是就入学适应问题的具体内容而言，小学阶段可能是严格的作息时间以及接受正规学校教育的适应问题，中学阶段可能是学习方法、习惯和内容的适应问题，大学阶段可能是地域环境、饮食习惯以及理想与现实的落差等适应问题。再如，同样是异性交往问题，在小学可能主要表现为交往的规范性问题，中学阶段可能集中表现为早恋问题，大学阶段则可能表现为情感困惑问题。就总体的演化趋势看，学生思想政治教育对象的问题是由生活习惯问题向成长发展问题，由自由散漫问题向理想目标问题，由异性交往问题向情感困惑问题，由学业分化问题向眼高手低问题演化，等等。

第三章

学生思想政治教育者的整体定位

　　学生思想政治教育者是学生思想政治教育实践活动的组织者和实施者，是学生思想政治教育实践要素的关键构成，整体建构学生思想政治教育实践体系必须对学生思想政治教育者进行整体定位。学生思想政治教育者在不同学段的本质规定和职责功能总体上受制于国家和社会的要求，同时也受到学生思想政治教育其他实践要素的影响，特别是受制于学生思想政治教育对象在不同学段的成长发展状况。在以教育对象系统把握作为学生思想政治教育实践要素整体建构原点的基础上，接下来应该深入推进学生思想政治教育者的整体定位，系统把握学生思想政治教育者在不同学段的本质规定和职责功能。深入推进学生思想政治教育者整体定位，应该充分吸收借鉴学生思想政治教育者研究的已有成果，充分认识到学生思想政治教育者的主导地位，才能深入把握大中小学生思想政治教育者的整体定位。

第一节　学生思想政治教育者的研究现状

就目前学界关于学生思想政治教育者的研究成果看，尚没有从贯通国民教育诸学段的整体上对学生思想政治教育者进行专门系统性研究的学术专著。关于学生思想政治教育者的研究主要集中于两种形式，一种集中在关于学生思想政治教育基本理论研究的著作中，更确切地说主要集中于高校学生思想政治教育基本理论研究的著作中；另一种集中在关于学生思想政治教育者研究的期刊论文中，更确切地说主要集中于关于高校学生思想政治教育者研究的期刊论文中。对此，我们将深入分析如下。

在思想政治教育学科领域，上海市高教局（1984）组编教材《高等学校学生思想政治教育概论》较早地对学生思想政治教育者进行了研究。❶ 该教材中以"学生思想政治教育队伍的建设"为题目在第八章对学生思想政治教育者进行了研究，并指出："思想政治教育的任务，需要通过教育者来组织实施，在学校党委的领导下，组织一支浩浩荡荡的思想政治教育队伍，这是实现学生思想政治教育任务的组织保证。""教师是学校教学工作的主体，是学生思想政治教育的宏大部队。同时也必须建立一支精干的，又红又专的政治工作干部队伍，并不断加强这支队伍的建设。这支队伍包括分管学生工作的校、系两级党政领导干部，马列主义教研室和德育基础教研室（或思想政治教育研究室）的专职教师，专职的共青团干部，教师班主任和专职与兼职的学生政治辅导员。这支队伍在学生思想政治教育工作中起着组织者和骨干的作用。"可见，该教材直接提出并讨论了"学生思想政治教育队伍的建设"这样一个命题，虽然学生思想政治教育队伍与学生思想政治教育者是不同的称谓，但从实质上看，只是角度不同而已，学生思想政治教育队伍是整个学生思想政治教育者的群体，学生思想政治教育者是学生思想政治教育队伍的直接构成。同时，该教材分三节对学生思想政治教育队伍进行了研究，其中，

---

❶　上海市高教局. 高等学校学生思想政治教育概论［M］. 北京：教育科学出版社，1984：125 – 138.

第一节是政治辅导员，涉及政治辅导员的地位和作用、政治辅导员的工作任务和工作方法、政治辅导员的素养、辅导员队伍建设；第二节是班主任，涉及班主任的作用、班主任的条件和职责、关心和支持班主任工作；第三节是教师和行政人员，涉及教师是学生思想政治教育十分重要的力量、行政人员在思想政治教育中的作用。可见，这些探讨充分认识到了学生思想政治教育者的地位和作用，特别是深化理解了学生思想政治教育者的构成。不过，仔细分析就会发现，该著作虽然提出了"学生思想政治教育队伍的建设"这样的课题，但由于该著作是关于高校学生思想政治教育的概论，因而实际上是对高校学生思想政治教育队伍建设的研究，是以高校学生思想政治教育队伍建设的形式对学生思想政治教育者进行了探讨。这些探讨主要是基于高校学生思想政治教育工作的现实，对高校学生思想政治教育者的地位、作用和范围进行的探讨，因而还没有形成学生思想政治教育的整体视域，还不是从国民教育整体上对学生思想政治教育队伍或从贯通国民教育诸学段的意义上对学生思想政治教育者的地位、作用、范围、素养乃至学段的本质规定，特别是职能要求等进行的探讨。

在思想政治教育学科领域中，以高校学生思想政治教育的形式对学生思想政治教育者进行研究并不是少数，而是一种相对普遍的现象。例如，樊万清、赵才元（1989）主编的《高等学校学生思想政治教育学概论》在第九章共分三节对"学生思想政治教育工作的队伍"进行了探讨。❶ 其中，第一节为建立一支强有力的思想政治教育工作队伍是做好学生思想政治教育工作的组织保证；第二节是对思想政治教育工作干部各方面素质的基本要求；第三节是思想政治教育工作队伍要不断巩固和提高。该著作也是以高校学生思想政治教育的形式对学生思想政治教育者的地位、作用和素质乃至建设等进行了探究。显然，这里的学生思想政治教育者也是针对高校学生，而不是贯通国民教育诸学段的学生思想政治教育者。再如，陈坚（1992）主编的《高校思想政治教育学概论》中也是以高校学生思想政治教育队伍的形式对学生思想

---

❶ 樊万清，赵才元. 高等学校学生思想政治教育学概论［M］. 北京：高等教育出版社，1989：221－245.

政治教育者进行了研究。❶进入 21 世纪以来，学界关于学生思想政治教育者
研究的立场和惯性依然如此。例如，王琳、叶怀祥（2004）在《21 世纪高校
学生思想政治教育研究》中也是以高校学生思想政治教育的形式对学生思想
政治教育者进行了研究，主要涉及高校学生思想政治教育者。❷特别是随着
2004 年中共中央、国务院《关于进一步加强和改进大学生思想政治教育的意
见》等文件下发和落实，大学生思想政治教育成了高校学生思想政治教育的
主要指称形式，学界在这种情况下很快转换成了以大学生思想政治教育的形
式对学生思想政治教育者进行研究，学界依然没有形成学生思想政治教育整
体视域，在贯通国民教育的整体上来理解和把握学生思想政治教育者，更不
可能对贯通于国民教育诸学段的学生思想政治教育者的具体职能和学段差异
进行整体研究。

当然，在思想政治教育学科领域，梳理关于学生思想政治教育基本理论
的有关研究著作和教材也发现，个别研究成果突破了学界通常的以高校学生
思想政治教育的形式来研究学生思想政治教育者的情况。尽管这是极少有的
成果，但也是难能可贵的。在这方面最有代表性的成果要数黄书孟（1991）
主编的《学生思想政治教育概论》。该著作直接提出了学生思想政治教育概
念，并以学生思想政治教育为统领在第九章深入探讨了"建立一支坚强的学
生思想政治教育队伍"❸。其中，第一节为学生思想政治教育队伍建设是加强
学生思想政治教育的重要保证，并从学生思想政治教育队伍建设是加强学生
思想政治教育的关键和学生思想政治教育队伍建设现状两个方面进行了具体
研究。第二节是学生思想政治教育队伍建设，提出了专职队伍是学生思想政
治教育的骨干，兼职队伍是学生思想政治教育主力军，全校教职员工是一支
宏大的教书育人、管理育人、服务育人的队伍，培养一支学生骨干队伍。第
三节是学生思想政治教育工作者应具有的素质，并探讨了学生思想政治教育
工作者的思想政治素质、学生思想政治教育工作者的科学文化素质、学生思

---

❶ 陈坚. 高校思想政治教育学概论［M］. 长春：东北师范大学出版社，1992：189－234.

❷ 王琳，叶怀祥. 21 世纪高校学生思想政治教育研究［M］. 成都：西南交通大学出版社，
2004：245－257.

❸ 黄书孟. 学生思想政治教育概论［M］. 杭州：杭州大学出版社，1991：248－278.

想政治教育工作者的能力素质和提高学生思想政治教育工作者素质的途径。第四节是学生思想政治教育工作者的选用、考核、晋升、奖励，分别探讨了学生思想政治教育工作者的选用、学生思想政治教育工作者的考核、学生思想政治教育工作者的晋升和奖励。可以看出，在该著作中以学生思想政治教育为统领对学生思想政治教育队伍进行了深入系统研究，涉及学生思想政治教育者的地位、作用、范围和素质乃至培养与晋升等有关内容。更为重要的是，通读这本著作我们发现，与其他研究相比，其在研究的视角和内容上有了新的突破。这个新的突破，就是该著作直接提出了"学生思想政治教育"这样一个命题，并以学生思想政治教育为统领对学生思想政治教育者进行深入研究，突破了其他研究成果仅仅将学生思想政治教育者研究局限在高校学生思想政治教育者或大学生思想政治教育者。该著作在直接提出"学生思想政治教育"命题的同时，并没有将学生思想政治教育者研究仅仅局限在高校学生思想政治教育或大学生思想政治教育，甚至将学生思想政治教育直接等同于高校学生思想政治教育或大学生思想政治教育，而是将大学阶段和中学阶段一并纳入学生思想政治教育视域。一个明显的例证是该著作中在分析学生思想政治教育对象的特点时不仅专门分析了大学生的特点，还专门有一节分析了中学生的特点。❶ 可见，该著作将学生思想政治教育贯彻到中学阶段，从中学和大学一体的角度来把握学生思想政治教育者的地位、作用、含义和素质乃至队伍建设。这与单纯将学生思想政治教育局限于高校学生思想政治教育来研究学生思想政治教育者相比无疑是重大进步和突破，也有利于更深层理解和接近对学生思想政治教育者的地位、作用、含义和素质等方面的认识。当然，在看到重大进步和突破的同时，我们也发现，该著作并没有从大中小学生有机统一的角度来理解学生思想政治教育，而只是将学生思想政治教育贯彻到了中学阶段，没有将小学阶段也纳入学生思想政治教育范围。就是说，尽管有突破，但没有贯彻到底，并没有从贯通国民教育诸学段整体上来理解学生思想政治教育，因而就无法从国民教育诸学段的整体上来把握学生思想政治教育者的地位、作用、范围乃至素质和队伍建设。深化对学生思

❶ 黄书孟. 学生思想政治教育概论［M］. 杭州：杭州大学出版社，1991：204－209.

想政治教育者的研究，不仅应该突破高校学生思想政治教育，还应该突破中学生思想政治教育，将小学生思想政治教育也纳入学生思想政治教育范围，在大中小学国民教育整体上来把握学生思想政治教育者的本质规定和职能要求。

在思想政治教育学科领域，除了如上有关代表性的教材专著以学生思想政治教育基本理论研究的形式，更确切地说很大程度上是以高校学生思想政治教育研究的形式，对学生思想政治教育者有关内容进行了有代表性的研究外，目前还有一些研究成果是以期刊论文的形式直接对学生思想政治教育者的相关内容进行了研究。在这方面基本上也存在一个比较突出和明显的倾向，就是关于学生思想政治教育者的研究主要集中在高校学生思想政治教育者或大学生思想政治教育者。我们以"高校思想政治教育者"为篇名在中国知网进行检索（截至 2018 年 8 月 15 日），共检索到 245 篇；以"大学生思想政治教育者"为篇名在中国知网进行检索（截至 2018 年 8 月 15 日），共检索到 7 篇。其中最早的篇目是傅先庆（1987）的《谈高校思想政治教育者的三项工作任务》，指出："高校思想政治教育者必须掌握教育对象与社会环境之间的复杂关系和控制过程，自觉地去完成三项工作任务：（1）认识社会环境的影响和创设教育环境；（2）同教育对象充分进行思想信息双向交流；（3）激发教育对象的自我教育，在社会实践中能动地'同化'外界环境提供的信息，实现教育目的。"❶ 第二篇是刘晓峰（2001）的《高校思想政治教育者应具备的素质》，指出："改革开放的深入和社会主义市场经济的发展，给高校思想政治教育工作带来了一定的难度和复杂性。这就要求作为高校思想政治教育者必须具备优良的思想政治素质和广博的知识文化素质，以及良好的工作能力素质，还需有一个强壮的体魄，才能承担起培养社会主义合格的建设者和接班人的重任。"❷ 随后学界关于高校思想政治教育者的研究成果有所增加，平均每年有几十篇专门研究高校思想政治教育者或大学生思想政治教育者的

---

❶ 傅先庆. 谈高校思想政治教育者的三项工作任务［J］. 中国林业教育，1987（1）.

❷ 刘晓峰. 高校思想政治教育者应具备的素质［J］. 太原理工大学学报（社会科学版），2001（1）.

文章。例如，钟万林（2006）❶，张开芬、周怡（2009）❷，张爱萍（2011）❸
等对高校思想政治教育者的素质进行了研究；张琰（2016）❹、钱闻明
（2018）❺ 等对高校思想政治教育者的能力进行了研究；潘晓阳（2018）❻ 等
对高校思想政治教育者的形象进行了研究；陆锋、曾婷（2007）❼，杨长青
（2007）❽ 等对高校思想政治教育者与教育对象的关系进行了研究。这些研究
由于缺乏大中小学诸学段贯通的视角，所以关于高校思想政治教育者的研究
很大程度上主要集中在一般层面，主要涉及关于高校思想政治教育者方面，
没有从大中小学诸学段整体视角深入探究高等教育阶段学生思想政治教育者
的本质规定和职能要求。当然，我们在梳理学界关于高校思想政治教育者的
有关研究文献中也发现，有些研究成果虽然不是以高校思想政治教育者或大
学生思想政治教育者的题目出现，但实际上也是关于高校学生思想政治教育
者的研究成果。例如，关于高校思想政治理论课教师方面的研究成果，甚至
关于思想道德修养与法律基础课教师素养等某一科目思想政治理论课教师素
质的研究等；再如，关于高校辅导员素质、能力、队伍建设等方面的大量研
究一定程度上也都属于高校学生思想政治教育者的研究。从总体上看，尽管
这些研究对于理解具体的高校学生思想政治教育者具有极大的帮助，例如，
关于高校思想政治理论课教师素质的研究对加强高校思想政治理论教师队伍
建设具有参考价值；关于高校辅导员素质研究对加强高校辅导员队伍建设具
有指导意义，但由于这些研究都囿于一隅，还不是对高校学生思想政治教育
者的整体研究，更不是从大中小学国民教育诸学段的整体视域深入把握高等
教育阶段的学生思想政治教育的本质规定和职能要求。

❶ 钟万林. 论新时期高校思想政治教育者素质的培养［J］. 高教论坛，2006（2）.
❷ 张开芬，周怡. 论高校思想政治教育者法律素质的构建［J］. 武汉工程大学学报，2009（4）.
❸ 张爱萍. 认同视角下高校思想政治教育者素养探究［J］. 学校党建与思想教育，2011（13）.
❹ 张琰. 论高校思想政治教育者的教育本性［J］. 学校党建与思想教育，2016（12）.
❺ 钱闻明. 高校思想政治教育者转型的动力谫论［J］. 学校党建与思想教育，2018（8）.
❻ 潘晓阳. 高校思想政治教育者时代形象塑造研究［D］. 武汉：武汉大学，2018.
❼ 陆锋，曾婷. 高校思想政治教育者与受教育者互动中的冲突分析［J］. 黑龙江高教研究，
2007（6）.
❽ 杨长青. 思想政治教育者：影响受教育者态度改变的关键因素［J］. 思想政治教育研究，
2007（6）.

从期刊论文对学生思想政治教育者的直接研究看，目前基本都集中在高校学生思想政治教育者，而关于基础教育阶段学生思想政治教育者的直接研究微乎其微。笔者在中国知网以"中学生思想政治教育者""高中生思想政治教育者""初中生思想政治教育者""小学生思想政治教育者"进行题名检索（截至2018年8月15日），并没有发现相关论文。这说明在基础教育阶段，目前尚未形成学生思想政治教育整体视域，尚未在大中小学国民教育诸学段来把握学生思想政治教育者。当然，尽管在基础教育阶段尚没有形成学生思想政治教育整体视域，尚没有"中学生思想政治教育者""高中生思想政治教育者""初中生思想政治教育者""小学生思想政治教育者"等概念术语，但从实际的研究情况看，也实际存在一些关于基础教育阶段学生思想政治教育者的间接研究成果。例如，有关于高中政治课教师的素质和能力的研究，关于高中班主任或德育教师的研究；关于初中思想品德教师的素质和能力的研究，关于初中班主任或德育教师的研究；关于小学品德教师的素质与能力的研究，关于小学生班主任或德育教师的研究，等等。这些一定程度上都是对基础教育阶段学生思想政治教育者的研究。不过，需要指出的是，尽管这些研究对于理解和把握基础教育阶段学生思想政治教育者在不同学段的本质规定和职能要求具有重要的帮助和启发借鉴意义，但由于这些研究主要针对基础教育阶段学生思想政治教育者某一群体的研究，还不是对基础教育阶段某个学段学生思想政治教育者的整体研究，因而对深入把握基础教育阶段中不同学段学生思想政治教育者的本质规定和职能要求也是有限的。深入把握基础教育阶段不同阶段学生思想政治教育者的本质规定和职能要求，必须基于学生思想政治教育整体视域，从大中小学国民教育诸学段贯通的视角来深入把握和定位不同学段思想政治教育者的本质规定和职能要求。

综上，对目前学界学生思想政治教育者研究的基本状况进行梳理发现，从总体上看，学界对学生思想政治教育者进行了一定程度的研究，起步也比较早，但就目前研究成果的布局看，主要集中在关于高校学生思想政治教育者的研究成果方面，其他学段的学生思想政治教育者研究成果还很缺乏，即便是其他学段有一些关于学生思想政治教育者的研究成果也基本上属于间接涉及。例如，关于高中政治课教师、高中班主任或德育教师的研究；再如，关于小学品德教师、小学生班主任或德育教师的研究等。可以看出，目前尽管人们对学生思想政治教育者进行了研究，特别是在大学阶段形成了非常丰富的关于高校学生思想政治教育者的研究成果，但不可否认的是，学界还尚未形成学生思想政治教育整体视域，没有在大中小学诸学段的整体上对学生思想政治教育者进行深入系统的把握和研究。由于缺乏国民教育贯通的视角，所以目前关于学生思想政治教育者的研究主要集中于学生思想政治教育者的地位、作用、范围和素质乃至与教育对象的关系等问题的一般性研究，还无法从国民教育整体上去深入研究每个特定学段学生思想政治教育者到底具有怎样的本质规定和职能要求。只有明确了学生思想政治教育者在不同学段的本质规定和职能定位，才能为特定学生思想政治教育者更好地做好本学段的思想政治教育工作提供意见指导。

第二节　学生思想政治教育者的主导地位

基于学生思想政治教育的整体视域，对大中小学生思想政治教育者进行整体研究，不仅要充分把握学界关于学生思想政治教育者的研究现状，同时，为了深化对大中小学生思想政治教育者进行整体研究，还必须从总体上充分认识学生思想政治教育者的地位和作用。如果说对学生思想政治教育者研究现状进行梳理，有利于我们充分认识到当前对大中小学生思想政治教育者进行整体研究最为重要的是深入把握学生思想政治教育者在诸学段的本质规定和职能定位，那么充分把握学生思想政治教育者的地位和作用，将是深入把握学生思想政治教育者在诸学段的本质规定和职能定位的内在要求。只有充分认识到学生思想政治教育者具有怎样的地位和作用，科学把握了学生思想政治教育者的地位和作用，才能对学生思想政治教育者进行整体定位，才能在学生思想政治教育者地位和作用的指导下充分把握学生思想政治教育者在不同学段的本质规定和职能定位。因此，对大中小学生思想政治教育者进行整体建构必须充分把握学生思想政治教育者的地位和作用。

学生思想政治教育者处于怎样的地位和有怎样的作用呢？理解这个问题需要找到一定的参照坐标。在不同的坐标空间学生思想政治教育者所处的地位和所起的作用是不同的。学生思想政治教育者处于怎样的地位和有怎样的作用可以从不同的坐标空间去追问。就学生思想政治教育者整体定位这样一个坐标空间看，学生思想政治教育处于怎样的地位实际上要追问的是学生思想政治教育者在整个学生思想政治教育实践中处于怎样的地位和有怎样的作用。对于学生思想政治教育者在学生思想政治教育实践中处于怎样的地位和有怎样的作用，在思想政治教育学科领域形成了不同的认识。就目前的研究成果而言，人们对思想政治教育者地位和作用的认识集中于思想政治教育者的主体性争论之中。主要观点有：一是教育者主体说。教育者为主体，教育对象为客体。二是"双主体说"。教育者与教育对象都是主动行为者。三是"双向互动说"。教育者的施教起主导作用，教育对象具有能动作用。四是"关系主体说"（相对主体说）。教育者与教育对象既可成为主体，也可成为客体，两种可能性同时存在。五是"双主体际说"（主体间性说）。思想政治教育者与教育对象之间的关系是"主体际关系"。❶ 可知，以上虽存在诸多不一致的提法，但这些观点都在肯定思想政治教育者具有主体性，而只是对思想政治教育者的具体地位和作用的认识存在歧见。我们以为，尽管学界对思想政治教育者的地位和作用有不同的理解，特别是充分关照到了教育对象的主体性，但从思想政治教育最为本质的意义上看，学生思想政治教育者是学生思想政治教育的实践主体，是学生思想政治教育的组织者和实施者；学生思想政治教育者在整个学生思想政治教育实践中处于主导地位和起到主导作用。

学生思想政治教育者是具体的学生思想政治教育实践要素的组织者和实施者，在学生思想政治教育实践要素的具体组织和实施中处于主导地位。贯通国民教育诸学段的学生思想政治教育实践是由诸多的要素组成的。一般来说，具体的学生思想政治教育实践要包括教育者、教育内容、教育方法、教育对象、教育环境，同时还要包括教育目的、教育计划、教育过程和环节。在所有这些教育要素中，都是由教育者来具体组织实施的。任何一项具体的学生思想政治教育实践活动都是有目的、有计划、有组织的对象性活动，而在这项对象性的实践活动中，教育者是教育对象的确定者，具体决定了哪些

❶ 邵献平. 思想政治教育主客体关系的"双主体互动说"[J]. 理论探讨，2005（6）.

人或哪部分人将接受学生思想政治教育。在教育对象的选择方面、在决定谁是教育对象方面，教育者具有主导权和决定权。同时，教育者不仅是教育对象的确定者，还会在教育对象确定和把握的基础上，确定一定的教育目的、教育计划、教育过程和环节。在学生思想政治教育实践活动中，教育者是教育目的、教育计划、教育过程和环节的组织者和实施者，也是主导者和控制者，教育目的、教育计划、教育过程和环节都是由教育者来制定和实施的。另外，在具体的教育过程中，教育者在具体确定了教育对象和制定了教育目的、教育计划、教育过程和环节的基础上，为了实现他们确定的教育目的、教育计划，他们还是教育内容、教育方法的选择者和使用者，同时也是教育环节的控制者和优化者。可以说，在确定了教育对象、制定了教育目的和教育计划的基础上，到底选择哪些具体的教育内容，到底使用哪些具体的教育方法，都是由教育者来确定的，都是教育者自主选择的结果。从如上意义上看，教育者是具体学生思想政治教育实践要素的组织者和实施者，在具体的学生思想政治教育实践中几乎所有的实践要素都是由教育者来确定和安排的，教育者是整个学生思想政治教育实践要素的主导者，在整个学生思想政治教育实践要素中处于支配地位，发挥着主导作用。

学生思想政治教育者还是具体的学生思想政治教育实践要素的关联者和联系者。学生思想政治教育者的主导地位和作用不仅体现在学生思想政治教育者与其他学生思想政治教育实践要素的关系上，同时，学生思想政治教育者还是学生思想政治教育实践要素发生相互作用的关联者和联系者。在具体的学生思想政治教育实践中，学生思想政治教育者使不同的学生思想政治教育实践要素发生相互关联。学生思想政治教育者在确定了教育对象、制定了教育目的和计划的基础上，通过选择一定的教育内容和教育方法并使教育内容和教育方法与教育对象发生相互关联。从更深层看，也是学生思想政治教育者通过开展或组织一定的教育过程，使教育过程能够与教育对象发生作用。同时，也是学生思想政治教育者通过创设和优化一定的教育环境，将良好的教育环境与其他教育要素相互关联起来。其实，学生思想政治教育者不仅能够将学生思想政治教育实践的诸多要素相互关联起来，而且在将这些要素相互关联起来以后，形成一定的目的方向性，共同作用于一个中心，这个中心就是教育对象。也就是说，在具体的学生思想政治教育实践中，教育者能够使所有的实践要素相互关联起来，并且能够使这些要素都共同作用于教育对象，对教育对象发生影响和作用。这是学生思想政治教育实践的本质所在，凡是学生思想政治教育实践莫不如此，莫不是在教育者的主导下集中所有的实践要素以作用于教育对象，对教育对象发生相互作用和影响，进而通过所有实践要素对教育对象发生相互作用以实现教育者制定的教育目的。可见，在学生思想政治教育实践中，各种实践要素的相互作用和各种要素具有的目的方向性，都是在教育者的控制和影响下进行的，是教育者把所有的实践要素相互关联起来，赋予所有实践要素目的方向性，并将这些目的方向性集中于教育对象。从这种意义上看，教育者也处于学生思想政治教育实践的支配地位和发挥主导作用。

学生思想政治教育者在学生思想政治教育实践中处于主导地位和发挥主导作用集中体现在他们对教育对象的影响上、对教育对象带来的变化上。在具体的学生思想政治教育实践中，当教育者使所有的实践要素与自己发生关联，并在运用和使用所有的实践要素的基础上，使所有的实践要素之间发生相互关联并按照一定的目的方向性集中作用于一定的教育对象时，所带来的结果就是教育对象在所有实践要素的作用下按照教育者设定的目的方向发展变化，形成教育者在实践活动之初设定的教育目的。这可以说是教育者在学生思想政治教育实践中最大的主导性，即对教育对象成长发展的主导。学生思想政治教育实践作为一项有目的、有计划、有组织的对象性活动，最终的目的就是要引起对象性变化，使教育对象能够按照教育者要求的方向发生变化。可见，在学生思想政治教育实践活动中，教育对象的发展变化是受到教育者主导和控制的，教育者在教育对象的发展变化之中处于支配地位和发挥主导作用。在现实中，有人出于对教育对象的主体性或主观能动性的充分认识，甚至提出学生思想政治教育实践的双主体，把教育对象也作为教育实践活动的主体，这种理解是存在问题的，违背了学生思想政治教育实践活动的本质和规律。任何一项学生思想政治教育实践活动都是对象性实践活动，在这种对象性活动中如果教育者和教育对象同时成为实践主体，那么他们作用的对象是谁，是教育内容要求吗？教育内容要求是教育对象改造的对象吗？

教育内容要求是可以由教育对象按照自己的意愿任意改造的吗？尽管一定程度上，在学生思想政治教育实践中，教育对象具有主体性，但是从整个学生思想政治教育实践活动本质的角度看，教育对象不可能像教育者那样在这项实践活动中成为实践的主体，在整个学生思想政治教育实践活动中，只有一个实践主体和实践对象。教育者在教育实践中的主导地位和发挥的作用，决定了只有教育者才能成为学生思想政治教育实践的主体，因为教育者是教育对象成长发展的主导者，也是教育实践活动的发动者。教育对象尽管有主体能动性，但是从深层看，这种主体能动性甚至教育对象对教育内容等教育因素的作用，都是在教育者的主导和控制下进行的。虽然有很多人关注到了教育对象的主体性，特别是关注到了教育对象在教育过程中的能动性，但教育对象不可能成为学生思想政治教育的实践主体，不可能成为学生思想政治教育的组织者和实施者，更不可能成为学生思想政治教育的主导者。任何思想政治教育实践活动，都决定了教育者在这项实践活动中处于支配地位和发挥主导作用，在学生思想政治教育实践活动中，由于与其他教育对象相比，这项实践活动的教育对象是未成熟的人、是处于成长发展过程中的人，其认识能力和心智发展水平还有一个逐渐发展成熟的过程，并且还具有非常突出而明显的可塑性，因而学生思想政治教育对象的这些本质规定，决定了学生思想政治教育者的主导作用应该更为突出和明显，更能够充分影响和主导教育对象的成长发展。因此，充分把握教育者的地位和作用，必须认识到这点。教育者不能因为教育对象的主体性和主观能动性的存在，就放弃自己实践主体的地位，就放弃对教育对象成长发展的主导责任。

需要指出的是，学生思想政治教育者在学生思想政治教育实践中主导地位的实现必须有一个根本的前提，那就是学生思想政治教育者必须在国家和社会中扮演好中介角色，能够充分认识到国家和社会的要求，同时通过自己的教育活动，将国家和社会的要求传播给教育对象，使国家和社会的要求转化为教育对象成长发展的内容。众所周知，思想政治教育是指社会群体用一定的思想观念、政治观点、道德规范对其社会成员施加有目的、有计划、有组织的影响，使他们形成符合一定社会群体所需的思想品德的实践活动。马克思在《德意志意识形态》中指出："统治阶级的思想在每一时代都是占统治地位的思想，也就是说一个阶级是社会上占统治地位的物质力量，同时也是社会上占统治地位的精神力量；支配着物质资料的人，同时也支配着精神生产资料。"❶ 显然，国家或统治阶级事实上是思想政治教育实践活动的当然设定者和控制者。国家或统治阶级决定教育方式和性质，享受着教育成果，规定教育对象成为国家和社会要求的建设者和接班人。从这种意义上看，学生思想政治教育者作为思想政治教育活动的具体组织者和实施者必然要承担和接受为国家或统治阶级服务的使命，成为国家和社会要求的代言人和"传道士"。一方面，教育者必须联结国家和社会的意志，对教育对象施加影响，使其成为统治阶级的接班人和社会合格公民。另一方面，教育者也要按照教育对象需要进行教育，即根据不同成长阶段的生理、心理特点和发展水平，进行有针对性的符合身心发展规律的个性化教育。因而，站在具体的学生思想政治教育实践之外看学生思想政治教育者的地位和作用，我们就会看到学生思想政治教育者在具体的学生思想政治教育实践中主导作用的实现，是以对国家和社会要求的充分把握和落实为前提的，是在对国家和社会要求的充分把握的基础上实现对具体的学生思想政治教育实践的主导。这点对于学生思想政治教育者来说也是一种本质规定。学生思想政治教育者只有实现了对国家和社会要求充分把握，才能够在学生思想政治教育实践活动中实现自身的主导性。如果不能对国家和社会要求进行充分把握，那么学生思想政治教育者在思想政治教育实践中就不能按照国家和社会要求进行思想政治教育，也就不能实现将国家和社会要求转化为教育对象的成长发展。不能做到这点，即便学生思想政治教育者在学生思想政治教育实践活动中组织了一些活动、运用了一些方法，甚至对教育对象也产生了一些作用，但是从一定程度上看，仍然不是学生思想政治教育者主导作用的真正发挥。学生思想政治教育者作为担负特定职责和功能的实践主体，他们的本质规定就是将国家和社会的要求转化为教育对象的成长发展。这是学生思想政治教育者在学生思想政治教育实践活动中运用和选择其他一些教育要素并使一切教育要素相互关联起来共同作用于教育对象，甚至对教育对象发生影响作用最根本的要求。学生思

---

❶ 马克思恩格斯选集：第 1 卷 [M]. 北京：人民出版社，1995：98.

想政治教育最本质的规定是传播国家和社会的要求，是教育者作为国家和社会代言人的身份，用国家和社会要求的思想观念、政治观点和道德规范对教育对象施加有目的、有计划、有组织的影响，使教育对象形成符合国家和社会要求的思想品德的实践活动。从这种意义上，学生思想政治教育者主导作用的发挥是有条件的，学生思想政治教育者可以主导具体的学生思想政治教育实践，但是并不能主导整个学生思想政治教育实践活动，并不能主导贯通国民教育诸学段的学生思想政治教育实践活动本身。就整个学生思想政治教育实践或贯通于国民教育诸学段的学生思想政治教育实践活动而言，学生思想政治教育者并不处于支配地位和发挥主导作用，因为从这个角度看，学生思想政治教育者只是国家和社会的代言人，扮演的是中介角色或"传道士"，国家才是活动的主导者和控制者，决定着整个学生思想政治教育实践活动的社会性质和发展方向，也决定了学生思想政治教育者作为国家和社会代言人的角色定位。

因此，对学生思想政治教育者的主导地位必须进行深入的理解，充分而深入地把握这种主导作用。学生思想政治教育者在具体的学生思想政治教育实践活动中发挥着主导作用是确定无疑的，教育者是学生思想政治教育活动的组织者和实施者，赋予学生思想政治教育活动以一定的目的方向性，并且选择一定的教育内容和使用一定的教育方法，甚至创设一定的教育环境，来共同作用于教育对象，使教育对象沿着教育者预期的方向发生变化。但是，学生思想政治教育者的主导作用归根结底不是其自封的，也不以其自身的意志为转移，而是以对国家和社会要求的充分把握为前提的，没有对国家和社会要求的充分把握，也就无法对具体的学生思想政治教育实践活动进行主导，就会使具体的学生思想政治教育实践活动失去方向，就不会使教育对象沿着预期的方向发展变化。就国家和社会、教育者与教育对象三者的关系而言，教育者必须充分把握国家和社会的要求，扮演好国家和社会代言人的角色，才能实现对具体的学生思想政治教育实践活动的主导，才能影响和主导教育对象的成长发展，才能使教育对象形成符合国家和社会要求的思想品德。摆正学生思想政治教育者的地位和作用，涉及诸多复杂的因素，要处理的关系也有很多。但从根本上看，对学生思想政治教育者地位和作用的充分把握必须摆正教育者自身、国家和社会、教育对象这三类群体之间的关系。只有摆正了这三类群体之间的关系，才能摆正学生思想政治教育者的位置，建构出学生思想政治教育者的理想角色。可见，学生思想政治教育者处于主导地位，这个主导地位的实现，从主要层面看，一头连着国家和社会，另一头连着教育对象；学生思想政治教育者要想充分地发挥主导作用，就必须充分把握国家和社会的要求，同时也必须充分把握教育对象的成长发展状况，并在二者的深入把握中实现和发挥自身的主导作用，建构出自己的理想角色。学生思想政治教育作为一项贯通国民教育诸学段的实践活动，从总体上看，国家和社会对这项贯通国民教育诸学段的学生思想政治教育实践活动的总体要求具有相对的恒定性，而教育对象则处于不断的发展变化中，在不同的学段具有不同的成长发展内容。因而，为了充分发挥学生思想政治教育者的主导作用，就需要在充分把握国家和社会要求的基础上充分把握不同学段教育对象的成长发展特点，并据此建构学生思想政治教育者在不同学段的职能定位。这是深入把握学生思想政治教育者的地位和作用，充分发挥学生思想政治教育者主导作用的必然要求，更是推进大中小学生思想政治教育者整体定位的本质要求。

第三节　大中小学生思想政治教育者的整体定位

不论是对学生思想政治教育者研究的现状把握，还是对学生思想政治教育者地位和作用的分析，都决定了当前深入推进大中小学生思想政治教育者的整体定位，应该聚焦于对学生思想政治教育者职能的整体建构，充分把握学生思想政治教育者不同学段的本质规定和职能定位。这是大中小学生思想政治教育者进行整体建构最核心的问题，也是大中小学生思想政治教育者进行整体建构最迫切的问题。大中小学生思想政治教育者整体建构是一个系统工程，涉及很多的维度，如学生思想政治教育者素养、能力等整体建构，甚至包括不同学段教育者或同一学段内部不同类别的教育者之间的交流沟通、协同育人等。但是就当前大中小学生思想政治教育者整体建构的问题指向看，或者说就当前亟待深入做的工作看，最主要还是要对学生思想政治教育者职能进行整体建构。其实，之所以选择对学生思想政治教育者职能进行整体建构，还在于学生思想政治教育者职能是对学生思想政治教育者的本质性把握，是学生思想政治教育者素养和能力的集中体现。学生思想政治教育者在很大程度上是一种职能性存在，不论是把握学生思想政治教育者的素质，还是把握学生思想政治教育者的能力，乃至学生思想政治教育者的队伍建设和交流机制，归根结底都是为了实现学生思想政治教育者的职能。从这种意义上看，选择对学生思想政治教育者职能进行整体建构，不仅是深化学生思想政治教育者研究的现实需要和深入把握学生思想政治教育者主导作用的必然要求，同时也是由于学生思想政治教育者职能在其本质规定中的根本地位。那么，如何对学生思想政治教育者职能进行整体建构呢？其实，对学生思想政治教育者职能进行整体建构最主要的是建构出学生思想政治教育者在每个学段的理想角色。由于学生思想政治教育是对成长发展的人进行的思想政治教育，教育对象在不同的学段具有不同的成长发展特点，同时，国家和社会也会由于教育对象的成长发展水平不同会有不同的期待，因而从这种意义上，就决定了不同学段的学生思想政治教育者要充分发挥传播国家和社会要求，引导教育对象成长发展的作用，应该具有不同的职能，具有不同的本质内涵。这就决定了大中小学生思想政治教育者的整体定位，从根本上看，就是根据不同学段教育对象成长发展的特点、国家和社会的要求期待，整体建构出体现不同学生思想政治教育本质规定和职能定位的理想角色。这个不同学段的理想角色应该是学生思想政治教育者在不同学段的本质规定和职能定位的具体体现，同时，也应该是不同学段的学生思想政治教育者素质和能力的集中体现。鉴于此，我们将以理想角色为落脚点并融入应有的素质和能力，对学生思想政治教育者职能在不同学段的本质规定、职能定位或理想角色进行系统化建构。

一、言行指导师（小学阶段）

对学生思想政治教育者进行整体定位应该从小学阶段开始，那么小学阶段学生思想政治教育者的本质规定是什么？或者说，学生思想政治教育者在小学阶段的职能定位是什么？抑或说，为了充分发挥学生思想政治教育者在小学阶段的主导作用应该具有怎样的角色？要想回答好这个问题，最主要的是要紧密联系和充分把握小学阶段教育对象的实际。小学阶段的学生思想政治教育是对小学生进行思想政治教育，因而就学生思想政治教育整体视域而言，小学阶段学生思想政治教育最本质的规定主要是由小学生的本质性和规律性来决定的。这个阶段思想政治教育的具体内涵和主要特点乃至学生思想政治教育者的职能，也包括国家和社会的要求、教育的内容和方法等，都要受到小学生自身本质的规定和制约，都要受到小学生成长发展规律的制约。一定意义上，小学生自身的成长发展状况特别是他们的心智发展水平、行为特点和存在的问题，决定了学生思想政治教育在小学阶段的基本样态，影响到国家和社会对他们提出什么程度的要求，以及教育内容和方法等，同时也决定了学生思想政治教育者的职能定位。把握小学阶段学生思想政治教育者的职能定位，就应该充分把握和联系小学生的成长发展的实际，同时，在此基础上去深入思考为了实现国家和社会对小学生成长发展的要求和实现对小学生成长发展的引导，这个阶段的学生思想政治教育者到底应该扮演怎样的理想角色。对此，我们认为，学生思想政治教育者在小学阶段的本质规定、职能定位或理想角色应该是言行指导师，具体说明如下。

这里的言行指导师，顾名思义，是语言和行为的指导者，宽泛一些，涉及言行举止、文明礼貌、规则规范等方面的指导。学生思想政治教育者在小学阶段的这种定位主要是由小学生的成长发展状况决定的。个体在小学阶段还无法形成比较深刻的思想，还没有十分丰富的内心世界，他们的言行具有外露性，往往是内心怎样想的就怎么表达，具有内外的相对一致性，言行举止比较简单直接，因而从这种意义上，学生思想政治教育者对小学生的引导主要是对小学生直接表现出的言行的指导，主要是结合国家和社会的要求对小学生的言行提出要求，除此之外无法进行更为深刻和深层的指导或引导。从个体在小学阶段的心理发展看，他们也无法接受更为深刻和深层的指导或引导，因为他们的心理认知水平还处在具体形象阶段，对事物的认知往往只看到或关注到事物的表面现象，无法揭示事物表面现象背后的本质和规律，无法理解一些相对抽象的道理。同时，从个体进入小学阶段的生活经验看，学生思想政治教育者在小学阶段也应该扮演言行指导师的角色，因为个体进入小学阶段，与幼儿园阶段相比，是他们正规的学习生活的开始阶段，也是他们正式开始集体生活的阶段，由于个体以往生活经验的不足，在这个阶段的个体特别需要养成良好的生活习惯、学习习惯、纪律习惯和文明礼貌习惯，而这些习惯和规范的养成主要是靠老师的言行指导来实现的。更为重要的是，学生思想政治教育者在小学阶段之所以要担负言行指导师的职能定位，还是由这个阶段的个体对成人的依附顺从的言行表现规律决定的。个体在小学阶段不仅内心相对简单，言行具有内外的一致性，喜欢接受一些生动形象的事物，还在于他们与成人的关系上，表现出对成人的依附顺从性，他们相对顺从成人的权威，一定程度还处于以"好孩子""好学生"为自身言行定向的阶段，周围的成人特别是老师对他们来说具有强烈的权威性。尽管由于认知能力和学校生活经验的不足，他们也会违反纪律和不听从老师的安排，但从总体上看，他们还比较"怕"老师，倾向于顺应顺从老师的安排。从这种意义上，学生思想政治教育者在小学阶段要实现对个体的成长发展的引导，将国家和社会要求转化为个体成长发展的内容，就应该充分利用和抓住个体对成人具有依从依附性的关键阶段，通过创设各种教育活动，特别是采取奖惩的办法，加强对个体的言行指导，使个体能够由于尊重成人的权威而接受和认同老师对他们言行的指导，并将这种指导转化为良好的行为习惯。如果能够充分利用个体在小学阶段行为表现的这种规律性，这将对个体今后的良好言行举止的养成具有重要的打基础的作用，也能够起到事半功倍的效果。可见，个体在小学阶段成长发展的特点，特别是为了适应个体成长发展的需要和为了更充分地实现对个体成长发展的引导，决定了学生思想政治教育者应该是言行指导师的角色，担负好对这个阶段个体的行为举止、文明礼貌、规则规范等方面的指导和引导的任务。这应该是学生思想政治教育者在小学阶段的理想角色，也是学生思想政治教育者在小学阶段的本质规定和职能定位。

学生思想政治教育者在小学阶段扮演好言行指导师的角色，也应该有一系列的素质和能力要求。小学阶段的学生思想政治教育者要担负好这个职能，首先必须能够深入地把握教育对象，深入地懂得个体在小学阶段的成长发展规律，掌握大量关于个体在小学阶段成长发展的知识，知道个体在整个小学阶段成长发展的内容和规律性，以及个体在小学阶段不同年级成长发展的特点。只有读懂了对象，掌握了大量关于小学阶段的个体成长发展的知识，才有可能知道个体身心发展特点、言行表现规律，也才能为对个体进行言行指导奠定基础。同时，为了实现对小学阶段个体的言行指导，还必须充分把握国家和社会的要求，把握国家和社会对合格公民的一些言行的基本要求，以及学校学习生活的一些基本规则规范，进而结合个体的成长发展实际，有针对性地将这些要求和规范转化为个体可以和能够践行的要求和规范，进而实现对个体的言行指导，促进个体养成良好的行为习惯。另外，实现对小学阶段个体的言行指导，除了要把握教育对象的成长发展特点、国家和社会以及一些校规校纪等要求外，对教育者自身的言行也有着比较高的要求。对于小学阶段的学生思想政治教育者来说，要实现对小学生的言行指导，他们自身应该具有良好的言行，能够给小学生作出良好的言行示范。从一定意义上看，在小学阶段，教师对个体的言行指导，主要不是靠说教，而主要是靠教师对个体具体的言行示范，靠教师的以身作则来实现的。因此，小学阶段的学生思想政治教育者应该对于生活的细节特别敏感，应该能够给小学生作出具体的言行示范，给小学生作出一个"样子"，让小学生按照"样子"来做，这才是小学阶段学生思想政治教育者最为本质的素养要求。需要指出的是，小学生的成长发展特点和认知能力的不足，决定了对小学生进行言行指导是一项非常复杂而且容易反复的工作，因而这就要求小学阶段的学生思想政治教育者要有耐心、有包容心，眼神中应充满关爱，这样才能使个体更容易接近和亲近我们的教师以实现言行的指导。

二、知心好老师（初中阶段）

个体在小学阶段的成长发展特点决定了学生思想政治教育者在小学阶段的定位是言行指导师，那么当个体进入初中阶段之后，学生思想政治教育者在初中阶段的本质规定、职能定位或理想角色又是什么呢？这是值得深入思考的问题。就一般意义上看，初中阶段的个体肯定不同于小学阶段，个体在进入初中阶段以后，他们的成长发展有了不同于小学阶段的全新内容，进入了个体成长发展突飞猛进的阶段。初中阶段的个体普遍进入青春发育期，身高进入了陡增期，同时第二性征也开始迅速发育，随着生理发育，特别是身高和第二性征的发育，个体在初中阶段有了非常强烈的成人感，感觉自己长大了，感觉自己应该像成人一样受到对待。在初中阶段，随着个体生理的发展，特别是大脑神经系统的发展和知识经验的积累，个体的心理也有了迅速的发展，他们对事物的认知能力显著增强，处于从具体形象思维向抽象逻辑思维的过渡阶段。同时，随着身心发展水平的提高，国家和社会也对他们提出更高的要求和期待。因而，在这些情况下，学生思想政治教育者在初中阶段要想充分地发挥主导作用，更好地引导和促进个体的成长发展，就应该对自身的职能进行新的定位。我们认为，与小学阶段的言行指导师相比，初中阶段学生思想政治教育者的定位应该更高，应该是知心好老师，具体说明如下。

这里的知心好老师主要是指，与小学阶段仅仅要求学生思想政治教育者对个体直接表现的言行进行指导相比，对初中阶段的个体进行指导，不仅应该关注和指导个体的言行，更多的是能够深入个体的内心世界，使个体能够感受到老师对他们的尊重、理解、支持和信任，进而在这个基础上使个体能够敞开心扉地与教师进行交流，并在这个过程中实现对个体成长发展的引导，将国家和社会的要求转化为个体成长发展的内容。初中阶段的学生思想政治教育者之所以要进行这种职能定位，主要是由初中阶段个体的成长发展状况决定的。进入初中阶段的个体，随着个体身心成长发展，特别是随着成人感形成，个体的内心世界有了新的变化，那就是他们的内心世界变得日益丰富起来，对待周围的事情有了自己的看法和主张，同时在内心世界的丰富过程中，他们更多的是关注自我形象和自我的感受，进入了自我意识的觉醒阶段，有了强烈的自我意识。这个阶段的个体不像小学阶段那样言行具有直接的统一性和直率性，而是有了更多的掩饰性，内心世界变得封闭起来，不易倾吐心声和情感外露。在这种情况下，初中阶段的学生思想政治教育者要对个体进行教育引导，就应该将注意力集中于个体的内心世界，关注个体内心的想法和需求。更为重要的是，随着个体自我意识的觉醒、内心世界的丰富，特别是由于他们身心的迅速发展和成人感的增强，他们感觉自己已经长大了，应该像成人那样拥有相应的地位和机会，应该能够自己做主，不应该受到成人的管束，而在成人看来，这个阶段的个体依然还是未成年的孩子，往往依然按照以往的方式对他们进行管束。在这种意义下，个体进入初中阶段普遍面临和存在的事实，就是他们与成人之间的关系变得紧张起来，甚至产生一定的逆反叛逆心理，为了证明自我的长大成人，应该拥有与成人一样的权利和机会，应该获得成人的尊重，他们不像小学阶段个体那样依从于成人的权威，而是有了自己的主张和看法。在这种情况下，初中阶段的学生思想政治教育者要做好个体成长发展的引导工作，就应该深入个体的内心世界，改变以往言行指导者高高在上的姿态，想办法走进他们的内心世界。同时，应该给初中阶段个体以一定的自由表达自己看法和观点的机会，使他们感受到老师对他们的尊重和关心，在这样的基础上实现对他们成长发展的引导，才有可能将国家和社会的要求转化为个体成长发展的内容。其实，尽管初中阶段的个体对成人有些逆反，但从深层看，他们也渴望获得成人的关注，获得成人的理解。他们之所以对成人有所逆反，主要是与成人不能够充分地理解和关注他们有关，可以说，是他们渴望获得成人关注和理解的一种特殊表现。因而，初中阶段的学生思想政治教育者只有以知心好老师的职能定位走进个体的内心世界，才能够获得个体信任，才能让他们敞开心扉，才能够使个体感受到老师对他们的理解和关注，才能使个体在老师的关注、理解和认可下，去努力践行国家和社会乃至校规校纪对他们的要求。可见，学生思想政治教育者在初中阶段的知心好老师的职能定位，是个体进入初中阶段的成长发展的客观要求，也是学生思想政治教育者走进初中阶段个体内心世界和对其进行教育引导的必然要求。

初中阶段的学生思想政治教育者担负好知心好老师的职能定位也有相应的素质和能力要求。具有这些素质和能力将是践行好知心好老师的前提和基础。要成为知心好老师，首先需要初中阶段学生思想政治教育者具有的一项基本功就是"知心"，也就是初中阶段的学生思想政治教育者能够读懂和把握住初中阶段个体的内心世界。这就要求这个阶段的学生思想政治教育者能够娴熟地掌握初中阶段个体成长发展的内容和特点，能够对他们的身心发展、行为表现特点、内在的需求和存在的问题有非常深入的了解，甚至还应该知道初中阶段每个年级乃至每个学期个体成长发展的不同特点。在"知心"的基础上，初中阶段学生思想政治教育者最为重要的是要"走心"，走进初中阶段个体的内心世界，才能够获得个体的认同、理解和信任。这是初中阶段学生思想政治教育者能否成为知心好老师的关键所在。只有走进了初中阶段个体的内心世界，才有可能被个体所接纳，才有可能使个体敞开心扉进行交流，才能够使个体对学生思想政治教育者产生信任，才有可能使个体接受并认同学生思想政治教育者传授的国家和社会要求。初中阶段学生思想政治教育者在"知心"和"走心"的基础上更要具有"变心"的能力，就是学生思想政治教育者要具有改变和提升个体内心世界的能力。这里主要是要求学生思想政治教育者能够在与个体进行平等交流和获得个体信任的基础上，通过确定一定的教育内容、选择一定的教育方法乃至创设一定的教育环境，将国家和社会的要求转化为个体成长发展的内容。当然，初中阶段学生思想政治教育者的知心好老师的定位，除了要"知心""走心"和"变心"之外，更为深层的是，学生思想政治教育者必须是好老师，只有成为好老师，才能成为知心好老师。这里的好老师除了具有如上的一些"知心""走心"和"变心"的能力外，还应该能够关心学生、尊重学生、爱护学生，具有民主作风和人格魅力，具有教书育人的使命感和责任感，这样才能肩负好初中阶段学生思想政治教育者知心好老师的职能定位。

三、人生领航者（高中阶段）

与小学阶段的言行指导师和初中阶段的知心好老师相区别，学生思想政治教育者在高中阶段的本质规定、职能定位或理想角色是什么呢？要想回答好这个问题，必须紧密联系个体进入高中阶段之后他们自身成长发展的实际情况。与初中阶段和小学阶段相比，个体进入高中阶段之后，其身心有了新的发展，并且随着知识经验的积累，在经历了小学阶段的具体形象思维和初中阶段的形式思维后，进入了高中阶段的辩证逻辑思维阶段。在这种情况下，个体对周围事物的认识有了全面的深刻性，能够相对系统深入地揭示事物的本质和规律。同时，随着个体认知能力的提高和知识经验的积累，他们对自我和社会的认识水平也有了很大的提高，对自我和社会现实能够形成一些比较深入的看法。与初中阶段的个体相比，高中阶段的个体不再仅仅关注自我的内心世界和自我感受，而是将认识的触角既深入延伸到现实社会之中，同时也对自我有了更加深刻的认识。可见，个体在高中阶段其成长发展有了全新的特点。同时，国家和社会也对他们有了新的要求，要求他们能够相对系统地掌握一些关于人生和经济社会发展的基本知识，并能够在这些方面形成国家和社会要求的立场、观点和方法。在这些情况下，学生思想政治教育者在高中阶段要想充分地发挥主导作用，引导和促进个体的成长发展，就应该对自身的职能进行重新定位。我们认为，高中阶段学生思想政治教育者的职能定位应该是人生领航者，具体做如下说明。

这里的人生领航者是指对高中阶段个体的人生发展进行引导，使个体明确人生的意义和价值，初步形成国家和社会要求的世界观、人生观和价值观，实现对个体的人生发展方向的指引。也就是说，高中阶段学生思想政治教育者的职能定位应该着眼于对个体人生发展方向的指引，着眼于使个体初步形成正确的世界观、人生观和价值观。之所以进行这种职能定位，主要是由高中阶段个体的成长发展状况决定的。如果说初中阶段由于个体生理和心理的发展是个体对自我的觉醒阶段，那么高中阶段由于个体认知能力特别是辩证思维能力的发展和知识经验的积累，则是个体对人生的觉醒阶段。进入高中阶段的个体，由于理性认知能力的提高和知识经验的积累，他们已经不像初中阶段那样仅仅关注自我，关注自我的形象，关注自我被成人和同伴的接纳程度，而是进入了一个自我发展的深入思考阶段。这个时候他们对自我发展已经能形成一些相对系统的看法，特别是由于高三的高考将是一定程度上决定他们命运的考试，因而，高中阶段的个体往往对自己的人生有了觉醒，他们开始追问人生的意义和价值，开始站在人生意义和价值的角度来思考一些问题，他们渴望拥有与别人不一样的人生，拥有一帆风顺的人生道路，成为别人羡慕的人。在这种意义上，高中阶段学生思想政治教育者要实现对个体成长发展的引导，必须关注个体对人生的觉醒状态，必须关注个体对人生发展的思考和困惑，实现对高中阶段个体人生发展方向的引导。高中阶段的学生思想政治教育者之所以要定位于人生领航者角色，还在于高中阶段个体对人生方向的思考在他们的思想世界中具有根本性的意义。高中阶段对人生的觉醒不仅促进了个体对人生的思考，同时也是促使他们初步形成自己的世界观和价值观的基础。个体进入高中阶段以后，其实是在实现对人生的觉醒过程中去初步建构和思考自己的世界观和价值观的，正是在他们对人生意义、人生价值、人生方向、人生成败和人生道路的思考过程中才有了形成自己的世界观和价值观的必要。因为要想回答关于人生的问题特别是关于人生发展方向问题，必须有一定的世界观基础和价值观指导。个体对人生的思考直接影响他们对这个世界的理解，对人生价值和意义的看法，影响他们的世界观和价值观的初步建构。因而，在这种意义上，高中阶段的学生思想政治教育者要实现对个体成长发展的引导，就应该抓住主要矛盾，抓住个体对人生的觉醒，抓住个体对人生意义、人生价值、人生方向、人生成败和人生道路的思考，通过对高中阶段个体人生的领航来实现对他们的引导，使个体初步形成国家和社会要求的世界观、人生观和价值观。当然，高中阶段学生思想政治教育者之所以要担负人生领航者的职能定位，也在于高中阶段个体由于理性认知能力的提高和对社会现实的接触范围扩大，容易出现对人生发展的困惑，容易产生人生的挫折感、迷茫感和无助感，容易误入人生的歧途，而一旦产生这些问题，形成了一些错误的世界观、人生观和价值观，这对个体影响将是重大的，很难弥补。另外，之所以要做好人生领航者的职能定位，还有一个层面的意义，就是高中阶段是与大学相衔接的阶段，高中阶段能否做好人生理想和人生目标教育，特别是高考志愿的选择教育，将一定程度上直接决定着个体今后的人生发展方向。可见，学生思想政治教育者在高中阶段的人生领航者的职能定位有着深刻的客观根据，为了促进个体的成长发展，高中阶段学生思想政治教育者应该做好人生领航者的角色，使个体在人生觉醒的过程中，通过各方面的教育特别是关于人生和经济社会发展规律乃至哲学观点的教育，使个体初步形成正确的世界观、人生观和价值观，找到正确的人生发展方向，为个体今后的人生发展奠定基础。

高中阶段学生思想政治教育者担负起人生领航者的职能定位，必须具有一些素质和能力要求。首先，必须充分把握高中阶段个体的成长发展状况，知道个体在高中阶段成长发展的规律性，清楚地把握个体在高中阶段的身心发展水平，甚至能把握住个体在高中阶段不同年级的成长发展特点，特别是充分把握住高中阶段个体对周围事物和关于自我人生的认识和思考水平。这是高中阶段学生思想政治教育者对高中阶段个体成长发展进行引导和做好人生导航的基础和依据。其次，落实好人生领航者的职能定位，还必须充分把握住高中阶段个体成长发展中存在的问题和困惑，对他们成长发展中存在的问题和困惑在不同年级的规律性表现进行深入把握。只有深入把握高中阶段个体成长发展中存在的问题和困惑，特别是关于人生价值、人生意义、人生方向以及生活和学习中的烦恼和困惑，才能有针对性地对高中阶段个体成长发展进行引导和做好人生导航。最后，落实好人生领航者的职能定位必须紧紧围绕人生领航这个核心主题来进行。对高中学生进行人生的领航是一个复杂的工程，做好这项工作需要以个体关于人生价值和意义的自我觉醒为前提，但并不能仅仅对个体进行人生观教育。因此，落实好人生领航者的职能定位就要以人生领航为统领来深入安排各种教育活动，包括传播国家和社会要求的关于人生、经济社会乃至哲学的观点教育，以共同服务于使高中阶段个体形成正确的人生发展方向，为明确人生理想和奋斗目标奠定基础，也为他们初步形成国家和社会要求的世界观、人生观和价值观奠定基础。当然，落实好人生领航者的职能定位也要求高中阶段的学生思想政治教育者自身具有清醒的人生方向、非凡的人生智慧、高超的人生境界、深沉的家国情怀、强烈的社会责任感等，同时也能够掌握一些关于人生的哲学和进行深入的人生思考，特别是具有国家和社会要求的世界观、人生观和价值观，能够善于从整个人生方向的角度来深入思考关于人生方向问题，以实现对高中阶段的个体成长发展进行引导和做好人生导航工作。这样才能够对高中阶段个体进行有效的人生点拨，才能解决个体人生的困惑，给个体以正确的人生暗示，使个体初步形成国家和社会要求的世界观、人生观和价值观，引导个体形成正确的人生发展方向，完成人生领航者的职能定位。

四、思想导航者（大学阶段）

充分把握学生思想政治教育者在大学阶段的本质规定、职能定位或理想角色，必须紧密联系大学阶段个体成长发展的实际。然而，大学阶段一般不同于其他学段，充分把握大学阶段学生思想政治教育者的职能定位，除了要把握大学阶段个体成长发展的实际外，也应该充分把握国家和社会的发展实际与要求。尽管学生思想政治教育者在其他学段的职能定位也应该联系国家和社会的实际与要求，将国家和社会的要求转化为个体成长发展的内容，但是由于在其他学段个体自身成长发展的限制，国家和社会的要求主要通过紧密联系个体成长发展的水平和接受能力等来实现，因而学生思想政治教育者在这些阶段的本质规定和职能定位主要受制于个体成长发展的水平和接受能力。而当个体进入大学阶段之后，就有了不同于以往的一些情况，这既与大学生阶段个体实际的成长发展状况有关，也与大学阶段的特殊性和重要性有关。大学阶段是个体的成年阶段，是身心发展成熟完善的阶段，也是知识经验日益扩展的阶段。这个阶段的个体，他们的身心发展水平和认知能力乃至知识经验足以支撑他们对各种事物的认识，从一定程度上看，他们的认知和行为能力不再受身心发展水平限制，而主要是与个人的思维方式、情感、态度和价值观等有关。同时，大学阶段是个体进入社会前的准备阶段，是为国家和社会直接培养专业人才的阶段，这些人走出大学阶段之后是要直接投身现实的国家和社会建设的，将决定国家和社会的未来发展。因而，不论是从个体成长发展的实际情况，还是大学阶段的特殊性和重要性的角度，都决定了与其他学段相比，充分把握学生思想政治教育者在大学阶段的职能定位，必须将国家和社会的实际与要求放在大学阶段学生思想政治教育者职能定位的关键位置，在考虑大学阶段个体成长发展实际的基础上，充分考虑国家和社会对大学阶段学生思想政治教育者职能的客观要求。正是基于这些考量，我们认为，大学阶段学生思想政治教育者的职能定位应该是思想导航者，具体做如下说明。

这里的思想导航者主要是指在大学阶段要侧重对个体进行深入系统的思想引导，使大学生能够系统地掌握国家和社会要求的思想观念、政治观点和道德规范，坚定正确的政治方向，自觉成为国家和社会的合格建设者和可靠接班人。大学阶段的学生思想政治教育者之所以要进行这种职能定位，首先与大学生成长发展的现实有关。个体进入大学阶段以后，他们的身心发展已经基本成熟，特别是随着辩证思维逻辑的日益成熟，能够对自我人生和社会现实形成比较系统的观点，因而他们再也不像小学乃至初中阶段个体一样似乎还是"一张白纸"。当个体进入大学或在大学生活学习过程中他们已经基本树立了自己的世界观、人生观和价值观。如果说个体在初中阶段进入自我意识的觉醒阶段，在高中阶段进入人生的觉醒阶段，那么在大学阶段，一定程度上可以说，已经进入思想的自觉阶段。在这个阶段个体已经能够针对自我、人生和社会生活诸领域形成相对系统的观点和看法，并能够在这些系统的观点和看法的指导下来决定和选择自己对人生及对社会生活诸领域的价值观念和行为实践。从这种意义上看，做好大学阶段个体的成长发展的引导，就应该充分适应和把握个体成长发展的这种思想自觉状态，做好思想导航工作，使个体形成国家和社会要求的思想观点。同时，之所以要做思想导航者的职能定位，也与国家和社会的要求有关，大学阶段是个体投身国家和社会建设的准备阶段，一方面大学阶段的个体对事物的认知不再受到身心发展水平的限制；另一方面为了使大学生能够成为国家和社会发展的合格建设者和可靠接班人，需要个体在走向社会之前形成国家和社会要求的思想观念、政治观点和道德规范。因而，这也要求大学阶段的学生思想政治教育者，以国家和社会要求的思想政治理论观点为导航方向，将国家和社会要求的思想观念、政治观点和道德规范转化为个体的思想自觉和行为实践，自觉成为国家和社会的合格建设者和可靠接班人。其实，之所以作出思想导航者的职能定位，还在于大学阶段个体由于认知能力的成熟，知识经验的积累，对社会接触和参与能力的增强，甚至本身在大学生活中面临的求职就业、恋爱情感等，往往易发生各种思想困惑，容易迷失方向，失去理想目标。另外，大学是培养高层次人才的地方，因而也是境内外敌对意识形态渗透的重点对象，导致这个阶段的个体容易受到各种社会不良思潮的影响，形成错误的政治观点，无法形成国家和社会要求的理想信念。因而，这种情况也决定了学生思想政治教育者要担负好思想导航者的职能。可见，将大学阶段的学生思想政治教育者的职能定位为思想导航者具有非常充分的内在依据，为了引导大学阶段个体的成长发展，必须充分加强对他们的思想导航，将国家和社会要求的思想观念、政治观点和道德规范转化为他们的思想自觉和行为实践，使他们自觉成为国家和社会的合格建设者和可靠接班人。

大学阶段学生思想政治教育者要充分做好思想导航者的职能定位，必须对素质和能力有一些基本的要求。首先，教育者必须对大学阶段个体的成长发展状况，特别是在大学阶段每个年级个体的成长发展特点有非常清晰的把握，知道他们在大学阶段的思想和行为表现特点，特别是能够非常清晰地把握住他们的思想状况和思想动态。这是对大学阶段个体进行思想导航的重要前提。只有具备了把握大学阶段个体成长发展状况和思想的能力，才有可能做好对个体进行思想导航。其次，为了增强思想导航的针对性，要善于把握大学阶段个体在成长发展中存在的问题，知道个体在大学不同阶段容易存在的一些思想困惑，围绕他们在生活学习、人际交往、恋爱情感、求职就业乃至人生发展等方面存在的问题和困惑进行有针对性的思想引导。从这个角度看，要履行好思想导航者的职能，不仅要具备把握大学阶段个体思想状况和思想动态的能力，更要具有把握大学阶段个体成长发展中存在的问题和困惑的能力。最后，必须具有把握国家和社会实际与要求的能力，特别是具有把握国家重大方针政策和基本理论的能力，有效防范和应对各种社会思潮渗透的能力，尤其具有把握各种社会思潮对大学阶段个体影响状况的能力。对大学阶段个体进行思想导航的实质是将他们的思想向国家和社会要求的轨道引导，将他们引导成为国家和社会的合格建设者和可靠接班人，因而能否具有充分把握和贯彻国家和社会要求等方面的能力直接关系到思想导航的方向和成败。其实，更为重要的是，大学阶段的学生思想政治教育者不仅要具有把握大学阶段个体的思想状况、思想困惑的能力，国家和社会要求的能力，在此基础上还要具有将国家和社会要求的思想观念、政治观点和道德规范转化为个体的思想自觉和行为实践的能力。这点对于做好思想导航来说最为关键和根本，要求能够把握教育时机，充分地利用各种教育条件，开展各种教育活动，将国家和社会的要求转化为个体成长发展的内容。当然，为了履行好思想导航者的职能定位，大学阶段的学生思想政治教育者自身也必须具有正确的思想立场，坚持正确的政治方向，具有良好的思想政治理论修养和政策分析能力，自觉肩负起教书育人、立德树人的使命感和责任感，坚持以德立身、以德施教，以端正的思想态度和正确的政治立场，影响和感染大学阶段个体的思想行为，使他们能够在大学阶段学生思想政治教育者的示范和引领下，实现他们对国家和社会要求的思想观念、政治观点和道德规范的接受认同和践行，自觉成为国家和社会的合格建设者和可靠接班人。

第四章

学生思想政治教育目标的整体建构

在贯通国民教育诸学段的意义上推进学生思想政治教育目标的整体建构既是学生思想政治教育整体研究的重要问题，也是学生思想政治教育实践亟待解决的现实问题。学生思想政治教育的目标是指教育者根据国家和社会发展的客观要求，在综合各种因素的基础上，通过思想政治教育活动使教育对象的思想状况和行为习惯在一定时期内要达到的预期效果。应在充分把握学生思想政治教育对象成长规律及学段呈现和对学生思想政治教育者职能进行整体定位的基础上，根据国家和社会发展的客观要求并联系不同学段教育对象成长发展状况和教育者职能定位，对学生思想政治教育目标进行整体建构。推进学生思想政治教育目标的整体建构，应该充分吸收借鉴学生思想政治教育目标的研究成果，遵循学生思想政治教育目标整体建构的原则，才能深入系统地推进大中小学生思想政治教育目标的整体建构。

第一节　学生思想政治教育目标的研究现状

从总体上，根据我们的文献调研发现，目前在思想政治教育学科领域，尚没有发现从贯通国民教育诸学段的意义上对学生思想政治教育目标研究的专门性学术著作。有些学术专著或教材虽然也会探讨或涉及学生思想政治教育目标问题，但是这些学术专著或教材要么过于笼统（如在思想政治教育学原理中关于学生思想政治教育目标问题的探讨），要么过于狭窄（如在研究大学生思想政治教育的著作中探讨了关于大学生思想政治教育目标问题）。也有少数著作直接提出了学生思想政治教育目标问题，例如，曾德聪出版的《学校思想政治教育学概论》（1983）中涉及学生思想政治教育目标的研究，具体内容是针对青年学生但实际上是针对大学生的。再如，1984年上海市高教局组编的《高等学校学生思想政治教育概论》，1989年樊万清、赵才元主编的《高等学校学生思想政治教育学概论》，这两本书虽然也涉及学生思想政治教育目标，但仅仅是高校学生思想政治教育目标。1991年黄书孟主编的《学生思想政治教育概论》以学生思想政治教育目标为章节标题讨论了学生思想政治教育目标问题，但书中只有一节论述中学生的主要特点，其他都是关于大学生的。就目前看，这种研究趋势至今仍没有根本改变，当前出版的一些涉及讨论学生思想政治教育目标的著作几乎都指向高校学生思想政治教育目标。可见，尽管有些著作直接提出了学生思想政治教育目标问题，但总体上看，这些研究成果还不够深入。即便涉及学生思想政治教育目标，也只是做了些简单论述，同时也只是以学生思想政治教育目标讨论的名义讨论了高校学生思想政治教育目标。目前在思想政治教育学科领域，关于学生思想政治教育目标的直接探讨大多集中在期刊论文之中。下面我们以中国知网检索（截至2018年6月20日）为主要研究手段，将目前学界关于学生思想政治教育目标的研究情况整理如下。

我们首先以"学生思想政治教育目标"为主题在中国知网进行检索来把握学生思想政治教育目标的研究现状。以"学生思想政治教育目标"为主题进行检索，能够一定程度上检索目前学界关于学生思想政治教育目标直接研究的一些基本情况。我们通过中国知网的期刊数据库检索发现，这个主题方面的期刊论文，只有135篇。代表性期刊论文观点分别是：龚茂松（1989）指出，目标管理是现代管理中的一种先进的管理方法，学生思想政治工作是高校学生总体管理中的一个重要方面，对学生思想政治工作实行目标管理，其目的就是通过目标的激励，来调动广大学生的积极性，从而保证实现总目标。❶ 韩娟美（2000）指出，我们党一贯高度重视高校学生思想政治教育工作并把它作为一项战略任务来抓。但是，在实际工作中又经常被看作难以捉摸的、很难度量的"软任务"从而造成教育工作内驱力不足，新形势下高校学生思想政治教育应当主动地、自觉地加强目标管理，通过目标管理来推进工作。❷ 龙汉武（2006）指出，高师学生思想政治教育目标是学生思想政治教育的出发点和归宿，具有一定的层次体系。思想政治教育目标层次体系的基本内涵包括学生思想政治品德的层次性、人才培养目标的规格性和思想政治教育方法的多样性。❸ 刘硕、易今科、王洪乔（2012）指出，高职院校学生在顶岗实习过程中陷入了思想政治教育目标缺失的困境，高职院校应该以职业素养为导向，构建顶岗实习学生思想政治教育目标管理机制，依据社会和企业对高技能人才职业素养的要求，对职业素养进行分解，将职业内在的规范和要求细化并落实到学生顶岗实习过程中以提升高职学生的就业竞争力。❹ 杨迎春（2015）指出，新时期高校思想政治教育面临着一系列新问题，尤其是大学生思想政治教育目标定位上的"高大上"和"大一统"的现象导致教育效果不理想，这迫切要求高职高专学生思想政治教育在教育目标定位上做到有的放矢、因地制宜、因人而异，真正实现高职高专学生思想政治教育目标的科学定位，进一步提高针对性和实效性。❺ 可见，目前学界以"学生思想政治

❶ 龚茂松. 师专学生思想政治教育目标管理初探［J］. 玉溪师专学报，1989（3）.

❷ 韩娟美. 试析高校学生思想政治教育目标管理［J］. 云南农业教育研究，2000（6）.

❸ 龙汉武. 论高师学生思想政治教育目标的层次体系［J］. 湖南师范大学学报（社会科学版），2006（5）.

❹ 刘硕，易今科，王洪乔. 顶岗实习学生思想政治教育目标管理机制探析［J］. 苏州教育学院学报，2012（3）.

❺ 杨迎春. 论新时期高职高专学生思想政治教育目标的科学定位［J］湖南科技大学学报，2015（5）.

教育目标"为主题的研究主要基于问题意识来探讨学生思想政治教育目标的调整或发展问题，且基本都集中于高校这个学段层次（师专学生、高校学生、高师学生、定岗实习和高职高专），而不是学生思想政治教育的深层研究或学段整体探索。

我们又以"学生思想政治教育的目标"为主题在中国知网进行检索来把握学生思想政治教育目标的研究现状。基于人们用语的差异或文字表达的差异，我们以"学生思想政治教育的目标"为主题进行了知网检索，搜索到了58篇。代表性期刊论文观点分别是：刘益迎（2007）从分析高校思想政治教育目标的性质、目标管理体系和目标管理的实施等方面入手，深入思考了新形势下如何构建航海类专业学生思想政治教育目标管理体系。❶ 马红军、杨庆新（2008）指出，当今高职院校学生的思想政治教育要达到构建和谐社会的要求，学生思想政治教育也要建立和完善多方位的目标体系，不论是工作机制、服务理念，还是育人环境等各方面必须从实际出发，努力做到"识变、应变、求变"，不断创新，以达到构建和谐社会的要求。❷ 崔时婧（2012）指出，学生思想政治教育目标管理的引入会使思想政治教育走向科学化、系统化，以确保高校思想政治教育目标管理工作的规范性。❸ 韩艺群（2013）指出，高校学生思想政治教育的目标定位是有效实施思想政治教育的首要问题，是高校青年学生提高自身思想政治素质的导向，并提出党的理论创新为高校学生思想政治教育的目标定位提供了新的理论依据，以此提升了目标定位的层次。❹ 郑春雨（2015）指出，高职院校思想政治教育还存在着一定困境，在目标定位、发展取向等方面还有进一步优化、突破及创新的空间，以使更好地推动高职思想政治教育的科学发展。❺ 可见，以"学生思想政治教育的目标"为主题的相关期刊论文也主要集中于高等教育阶段的学生思想政治教育

---

❶ 刘益迎. 航海类专业学生思想政治教育的目标管理体系[J]. 航海教育研究，2007（4）.

❷ 马红军，杨庆新. 构建高职院校学生思想政治教育的目标体系[J]. 思想教育研究，2008（5）.

❸ 崔时婧. 论高校学生思想政治教育的目标管理[J]. 湖北广播电视大学学报，2012（4）.

❹ 韩艺群. "三个代表"与高校学生思想政治教育的目标定位[J]. 前沿，2013（9）.

❺ 郑春雨. "后示范"时期高职学生思想政治教育的目标定位和发展取向[J]. 湖北函授大学学报，2015（18）.

目标探讨。

为了充分把握学界关于学生思想政治教育目标的研究现状，我们还以"学生思想政治教育目标"或"学生思想政治教育的目标"加上"大中小学生"或"大中小学"在中国知网进行篇名搜索，结果共搜索到 0 篇。我们再以"大学生思想政治教育目标"进行篇名检索，结果检索到 162 篇。代表性期刊论文观点有：檀律科、张福珍（2012）认为，思想政治教育目标是大学生思想政治教育体系中的核心部分，为大学生思想政治教育工作设定了基本点。中美两国大学生思想政治教育目标的对比研究对我国大学生思想政治教育目标的研究与制定起到启发借鉴的作用。● 李忠军（2013）认为培养社会主义合格建设者和可靠接班人是我国大学生思想政治教育目标的总体指向，其具体内涵经历了一个不断丰富发展的过程。解读新的历史时期大学生思想政治教育目标的内涵，应以社会主义核心价值体系为指导，以"有理想信念、有核心价值、有中国精神、有能力素养"为主要内容，全面彰显其时代内涵，体现其时代特点。● 李秀娟、解超（2015）认为大学生思想政治教育具象化目标体系构建是当代大学生思想政治教育目标发展的必然趋势，是破解当前大学生思想政治教育瓶颈问题的现实需要，也是遵从大学生思想政治教育规律的本质要求。遵循科学性与系统性、继承性与融合性、时代性与人本性原则而构建的具象化思想政治教育目标体系可以具体表述为爱国守法、为民奉献；勤学善思、实践创新；诚信包容、自律自强；尊重自然、身心健康；个性自由、全面发展。● 不可否认，这些研究尽管主要局限于高校学生思想政治教育目标，但其启发借鉴价值也不容忽视。

同时，我们还以"中学生思想政治教育目标"在中国知网检进行篇名搜索，共搜索到 0 篇，而以"中学思想政治教育目标"进行篇名搜索共搜索到 2 篇。其中，黄学明（1986）就中学思想政治教育目标序列的必要性、层次性和实施渠道提出了一些看法，认为现行中学思想政治教育目标缺乏统筹安排，

● 檀律科，张福珍. 中美大学生思想政治教育目标对比研究［J］. 江苏高教研究，2012（1）.

● 李忠军. 大学生思想政治教育目标新探［J］. 思想理论教育导刊，2013（12）.

● 李秀娟，解超. 当代大学生思想政治教育具象化目标体系的构建［J］. 上海师范大学学报（哲学社会科学版），2015（6）.

没有形成一个由浅入深、从具体到抽象、从现象到本质的教育目标序列的现象普遍存在，并认为建立中学思想政治教育目标序列是可行的。我们只有把思想政治教育目标序列建立在动态的、发展的基础上，随着形势和历史的发展不断修正、补充这个序列，避免形而上学的机械性和片面性，并采取相应的措施，才能保证序列中每一个目标得以实现，并探讨了中学思想政治教育目标序列的两个层次，即初中阶段和高中阶段思想政治教育的目标设置。❶ 王希穆（1991）认为地理学科的思想政治教育是中学思想政治教育的一个有机组成部分，目的在于使学生逐步形成共产主义的人生观、科学的世界观，因此提出了借鉴情感领域教育目标分类的思想，加强中学地理学科的思想政治教育。❷ 我们以"初中思想政治教育目标"或以"初中生思想政治教育目标"等进行篇名检索时搜索到 0 篇。以"高中思想政治教育目标"或以"高中生思想政治教育目标"等进行篇名检索时搜索到 0 篇。以"小学思想政治教育目标"或以"小学生思想政治教育目标"等进行篇名检索时搜索到 0 篇。可见，基础教育领域，对学生思想政治教育目标进行直接探讨的还很少，还没有引起思想政治教育学科领域的充分重视。

需要指出的是，如上关于中国知网的检索不一定能够最大程度上反映当前学生思想政治教育的现状，还有研究成果由于检索的局限性，还不能完全搜索到。学生思想政治教育作为一项贯通国民教育诸学段的实践活动，思想政治教育学科应该以学生思想政治教育的名义对不同学段的学生思想政治教育目标进行深入系统的探讨，但就目前看，这点还做得远远不够。同时，在检索学生思想政治教育目标研究成果过程中，很多研究成果并没有使用学生思想政治教育目标这个称谓，而是使用了德育目标或学校德育目标这样的称谓。这方面的研究成果比较多，这其中既包括对高校德育目标的探讨，也包括对高中德育目标、初中德育目标或小学德育目标乃至学校德育目标序列化的探讨。这些探究为我们把握学生思想政治教育目标的研究现状提供了另一

---

❶ 黄学明．中学思想政治教育目标序列初探［J］．上饶师专学报（社会科学版），1986（4）．

❷ 王希穆．借鉴情感领域教育目标分类的思想，加强中学地理科的思想政治教育［J］．辽宁教育学院学报（社会科学版），1991（1）．

个视角，也值得我们去深入地吸纳借鉴。但必须明确的是，德育是一个教育学的概念和教育学领域的一门学科，无论话语范畴还是研究视域，都不同于思想政治教育学科。一定程度上，这些还不是严格意义上的思想政治教育学科领域关于学生思想政治教育目标的研究成果。尽管一定意义上看，学生思想政治教育目标的研究和学校德育目标从具体的实际指涉看很大程度上相关，但毕竟二者不能完全混同。目前需要高度重视的是，应该基于思想政治教育学科的立场，采用思想政治教育学科的视角，把握当前思想政治教育学科关于学生思想政治教育目标的研究现状，深入思考如何以思想政治教育学科的视域或力量去推进学生思想政治教育目标研究。

最后，通过对目前学生思想政治教育目标的研究现状的梳理，我们得出的结论是，在思想政治教育学科领域，人们关于学生思想政治教育目标的直接研究相对较少，尤其思想政治教育学科对基础教育阶段学生思想政治教育目标的研究更少。而从国民教育诸学段的整体上对学生思想政治教育目标进行整体建构几乎还没有引起思想政治教育学科领域相关研究人员的充分重视，还没有完全进入思想政治教育学科领域的相关科研人员的研究视域，导致目前关于学生思想政治教育的目标研究比较薄弱。学生思想政治教育作为贯通国民教育诸学段的一项实践活动，思想政治教育学科应该对不同学段的思想政治教育和整个学段的思想政治教育目标进行深入系统的研究。而这里最为关键的突破点就是，基于思想政治教育学科的立场，深入系统地对大中小学生思想政治教育目标进行整体建构。这种整体建构，既能在思想政治教育学科领域推进学生思想政治教育目标的研究，也能建构出不同学段（特别是小学、初中、高中和大学）学生思想政治教育的序列化目标，同时也能为诸学段的学生思想政治教育目标建构提供一些借鉴参考。

第二节　学生思想政治教育目标的建构原则

在把握了学生思想政治教育目标研究基本情况的基础上，对学生思想政治教育目标进行整体建构，还必须充分明晰学生思想政治教育目标整体建构的原则。探讨学生思想政治教育目标整体建构的原则是学生思想政治教育目标整体建构的关键问题。学生思想政治教育目标整体建构有自己的内在规律和客观要求，这些内在规律和客观要求规定着学生思想政治教育目标整体建构的基本原则。结合学生思想政治教育目标整体建构现状，笔者认为学生思想政治教育目标整体建构，要特别注重客观性原则、满足社会与个人需要相融合原则、教育性原则、层次性与整体性有机结合原则。

一、客观性原则

基于思想政治教育学科立场，对学生思想政治教育的目标进行整体建构的首要原则是坚持客观性原则，或遵循学生思想政治教育的客观规律原则，抑或实事求是原则。学生思想政治教育目标的整体建构的客观性原则与主观随意性原则相对立，即学生思想政治教育目标策划不能单凭一时的主观愿望和热情去判断与策划，它的有效建构需要客观分析和了解学生思想政治教育的各种因素与条件，需要符合学生思想政治教育工作和学生的客观实际。具体来说，学生思想政治教育目标整体建构的客观性原则要遵循学生思想道德形成发展规律。学生思想政治教育目标整体建构是以提高学生思想道德素质为旨趣，因而在整体建构国民教育不同学段的思想政治教育目标的过程中必须遵循学生的生理、心理、思想等发展特点和规律，尤其要把握学生思想品德形成的知、情、意、行四个方面有效整合的内在要求。这种学生成长发展和思想品德形成的客观规律要求我们在整体建构学生思想政治教育目标时，既不可片面强调一方，忽视其他任何一方，也不能把它们简单堆积，必须有目的、有计划、多方式地提出学生道德规范目标要求，把社会要求的目标内容转化为具体的学段目标要求。同时，学生思想政治教育目标的整体建构还要遵循学生思想政治教育工作自身的规律。学生思想政治教育工作是一个由多种要素相互联系构成的系统存在，具有自己的内在联系和固有规律性。特别是随着中国特色社会主义进入新时代，我国经济社会发展有新的变化，而这个新时代和新变化对学生思想政治教育工作提出了新要求。学生思想政治教育目标的整体建构也必须适应新时代经济社会发展的要求，必须适应新时代社会环境的变化，必须与新时代意识形态建设和精神文明建设相协调，特别是要认真贯彻培养能够担当民族复兴大任时代新人的根本要求。在这种情况下，学生思想政治教育目标整体建构的过程就必须遵循这些规律性。这是确保学生思想政治教育目标建构有效的客观前提。

然而，值得思考的是，现实的学生思想政治教育目标建构有时会脱离客观性原则，忽视学生身心发展实际特点及其品行发展的规律性，试图脱离学生认知和践行的能力范围提出过高、过空、过虚的学生思想政治教育目标，甚至企图让学生树立一种达不到的高、大、全的理想人格，一味追求高大上。这种在学生思想政治教育目标建构过程中无视学生身心发展规律的现象目标必然导致学生思想政治教育目标实现的失败或挫败，也会挫伤学生追求发展进步的积极性。同时，值得注意的现象是，现实的学生思想政治教育目标追求有时也会违背学生思想政治教育工作自身的规律性，给学生思想政治教育工作提出不切实际的各种要求，提出超出学生思想政治教育工作范围的目标要求，尤其超出学生思想政治教育工作者能力范围目标要求，这就无形中打击了教育工作者的积极性，致使教育工作者的信心不足，从而产生职业的困惑和倦怠。这些现象和问题的存在，都说明在学生思想政治教育目标建构过程中存在脱离实际、脱离现实、违背客观性的现状，这会严重制约学生思想政治教育目标的实现。这也决定了对学生思想政治目标进行整体建构，要特别注重遵循学生成长发展规律和思想品德形成规律，不要给学生思想政治教育工作提出一些不切实际的目标要求，按照学生思想政治教育目标客观性要求提出既符合学生身心发展特点和规律，又遵循学生思想政治教育规律要求的学生思想政治教育目标。这是学生思想政治教育目标建构的前提性保证，也是系统规划学生思想政治教育目标必须坚持的原则性要求。

二、满足社会与个人需要相融合的原则

基于思想政治教育学科立场，对学生思想政治教育目标进行整体建构，不仅要坚持客观性原则，更重要的是还必须坚持需要性原则，抑或价值性原则。其实，深层坚持和贯彻学生思想政治教育目标建构的客观性原则，也必然会过渡到坚持满足需要原则。坚持学生思想政治教育目标建构遵循学生成长发展的规律，遵循社会对学生思想政治教育的客观实际的要求，必然要求学生思想政治教育要遵循个体成长发展的需要和社会发展的需要并把二者有

机结合起来。具体来说，学生思想政治教育目标建构的根本动力源于国家和社会对学生思想政治教育的需要，或者说是来自人们"育德"的要求。学生思想政治教育目标建构考虑社会对育德的需要和期待，从社会历史发展的角度看，也存在一定程度上的差异乃至性质不同。也就是说，学生思想政治教育目标建构植根于国家和社会的需要也存在一个历史发展过程，不同历史时期的学生思想政治教育整体建构与一定的社会发展水平、政治经济文化条件、民族文化传统特征等差异密切相关。当然，学生思想政治教育目标建构不仅应该满足国家和社会需要，同时也应该考虑教育对象的成长发展需要，特别是教育对象对获得感的期待。对于教育对象来说，他们希望能够在学生思想政治教育实践活动中有所收获。教育对象也会对思想政治教育产生满足自我需要和解决自我问题的现实期待，他们有意无意地期待着教育者能够走进他们的心灵并捕捉到他们的问题，能够和他们一起把握问题的现状，能够和他们一起分析问题产生的根源，能够和他们一起探讨问题解决的对策，能够陪同他们一起走出问题的困境。因而，这也要求在学生思想政治教育目标建构过程中要特别注意考虑学生的成长发展需要，特别是能够让学生具有参与教育活动的满足感和获得感。如上可知，学生思想政治教育目标建构，必须遵循和适应满足社会和个人需要相融合的原则。

当然，在学生思想政治教育目标建构中坚持满足社会与个人需要相统一的原则虽然在道理上一般比较好理解，但是在实际中将这个原则贯彻好还是比较有难度的。在现实实践中，学生思想政治教育的研究者和实践者常常纠结或发出这样的疑问，学生思想政治教育目标取向坚持满足社会与个人需要相统一的原则，哪个方面更为根本呢？到底是以社会需要为本位，还是以个人需要取向为本位？笔者以为，学生思想政治教育目标整体建构落实好坚持满足社会与个人需要相统一的原则，应采取历史主义的态度和辩证的思维方式，学生思想政治教育目标取向要克服"对立两极中思维的方式"，从而树立"从两极到中介的思维取向"。其实，在社会历史进程中学生思想政治教育目标取向的"社会本位"或"个人本位"都有其相对合理性，它们是学生思想政治教育历史发展的必然选择，有其深刻的社会历史基础。例如，资本主义社会的学生思想政治教育目标由于受到社会性质特别是维护资本主义私有制的制约，往往具有个人主义的特点，具有明显个人本位的取向性。实际上，这种取向并不是为了真正的民主自由而是为了维护资本主义私有制经济的需要，是西方资本主义价值观念在学生思想政治教育领域的贯彻。随着社会时空条件转移，学生思想政治教育目标取向也必须与时俱进，必须考虑不同社会性质对学生思想政治教育目标建构的规约。特别是我们社会主义国家的学生思想政治教育，由于人民是国家和社会的主人，思想政治教育代表的是广大人民的利益，是为了维护广大人民的利益和为了让学生更好地当家作主而进行的一项实践活动。从这种意义上看，是为了更好地维护广大人民和学生自身的利益，是为了更好地让学生认识到自身当家作主的地位，更好地让学生认识到社会发展方向和历史使命。因而，我们的国体和社会性质决定学生思想政治教育目标建构，要摒弃社会为本位和个人为本位的价值取向的对立，坚持实现满足社会和个人需要相融合的原则进行学生思想政治教育目标设计规划和整体建构。

实际上，坚持满足社会和个人需要相融合的原则设置学生思想政治教育目标具有非常重要的现实意义。反思当前学生思想政治教育设置不难发现，其满足社会和个人需要相结合的视野还没有完全融合，还没有把握住二者融合的焦点和重心，还没有完全从目标取向的对立两极中转换到中介思维。也就是说，目前在学生思想政治教育目标的设置方向上，还没有真正找到满足社会和个人需要的切合点，满足社会和个人需要的切合度还没有把握准，因而学生思想政治教育目标取向坚持满足社会和个人需要相融合的原则还需要不断探索和深化认识。但是，作为理想状态的学生思想政治教育目标，特别是作为我们社会主义国家学生思想政治教育目标建构，为了实现人民当家作主的地位，为了坚持以人为本，为了促进人的全面发展，学生思想政治教育目标取向必须实现社会和个人需要的和谐统一，不能偏颇一方，也不要执其一端，要防止极端化倾向。特别是中国特色社会主义进入新时代，我们越来越关注人们的需要，并且将人们对美好生活的需要与不平衡、不充分发展作为新时代的主要矛盾。中国特色社会主义新时代需要个体品德的进步和提高，同时也需要个体能够以实现中华民族伟大复兴为己任，而现实的个人也需要社会有良好的思想道德环境和氛围，因而那种只关注社会需要的强制性学生思想政治教育，或只注重个体需要的相对性学生思想政治教育，既不会被社会进步潮流所准许，也不会为个体现实状况所支持。因此，学生思想政治教育目标建构必须融入宏大的历史视野、浓重的现实关切、深沉的时代情怀来确定其价值取向。

三、教育性原则

学生思想政治教育目标建构坚持社会需要与个体需要的有机统一，是社会进步和个人发展对学生思想政治教育的基本诉求，也是新时代学生思想政治教育必须作出的承诺。但对于学生思想政治教育目标建构，还必须进一步思考学生思想政治教育存在的内在依据，也就是说，学生思想政治教育本身是干什么的？它的根本功能是什么？这是非常值得思考的问题。笔者以为，学生思想政治教育的本性或本质是"育德"，培养和塑造人的思想品德是学生思想政治教育的根本职责。因而，学生思想政治教育目标的建构必须具有教育性或育人性，教育性是学生思想政治教育目标实现的根本功能和职责，也应该是学生思想政治教育目标建构必须坚持的原则。

学生思想政治教育目标建构坚持教育性原则可以从如下几个方面理解：一是学生思想政治教育是学校工作的一部分，学生思想政治教育目标是教育目标的重要内容，学校工作是教育人、培养人的活动，教育目标是教育人、培养人的规格和标准，因而学生思想政治教育必须是育人的工作，学生思想政治教育目标必须对人的德性提出要求，具有育人的属性，坚持育人的原则。其实，不仅学校和教育目标规定着学生思想政治教育目标需要具有育人的维度，就学生思想政治教育本身来说，它也是育人和做人工作的活动。学生思想政治教育目标的教育性实际上就是学生思想政治教育目标的建构必须能够促进个体成长发展，这既是学校工作的基本规定，更是学生思想政治教育存在赋予其目标的内在要求。二是学生思想政治教育目标建构的教育性还在于需要与学校其他"各育"（智育、体育、美育）相协调、相融合。学校的育人工作是一个系统工程，是德育、智育、体育、美育共同发挥作用的过程，建构学生思想政治教育目标要考虑其他"各育"的目标要求，尤其要考虑学生知识水平、思想状况、审美能力来建构学生思想政治教育目标，把学生思想政治教育目标相关部分渗透到"各育"去。这是学生思想政治教育目标建构问题上需要认真思考的问题。三是坚持学生思想政治教育目标建构的教育性还在于要纠正学生成长发展过程中的不足或问题。学生思想政治教育目标的设置必须具有纠偏功能。纠偏功能是对学生思想政治教育目标建构的基本要求，即学生思想政治教育目标的设计和实施必须对学生成长发展的不足和困惑给予准确、及时、有效的矫正，通过这种纠偏过程发挥学生思想政治教育目标的育人功能。四是学生思想政治教育目标建构的教育性还在于要能够提升学生的成长发展现状，必须符合学生的最近发展区，确保设置的目标要让学生经过努力能够达到，从而在学生品德现状和学生思想政治教育目标之间保持适度张力，以此引导和推动学生向更高层次的发展水平跃升，也就是学生思想政治教育目标的设置不能做学生成长发展的"尾巴"，要具有超越性，这种超越性本身就是育人，就是一种教育。从一定意义上看，学生思想政治教育目标建构要服从服务于整个学校教育实践，服从服务于整个学校教育的诸领域，同时也要具有对学生成长发展的纠偏和引领作用。从这种意义上看，教育性或育人性是学生思想政治教育目标有效性的灵魂和核心，失去教育性的学生思想政治教育目标是无效的学生思想政治教育目标。

不可否认，明确学生思想政治教育目标建构的教育性原则具有重要的现实意义。现行的学生思想政治教育虽然一定程度注意到了目标建构的教育引导性，但是考虑得还不够全面和周详，甚至出现了"反教育性"的倾向，使学生思想政治教育走向了非学生思想政治教育或反学生思想政治教育。现实学生思想政治教育目标虽然从提高学生成长发展水平出发，但是却没有全面实现教育和提高的目的，甚至出现了压抑学生品行和个性发展现状，挫伤和抑制学生品行发展的积极性，造成学生对思想政治教育活动的心理抵制和逆反现象。这主要是学生思想政治教育目标的建构脱离其教育性的缘故，既没有周详考虑到学生思想政治教育的育人性，也没有有效和其他"各育"配合；既没有起到对学生品行的纠偏作用，也没有全面起到对学生品行现状的提升作用。更根本的是，学生思想政治教育目标的建构还存在过于偏高和空泛的问题，没有把基点放在广大中间地带的人群中去实现学生思想政治教育的教育性或育人性。因此，学生思想政治教育目标建构或实施的现状，也决定了学生思想政治教育目标建构一定要坚持和贯彻好教育性原则，把学生思想政治教育目标置于学校教育工作和教学中其他"各育"、培养和塑造学生思想品德等教育性环境中去规划、去建设，从而发挥学生思想政治教育目标的教育性或育人性功能。

四、层次性与整体性有机结合的原则

从一定程度上，学生思想政治教育目标建构的客观性原则、社会需要与个体需要相结合的原则、教育性原则都是针对学生思想政治教育目标建构的宏观思路而言，是任何学生思想政治教育目标建构都必须坚持的原则，而当我们深入学生思想政治教育目标建构的内部，从学生思想政治教育目标建构的内部看，学生思想政治教育目标的建构还必须注重"精准施工"，必须进行"精装修"。这个"精准施工"和"精装修"其实就是对学生思想政治教育目标内部具体设置的要求。这个要求就是学生思想政治教育目标建构要坚持层次性与整体性有机结合原则。这个原则是学生思想政治教育目标整体建构要遵循的最为本质的原则。对此，我们将对学生思想政治教育目标整体建构这个最为本质的原则即层次性与整体性有机结合的原则进行分析。

学生思想政治教育实践活动的运行和实施要求学生思想政治教育目标建构要坚持层次性原则。之所以要坚持层次性，从主要方面看，是由国民教育的层次性、学生成长发展的阶段性、学生思想状况的层次性和教育循序渐进的原则决定的。学生思想政治教育目标建构的层次性原则要求目标建构时要考虑学生思想政治教育的各要素、各环节、各方面的特性，这里的层次性可以从目标的多维性和渐进性去理解。学生思想政治教育目标建构的多维性是指学生思想政治教育目标的设置不是单向的，而是多向的；不是唯一的，而是多个的；不是平面的，而是立体的。这就要求学生思想政治教育目标建构过程中要从多维视角对学生的思想品德提出多项、多个、立体的规格要求和标准，从而使学生从各方面加强和改进自身的成长发展状况。实际上，学生思想政治教育目标建构的多维性主要由品德要求的多方面特性和人的品德结构的立体性决定。在现实中，学生思想政治教育目标的多维性通常表现为思想、政治、品德、心理等方面的具体要求。如果说学生思想政治教育目标整体建构的多维性侧重于目标的横向要求，那么学生思想政治教育目标整体建构的渐进性要求则主要是对目标的纵向要求。学生思想政治教育目标整体建构的渐进性是要注意学生思想政治教育目标建构的连续性和持续性，它主要是在国民教育不同学段提出不同目标要求。因此，学生思想政治教育目标建构坚持层次性原则具有内在的客观根据，而学生思想政治教育目标建构体现出多维性和渐进性则是学生思想政治教育目标建构坚持层次性最为基本的要求，这是保证学生思想政治教育目标建构坚持层次性最为主要的抓手。

学生思想政治教育目标的整体建构需要注意层次性，但是仅此远远不够，学生思想政治教育目标整体建构的另一个要求就是注意目标建构的整体性。学生思想政治教育目标建构的整体性是对层次性的超越，它立足于经济社会发展全局和学生思想政治教育全局，从长远和发展的角度去整合目标的层次性，对学生思想政治教育目标从整体上进行规划和设计。实际上，学生思想政治教育目标建构的整体性主要就是通过对学生思想政治教育目标作出统筹规划，注意学生思想政治教育目标的衔接和整体效应以推动学生思想政治教育持续深入发展及其预期结果实现。随着中国特色社会主义进入新时代，党和国家事业的发展对学生思想政治教育提出新的要求，而就当前学生思想政治教育目标的现状看，学生思想政治教育目标的整体性和衔接问题已经成为人们关注的热点问题。从相关政策措施看，近年来有关教育部门下发的文件，也关注到了学生思想政治教育目标建构问题。但总体来说，当前无论是在理论研究过程中还是在实际工作领域，关于学生思想政治教育目标的建构还须加大推进力度。当然，在学生思想政治教育目标建构坚持整体性、加强整体规划学生思想政治教育目标等过程中也必须防止一种倾向，不能为了整体性而坚持整体性，把整体性作为唯一的目的，造成一种"抽象的整体性"。虽然学生思想政治教育目标建构的整体性是必要的，也是重要的，更是亟须深入推进的，但不能为了整体性而整体性，真正的整体性应该是层次性中的整体性。这是我们在学生思想政治教育目标建构过程之中必须认真重视的问题。

学生思想政治教育目标的建构最重要的是坚持层次性和整体性有机结合的原则。在学生思想政治教育目标建构过程中，不论是坚持层次性，还是坚持整体性，都具有深层的客观根据，都是推进学生思想政治教育目标建构所必须坚持的原则，但不论是深入推进和更好落实层次性原则，还是深入推进和更好落实整体性原则，都决定了要遵循层次性和整体性有机结合原则。坚持层次性和整体性有机结合是一种更深层的层次性，也是一种更深层的整体性，必须坚持把层次性和整体性有机结合好。从现实看，经过知识经验的积累，在学生思想政治教育实践过程中很大程度并没有否定目标建构应该具有层次性和整体性原则，甚至在一定程度上坚持了层次性和整体性，但是它却忽视了学生思想政治教育目标建构的层次性和整体性的辩证统一，顾此失彼。也就是说，目标设计有的方面考虑到了目标的层次性和渐进性，有的方面也顾及了整体性和连续性，但它却经常没有在层次性中注意整体性，在整体性中关注层次性。近年来，人们对学生思想政治教育目标体系整体建构在一定程度存在对这点重视得不够。因此，学生思想政治教育目标建构，就需要深入学生思想政治教育目标建构的内部，需要客观审视自身的层次性、整体性，并实现二者有机统一。从一定程度上，坚持层次性和整体性并将二者有机结合起来就成为设置学生思想政治教育目标必须坚持的关键原则，也是学生思想政治教育目标建构最为本质的要求。

如上可见，学生思想政治教育目标建构是一个非常复杂的系统工作，而这个工作的重要基础就是必须保证学生思想政治教育目标建构原则的科学性和有效性。深入探究学生思想政治教育目标建构原则的科学性和有效性，才能增强学生思想政治教育目标建构的合理性和针对性。在学生思想政治教育目标构建的过程中，除了要遵循如上几个最为必要、最为重要、最为根本的原则之外，还应该在贯彻落实好如下几个基本原则上下功夫：学生思想政治教育目标的构建必须坚持目的性原则、动态性原则、针对性原则和相关性原则。学生思想政治教育具有极强的目的性。学生思想政治教育的整体目标和具体目标都是为实现思想政治教育的既定目的服务的，都是为了培养有理想、有道德、有文化、有纪律的四有新人，都是为了使各级各类学生能成为中国特色社会主义事业的合格建设者和可靠接班人，使我们的学生能够成为担当民族复兴大任的时代新人。因此，学生思想政治教育目标的建构必须坚持和维护好这个目的性原则。同时，学生思想政治教育目标的确立和建构必须坚持动态性原则。思想政治教育目标的确定应该随着社会发展的不同阶段和形势发展的需要，根据教育对象成长发展过程中不同阶段的特点，作出与之相适应的不同阶段的具体目标和要求。特别是在中国特色社会主义进入新时代的现实背景下，学生思想政治教育目标的建构，就更应该充分结合中国特色社会主义进入新时代的要求和实现中华民族伟大复兴中国梦的战略任务，增强学生思想政治教育目标建构的现实性和前瞻性。当前各级各类学生生活在非常复杂的社会环境下，面临着复杂社会思潮的影响，特别是互联网对当今学生思想的形成产生非常突出的影响，因而在这种背景下，就应该进一步推动学生思想政治教育目标的动态调整。另外，学生思想政治教育目标的建构还必须坚持针对性原则。国民教育的层次性、学生成长发展的过程性、教育循序渐进的规律性和社会发展的变化性，决定了学生思想政治教育目标建构必须坚持针对性，必须有针对性地设立学生思想政治教育目标，特别是要注意教育对象的针对性，教育对象成长发展内容及学段表现的针对性。更为重要的是，学生思想政治教育目标的建构还必须坚持相关性原则。学生思想政治教育目标本身应该有不同的层级和领域，同时学生思想政治教育又属于整个社会系统，决定了学生思想政治教育目标与外部环境的相互联系、相互影响、相互作用，也决定了学生思想政治教育目标内部各要素之间的相互联系、相互影响、相互作用。因而，学生思想政治教育目标的建构应该通盘考虑，既要考虑到学生思想政治教育目标内部的相关性，也要考虑学生思想政治教育目标外部的相关性。

可以说，认识思想政治教育目标建构必须坚持的一些原则，有利于系统设计思想政治教育目标体系，充分发挥各要素相互配合所产生的教育合力。在学生思想政治教育目标的建构过程中，特别是学生思想政治教育目标的整体建构过程中，既要遵循客观性原则、满足社会与个人需要相融合原则、教育性原则、层次性与整体性有机结合原则等这几个最为必要、最为重要、最为根本的原则，同时也要贯彻落实好目的性原则、动态性原则、针对性原则和相关性原则。尽管这些原则不是学生思想政治教育目标建构的充分条件，却是保证新时代学生思想政治教育目标整体构建的必然要求。当前最为紧迫和现实的是，打通大中小学诸阶段，整体建构诸学段横向贯通、纵向衔接的学生思想政治教育目标体系。

第三节　大中小学生思想政治教育目标的整体建构

在对学生思想政治教育研究的基本现状进行分析把握和对学生思想政治教育目标建构的基本原则进行深入探究的基础上，我们将对大中小学生思想政治教育目标的整体建构进行尝试性探索。贯通国民教育诸学段的学生思想政治教育是一个体系性的整体存在，其目标更是如此。从目标的角度看，这里就涉及学生思想政治教育目标整体建构问题。这种建构有利于从目标角度推进学生思想政治教育系统化，也为修正和完善现行诸学段的思想政治教育目标提供理论参考和实践指导。我们认为，对于学生思想政治教育目标的整体建构，小学阶段的目标应是培养社会主义小公民；初中阶段的目标应是培养初步合格的社会主义公民；高中阶段的目标应是培养基本合格的社会主义公民；大学阶段的目标是培养高度合格的社会主义好公民。对此，我们将做如下具体分析。

一、小学阶段：培养社会主义小公民

小学阶段是学生思想政治教育的起始阶段，思想政治教育在小学阶段目标的应然建构必须基于小学生的身心发展、生活状况、学习任务等实际以及未来成长发展需求并考虑社会适度期望值，以使目标贴近小学生的身心特点、实际生活、成长诉求、社会期望。鉴于此，笔者认为，小学阶段应培养小学生日常的道德生活常识，使其成为初步具有社会公德、文明礼貌、遵守纪律、兴趣广泛、乐观活泼的社会主义小公民。这里的"社会主义"是目标社会性质的体现，"小公民"是说思想政治教育目标要贴近小学生实际来培养品德。

目标一：小学生要具有基本的爱父母、爱亲人、爱他人、爱家乡的道德情感。这种爱的情感教育目标设计路线是基于小学生生活和学习范围的扩大以及小学生心理水平的逐步提高来进行的，这种情感目标逐渐扩大的设计有

利于不断扩大小学生对周围事物的认识，循序渐进地提高小学生的情感水平。同时，以爱父母、爱亲人、爱他人和爱家乡的教育目标为切入点还与小学生心理和思维发展的感性具体的特点密切相关。小学阶段个体属于感性具体的认识发展水平阶段，不能对其进行相对抽象的道理说明，只能从他们周围的人和事物开始不断扩大他们具有形象的情感体验。

目标二：小学生要具有一些明显的是非判断能力和浅显的日常道德生活的选择能力。小学生智力的发展具有从具体形象思维向抽象逻辑思维过渡的特点，10岁左右形象思维向抽象逻辑思维开始过渡。因而在小学生这种认识发展水平的基础上，就应该引导小学生形成一些比较明显的是非判断能力。由于个体在接受小学教育的过程中知识经验也在不断地积累，在这种情况下，小学生能够掌握一定的是非判断能力和一些日常道德生活的选择能力。同时，使小学生具有一些明显的是非判断能力和浅显的道德生活的选择能力也是对实然目标现状及其指导下的小学生品德判断和选择能力不足反思的结果。

目标三：小学生要具有基础性的文明礼貌习惯和自觉纪律意识。整个小学阶段，小学生品德发展的言与行是基本协调的，具有依从权威人物的特点和强烈尊重规则倾向。因而在这个阶段要充分利用个体成长发展的特点，培养小学生文明礼貌、待人接物的行为习惯。同时，心理学的相关研究也表明，小学阶段不仅有利于基本的道德文明习惯的养成，也是进行基本的社会公德和自觉纪律教育的最佳时期，这也决定了要抓住小学阶段这一时期，把培养学生具有基础性的文明礼貌习惯和自觉纪律意识作为教育目标的重要内容。

目标四：小学生要具有良好的热爱生活、乐观活泼、兴趣广泛的个性特点和心理品质。个体具有良好的心态和积极健康的生活态度，对于其健康成长发展具有重要的价值。小学阶段处于成长发展的基础阶段，在这个阶段随着生活环境的扩大和认识能力的提高，他们在周围世界和成人世界积极探索的过程中也有一些心理的压力和困难，因而小学生身心发展需要其具备良好的意志品质、广泛的兴趣爱好、活泼开朗的性格。特别是应试教育下，教育目标能否做到这一点是关键的。

总之，小学阶段的思想政治教育目标的设置，必须充分适应小学生成长发展的特点和规律，从小学生成长发展需求出发适当提出社会对小学生成长发展的要求，将社会对小学生成长发展的期待建立在小学生成长发展的客观规律的基础上，来适度适当地建构小学阶段的教育目标。学生思想政治教育目标归根结底是培养社会主义公民，从这个意义上看，小学阶段当然不能完全担负起社会主义合格公民的培养任务，但不可否认的是，虽然小学阶段不能完全担负起培养社会主义公民的任务，但还是能为社会主义公民的培养做一些基础的工作，从这个意义上结合个体的成长发展，我们可以把小学阶段的目标总体概括为培养社会主义小公民。"社会主义"代表教育目标的社会性质和方向，"小公民"是个体成长发展还远未成熟，还是个小孩子，要反映个体实际状况和需求，不能提出过高的要求，要符合个体的实际情况。基于这些考虑，我们认为，小学阶段完成培养社会主义小公民的总体目标，就应该包括基本的爱父母、爱亲人、爱他人、爱家乡的道德情感目标，也应该包括具有一些明显的是非判断能力和浅显的日常道德生活的选择能力，还应该包括具有基础性的文明礼貌习惯和自觉纪律意识，同时也要具有初步良好的个性特点和心理品质等。

二、初中阶段：培养初步合格的社会主义公民

初中阶段是学生思想政治教育继续发展的阶段，也是学生思想政治教育的关键阶段。从目标确立的根据看，初中阶段学生思想政治教育目标的广度和深度应比小学要广要深，这是目标内在衔接的需要，也是适应初中生成长的要求，还是初中生满足社会期待的必需。初中阶段的目标应培养初中生初步正确处理自己与他人和国家等的社会关系，具有正确道德选择能力和初步正确的政治取向以及良好的个性心理品质，使其成为初步合格的社会主义公民。这里的"初步合格"的目标要求既考虑到少数学生初中毕业将结束学业和踏入社会，应该具备初步合格的思想品德素质，也为大多数继续升入高中的学生品德培育奠定基础，而"社会主义公民"是表征目标的社会性质。

目标一：初中学生要具有基本的爱祖国、爱人民、爱劳动、爱科学、爱社会主义的道德情感和民族自尊心、自信心。初中生"爱的教育"目标是对小学生"爱的教育"的扩大和发展，也是目标发展连续性的体现，更是初中生身心发展的客观要求。初中生的思维水平和抽象能力已经深入发展，情感

体验也日益深刻，理性水平有所发展，能够从国家和社会角度想问题。坚持爱的升华教育是必要的和重要的，因而要培养目标初中生具有基本的爱祖国、爱人民、爱劳动、爱科学、爱社会主义的道德情感和民族自尊心、自信心。

目标二：初中学生要具有普遍的是非、善恶、美丑、荣辱观念和分析判断能力。初中生生活范围扩大以及身心发展水平提高，其参与社会生活能力日益增强，处理的社会关系也日益复杂，初中生自我意识等方面的发展，独立性增强，依赖性减弱，易出现逆反心理，所以社会包括学校、家庭都希望孩子能够树立正确的是非等观念，不被复杂的现象迷惑，从而能实现他们自身健康成长发展的目标。

目标三：初中生要具有基本的法纪意识和观念，用法律维护自己的合法权益。初中生要懂得基本法律常识和法律法规，这是初中生自身健康成长的需要，只有掌握基本法律法规才能遵纪守法以及运用法规维护自己的合法权益。伴随初中生身心成长发展，其参与社会生活和履行社会义务的机会越来越多，社会不法分子也会对他们造成身心伤害，这就要求初中生具有基本的法纪意识和观念，并会用法律维护自己的权益。

目标四：初中生要了解基本的公民政治权利和义务，要知道国家基本的路线、方针和政策等有关政治常识。初中生生活范围的扩大需要其把握基本社会生活规则规范，这其中最重要的是政治生活规则，要知道基本政治制度、宪法权利和义务以及基本国策。这也是少数学生初中毕业后进入社会的需要，以确保他们具有政治生活能力，知道国家的路线、方针和政策等基本政治常识教育。

可见，初中阶段学生思想政治教育目标的设置也应该遵循和适应初中阶段个体成长发展的规律，从初中学生个体成长发展的实际情况和成长需求出发，然后在这个过程中结合初中学生的理解接受能力，特别是他们的心理、认识和思想情感的发展水平，来对初中学生提出适度的要求。由于初中学生本身的成长发展状况和他们对事物的认知和理解水平，特别是他们自我意识的觉醒，我们认为，初中阶段应该以培养初步合格的社会主义公民为目标，既应该包括具有基本的爱祖国、爱人民、爱劳动、爱科学、爱社会主义的道德情感和民族自尊心、自信心，也应该包括具有普遍的是非、善恶、美丑、荣辱观念和分析判断能力，以及具有基本的法纪意识和公民观念等有关内容。

三、高中阶段：培养基本合格的社会主义公民

高中阶段是学生思想政治教育深入发展的阶段，也是学生思想政治教育的重点阶段。高中阶段目标的应然建构是培养高中生基本正确的政治方向，初步确立正确的世界观、人生观、价值观，具有科学思维方法、现代意识和生活方式以及健康的个性心理品质，从而成为基本合格的社会主义公民。这里的"社会主义公民"表明目标的社会性质，"基本合格"表明高中思想政治教育目标在大中小学思想政治教育整体建构中的地位和任务，也是由高中学生自身的知识阅历、接受能力和接受教育后应有的状态决定的，还是由国家和社会对能够接受高中教育的个体成长发展的期待和要求决定的，也就是说，个体在经历高中思想政治教育后，伴随着 18 岁长大成人，应该成为一个基本合格的公民。

目标一：高中学生要具有正确的政治立场、政治观点、政治态度，热爱中国共产党的领导和拥护社会主义制度。高中阶段是学生政治立场、政治观点、政治态度的基本形成时期，能否确立正确的政治方向是高中生健康成长发展的关键。高中生自身也需要面临选择政治方向的问题，因为随着生理、心理的日渐成熟，他们越来越多地参与社会生活，积极关注各种政治活动，这其中就需要自身有稳定的政治立场、观点和态度。

目标二：高中学生要具有法纪意识、民主观念和正确的公民政治参与意识及能力。这是高中生参与社会、参与各种社会活动必须具备的素质，也是社会主义民主与法治建设对高中生的要求。高中生只有具备基本的民主法治意识和参与能力，才能促进自身发展，更好地参与社会生活，实现有序政治参与。其实，这一目标也是基于部分学生高中毕业直接进入社会的需要而制定的。

目标三：高中生应具有科学的世界观和思维方法，健康文明的生活习惯和生活方式，以及良好的意志品质，积极健康的个性特征。高中阶段是学生世界观、人生观、价值观和理想目标形成的关键期。同时，高中学生的思维能力发展相对成熟，但又并非至臻，情感情绪方面仍未稳定，带有波动性。高中学生由于面对严峻的升学压力、竞争压力等也需要培养良好的心态、活泼

乐观的个性品质，对高中生设立心理目标要求也是对初中和大学心理教育的一种衔接关照。

目标四：高中生要初步具有效率意识、创新意识，竞争意识、开放意识，风险意识、全球意识等现代意识。这是社会客观存在和发展进步的内在要求。同时，高中生健康成长，融入社会也需要自身具备现代人的意识和能力，作为即将成年或踏入社会的高中生具备基本现代意识是其生存发展和"干事创业"的需要。因此，应当加入培养学生具有初步现代意识目标内容。

正是在如上意义上，我们认为高中阶段培养基本合格的社会主义公民，应该包括具有正确的政治立场、政治观点、政治态度，热爱党的领导和拥护国家制度；也应该包括具有法纪意识、民主观念和正确的公民政治参与意识及能力；还应该包括具有科学的世界观和思维方法，健康文明的生活习惯和生活方式，以及良好的意志品质，积极健康的个性特征；另外，还要具有基本的现代意识等。确定这样的目标既能够满足和促进高中学生的成长发展，也能将社会要求转化为高中阶段学生成长发展的内容。

四、大学阶段：培养高度合格的社会主义好公民

大学阶段是学生思想政治教育的完善发展阶段，也是学生思想政治教育的核心阶段。大学阶段的目标建构应是培养大学生具有坚定正确的政治方向，树立正确的世界观、人生观、价值观，具有科学的思维方法、现代意识和健康的心理品质以及能够正确处理自身生活中面对的各种问题，从而成为高度合格的社会主义好公民。这里的"社会主义好公民"表征目标的社会性质，"高度合格"表明其在学生思想政治教育目标整体建构中的地位和特色以及大学生在接受高等教育之后由于知识阅历和能力积累在思想品德方面应该达到的水平，同时也反映了国家和社会对接受过高等教育的个体在思想品德方面的期待与要求。

目标一：大学生要具有正确的世界观、人生观、价值观，坚持辩证唯物主义的立场观点和方法。大学生确立世界观、人生观、价值观的过程是充满困惑和矛盾的。社会、国家和家庭都希望大学生能树立正确的世界观、人生观、价值观，但是现实社会中存在的负面事例容易影响大学生作出正确选择，

导致其理想信念失落，人生意义迷失，价值观念扭曲。大学生实现自身发展以及参与国家和社会建设也需要价值理念和思维方法，因而大学生要具有正确的世界观、人生观、价值观，坚持辩证唯物主义的立场观点和方法。

目标二：大学生要具有坚定正确的政治方向，热烈拥护党的领导和社会主义制度，具有强烈的爱国主义情感和为国家各项建设及发展做贡献的志向。坚定正确的政治方向是大学生建功立业的需要，也是国家和社会对大学生成长发展的应有状态的期待；是我国高校社会主义性质的具体表征，也是大学生思想政治教育的核心诉求，因而要培养大学生具有正确的政治方向，热烈拥护党的领导和社会主义制度以及强烈的爱国情感和报效国家的远大志向。

目标三：大学生要正确处理好自己与他人、社会、国家的利益关系，坚持为人民服务的思想和集体主义的原则，要具有高度的民主法治观念，熟悉公民有序政治参与的方式和途径。大学生需要处理好自己与他人、社会、国家的利益关系，尤其需要具备婚恋道德、职业道德以及为人民服务的思想和集体主义的原则。大学生作为高层文化群体必须具备高度的民主法治观念，具有民主的作风和气派。这是大学生自身发展的需求，也是对大学生走向社会的要求。大学生具备和熟悉公民政治参与的正确方式和途径，才能参与社会政治文明建设和实现自身的政治价值。

目标四：大学生要具有积极健康的生活习惯和方式，具有正确处理生活中面对的各种问题的能力，以及具有高度的效率意识、创新意识，竞争意识、开放意识，风险意识、全球意识等现代意识。培养学生现代意识是贴近学生、贴近生活、贴近实际和面向世界、面向未来、面向现代化等教育方针的要求和体现。这是由大学生的地位、使命和国家需要、时代特征决定的。从这种意义上，大学生要具有积极健康的生活习惯和方式，具有正确处理生活中面对的各种问题的能力，以及具有现代生成与发展意识，才能成为社会需要的高素质的优秀合格公民。

总之，大学阶段学生思想政治教育目标的设定要符合大学生个体的发展实际，特别是符合高等教育本身的使命担当。大学阶段是个体心智成熟的阶段，是个体世界观、人生观和价值观的基本定型阶段，同时也是个体专业发展的奠基阶段，因而大学阶段是培养高层次人才的阶段。不论是从大学生成长发展实际出发，还是从高等教育自身的职责和功能出发，将国家和社会要求融入大学生成长发展的内容中，就应该培养高度合格的社会主义好公民，大学生应该具有正确的世界观、人生观、价值观，坚持辩证的唯物主义立场、观点和方法；要具有坚定正确的政治方向，立志为国家各项建设和发展做贡献；也要正确处理好自己与他人、社会、国家的利益关系，坚持为人民服务和集体主义的原则等；同时，还应具有积极健康的生活习惯和方式以及现代意识等。

需要指出的是，大中小学生思想政治教育目标的整体构建是一个非常复杂的系统工程，涉及相关问题比较多。就总体而言，学生思想政治教育目标的整体建构应基于教育对象在不同发展阶段的身心特点以及发展面临的问题、国家和社会的要求与期待进行系统的整体建构和系统设计。基于这些考量，对大中小学生思想政治教育目标在不同学段的表现和各个学段的内容构成进行了探讨和建构。尽管这些探讨和建构还存在一些不足，还有待完善，但我们期待着大中小学生思想政治教育目标系统化的建构能为修正和完善现行学生思想政治教育目标提供理论参考和实践指导。

第五章

学生思想政治教育内容的整体建构

在贯通国民教育诸学段的意义上对学生思想政治教育实践要素进行整体建构，必须充分关注学生思想政治教育内容的整体建构。学生思想政治教育内容，是学生思想政治教育者向教育对象实施教育的具体要素。这些要素不是随意安排的，而是在联系国家和社会要求的基础上，依据教育对象成长发展的状况和学生思想政治教育目标来确定的。学生思想政治教育内容一方面是国家意志和社会要求的体现；另一方面也受制于特定学段教育对象成长发展状况、教育者职能发挥和教育目标状况。在系统把握了学生思想政治教育对象成长发展状况、学生思想政治教育者整体定位和学生思想政治教育目标整体建构的基础上，应该对学生思想政治教育内容进行整体建构。推进学生思想政治教育内容进行整体建构，必须充分吸纳学界关于学生思想政治教育内容的研究成果，充分认识到学生思想政治教育内容的主体特性，据此才能深入推进大中小学生思想政治教育内容的系统建构。

第一节　学生思想政治教育内容的研究现状

目前学界对学生思想政治教育内容的研究，总体还处于比较薄弱的状态。20 世纪 80 年代中期，随着思想政治教育学科的创设，人们更多的是围绕学生思想政治教育内容的基本理论问题开展研究。这些研究为学生思想政治教育内容的研究提供了指导。除此之外，由于社会和时代的不断发展变化及学生思想政治教育实践中内容方面存在的问题，学生思想政治教育内容研究日益引起关注和重视，形成了一些研究成果。鉴于此，我们将相关成果概括梳理如下。

对学生思想政治教育内容的研究现状进行梳理，要充分把握学界关于学生思想政治教育内容本身的一些代表性著作的研究成果。在相关著作方面学术成果比较少，目前尚没有找到打通大中小学诸学段专门研究学生思想政治教育内容的学术著作，个别著作只是以章节的形式讨论了学生思想政治教育内容。其中，最有代表性的有：上海市高教局组编教材《高等学校学生思想政治教育概论》（1984）较早对学生思想政治教育内容进行了研究。该著作提出了高校学生思想政治教育内容包括爱国主义教育、集体主义教育、社会主义教育和共产主义教育。[1] 另一本比较有代表性的著作是黄书孟主编的《学生思想政治教育概论》（1991）。该著作以学生思想政治教育为统领在第五章共分五节讨论了"学生思想政治教育内容"，其中包括第一节马克思主义基本理论教育、第二节党的基本路线教育、第三节为人民服务人生观教育、第四节社会主义和共产主义道德教育、第五节社会主义民主和法制教育。[2] 这些是目前思想政治教育学科领域比较有代表性的关于学生思想政治教育内容的研究著作，当然，更多地集中在了高校学生思想政治教育内容的探讨。

除了相关著作中有关于学生思想政治教育内容的研究外，我们在中国知网检索（截至 2018 年 9 月 10 日）发现，在期刊论文当中有不少关于学生思

---

[1]　上海市高教局. 高等学校学生思想政治教育概论［M］. 北京：教育科学出版社，1984.

[2]　黄书孟. 学生思想政治教育概论［M］. 杭州：杭州大学出版社，1991.

想政治教育内容的研究成果。我们输入"学生思想政治教育内容"进行主题检索,共搜索到699条信息,而以"学生思想政治教育的内容"进行主题检索,共搜索到481条信息。通过整理这些信息,我们发现,这两类主题中有70%涉及高校学生思想政治教育内容的研究,有18%涉及高中阶段思想政治教育内容的研究,有9%涉及中职或初中阶段思想政治教育内容的研究,而只有3%涉及对国民教育诸学段学生思想政治教育的整体研究或思考。这些论文主要是涉及高校学生思想政治教育内容的研究。例如,陈鸿(2012)对创新高校学生思想政治教育内容体系进行了思考,并指出高校学生思想政治教育要认清原有内容体系当中存在的问题,以新形势下对人才培养的基本要求为依据,结合学生身心发展和思想状况,树立新的指导思想,构建一个以生命健康教育为基础,以思想政治教育为核心,以公民意识教育为重点,以践行为本质的新教育内容体系。❶ 再如,于美玲(2006)提出了高职学生思想政治教育内容要增强时代感、时效性、针对性并对高职思想政治教育内容体系发展创新做了探讨。❷ 王书侠(2009)对当前大学生思想政治教育内容所存在的问题进行专门的研究与探讨,认为当前大学生思想政治教育内容存在着一定的问题:一是教育内容不同程度地存在着脱离学生实际、脱离社会生活实际的现象;二是教育内容缺乏一定的层次性;三是教育内容的呈现形式忽视了对大学生能力的培养。❸ 可见,目前学界对学生思想政治教育内容进行了一定程度的相对深入的研究,这些研究为我们理解和把握学生思想政治教育内容奠定了基础,但从总体上看,目前关于学生思想政治教育内容本身的研究主要集中在高等教育阶段,对学生思想政治教育内容不同学段的本质规定和整体建构的探讨很少。

除此之外,学界对学生思想政治教育内容建构,特别是对大中小学生思想政治教育内容的衔接问题进行了一定程度的研究。对于学生思想政治教育内容,其实早在中华人民共和国成立初期就已经引起党和国家的关注,但正

---

❶ 陈鸿. 创新高校学生思想政治教育内容体系的思考[J]. 现代教育科学, 2012 (3).
❷ 于美玲. 谈高职学生思想政治教育内容[J]. 辽宁高职学报, 2006 (3).
❸ 王书侠. 改革开放三十年来大学生思想政治教育内容的历史考察与思考[D]. 天津:天津师范大学, 2009.

式纳入有关政策要求，始于改革开放之后的 20 世纪 80、90 年代。自 20 世纪 80、90 年代开始，党和国家的有关教育文件中多次强调，要重视解决学校思想政治教育的内容建设问题。如 1994 年 8 月，中共中央发布《关于进一步加强和改进学校德育工作的若干意见》，指出要"遵循青少年学生思想品德形成的规律和社会发展的要求，根据德育工作的总目标，科学地规划各教育阶段的具体内容、实施途径和方法"，其基本要求是"各种教育内容的深浅和侧重点，要针对不同年龄及学习阶段的理解和接受能力有所不同，逐步提高。各教育阶段的德育课程、教学大纲、教材、读物，教育和管理方法，学生思想品德表现的评定标准及方式等要据此加强整体衔接，防止简单重复或脱节"。特别是 2010 年 7 月，教育部发布的《国家中长期教育改革和发展规划纲要（2010—2020 年）》又一次从战略发展角度明确提出了"构建大中小学有效衔接的德育体系""树立系统培养观念，推进大中小学有机衔接"等观点。在这种背景下，学界围绕学生思想政治教育内容的整体建构，特别是对衔接问题进行了一定程度的研究。这方面的研究主要从两个维度开展：其一，对学生思想政治教育衔接内涵的研究。例如，胡昂（2009）认为学生思想政治教育衔接是指在培养社会主义现代化建设需要的"四有"人才这一目标过程中，担负着不同任务的大中小学，根据本阶段任务要求和学生思想发展实际而搞好分工与协作，其宗旨在于使人才培养能不间断地进行，在任何阶段都不要出现任何断档、混乱的状况，衔接对照的标准应是培养目标与要求，出发点应是不同阶段学生的思想发展规律和状况。❶ 其二，对如何实现学生思想政治教育有效衔接的研究。例如，曾山金（2001）认为，应从德育教材、道德认识、道德责任、道德人格四个方面的衔接着手，从而形成三个阶段相互联系、栉比鳞次、层层提升的思想政治教育内容系统。❷ 但直到目前，学生思想政治教育内容系统化建设实践中存在的诸多问题依然没有得到很好解决，依然面临着一些困境无法突破，致使学生思想政治教育内容体系整体功能发挥的目

---

❶ 胡昂. 大学与中学思想政治教育衔接性研究［J］. 中国教育学刊，2009（7）.

❷ 曾山金. 将思想政治教育进行到底——小、中、大学内容衔接管见［J］. 长沙电力学院学报（社会科学版），2001（1）.

标还没有真正实现。例如，不同学段之间的教育内容在整体上依然存在不协调现象，教育内容倒置、重复和缺乏衔接等问题还很严重；学段内部各不同年级的教育内容也存在着缺乏整合的问题等。因此，加强学生思想政治教育内容问题的研究，特别是推进大中小学生思想政治教育内容的整体建构就成为极其紧迫而重要的问题。

需要指出的是，目前学界关于学生思想政治教育内容的研究也像学生思想政治教育的其他领域一样，很大一部分成果是在教育学领域或者说是在德育领域，是以德育内容或高校德育内容中小学德育内容乃至学校德育内容整体建构或衔接的形式出现的。这方面的研究成果比较多，特别是在期刊论文当中也有大量关于学校德育内容的问题研究，尤其是有许多关于学校德育内容衔接或整体建构的研究。但这些研究主要是以德育的形式出现的，并且这些研究队伍或力量都来自教育学领域，很少有思想政治教育学科和思想政治教育学科背景的研究人员参与到学校德育的研究之中。这在一定程度上也反映了目前思想政治教育学科领域对这个问题的重视不够，同时也反映了思想政治教育学科对整个国民教育诸学段的学生思想政治教育的支撑不够。从这种意义上看，基于思想政治教育学科的立场，深入国民教育诸学段的思想政治教育内容研究和整体建构之中，才能使贯通国民教育诸学段的学生思想政治教育具有思想政治教育学科及其研究队伍的支撑，进而使思想政治教育学科支撑起基础教育阶段学生思想政治教育的任务，而避免一些本该属于思想政治教育学科领域的问题或本该从国民教育诸学段整体上对学生思想政治教育内容进行整体规划研究的问题，让渡到教育学领域或德育领域，由教育学相关研究者来进行支撑。

可见，在思想政治教育学科领域，目前人们已经对学生思想政治教育内容进行了相对深入的研究，形成了一些代表性观点。但总体上而言，思想政治教育内容作为学生思想政治教育的核心元素，人们对它的研究与其重要性相比还有一定的距离。正如沈壮海（2007）所指出的："当前的思想政治教育理论研究更关注形式而忽视内容，即更关注'为何教育''如何教育'的研究而相对忽视对'教育什么'的深层研究，等等。深化思想政治教育理论研究，增强思想政治教育理论研究回应重大理论和现实问题的能力，需要我们

突破'定域关注',将更多的内容纳入我们的理论视野。"❶ 当然,思想政治
教育内容研究存在的问题还不仅限于此。通过以上对学生思想政治教育内容
研究现状的梳理,我们发现,对这一问题的研究,仍然存在较多的问题,特
别是缺乏从思想政治教育学科背景视角对大中小学思想政治教育内容的深入
系统研究。当前"中小学是德育,高校是思想政治教育"这种研究领域的划
分是现实存在的。思想政治教育学科研究领域主要集中于高校思想政治教育
内容研究,还未真正把中小学思想政治教育内容纳入自己的研究范围。其结
果是,思想政治教育学科在中小学思想政治教育内容研究领域成果匮乏,在
中小学生思想政治教育内容建构问题上丧失话语权。所以,通过打通大中小
学国民教育诸学段来整体建构学生思想政治教育内容体系,对包含大中小学
在内的学生思想政治教育内容进行系统研究是非常必要的。

第二节　学生思想政治教育内容的主体特性

在对学生思想政治教育内容进行整体建构之前,我们将深入探究关于学
生思想政治教育内容的深层理论问题,也就是学生思想政治教育内容的地位
和属性问题。这属于学生思想政治教育内容的"元问题",是对学生思想政治
教育内容本身的思考,是对于学生思想政治教育内容在学生思想政治教育过
程中到底处于什么地位、具有怎样的属性的思考。这个思考看似与学生思想
政治教育内容的整体建构没有多大关系,实际上从深层看则涉及学生思想政
治教育内容的整体建构问题。学生思想政治教育内容的整体建构,不论是涉
及大学生思想政治教育内容,还是涉及中小学生思想政治教育内容,乃至大
中小学生思想政治教育内容的系统规划,都涉及学生思想政治教育内容问题。
我们所要整体建构的学生思想政治教育内容在整个学生思想政治教育过程中
到底处于怎样的地位和具有怎样的属性,这是做好学生思想政治教育内容整
体建构的前提性问题,也是增强学生思想政治教育内容整体建构自觉性和主
动性的必然要求。鉴于此,在整体建构学生思想政治教育内容之前,有必要

---

❶ 沈壮海. 论思想政治教育理论研究的新范式与新形态［J］. 思想理论教育导刊, 2007（2）.

对整体建构学生思想政治教育内容的这个前提性问题进行思考。

我们先从人们对学生思想政治教育内容地位和属性的通常理解说起。在思想政治教育学科领域，学生思想政治教育过程要素科学划分和界定是十分重要的问题。目前，学术界对这一问题的研究虽然存在一些争议，但也形成了诸多有代表性的观点。例如，三要素说，即学生思想政治教育过程是由教育者、教育对象、教育要求三个要素组成；再如，四要素说，即学生思想政治教育过程存在教育主体、教育客体、教育介体和教育环体四要素之分，教育者被确定为思想政治教育过程的主体，教育对象被确定为思想政治教育过程的客体，思想政治教育内容和方法被确定为介体，社会环境及其提供的支撑条件被确定为环体；同时，有的学者还提出五要素说、六要素说、八要素说，等等。但是综合来看，人们较为认可学生思想政治教育过程要素划分的四要素说。它把思想政治教育过程作为实践与认识活动，运用主体、客体、介体和环体概念划分思想政治教育过程的诸要素，具有高度的概括性，突出了教育过程主要参与者，囊括了与思想政治教育相关的几乎所有方面。但是，当我们在对四要素说把思想政治教育过程要素界定为主体、客体、介体和环体的理论现实进行肯定的同时，也要客观地审视和思考学生思想政治教育过程诸要素划分的科学性和完备性。诚然，学生思想政治教育过程传统的四要素划分认为教育过程是在环体（社会环境及其提供的支撑条件）的背景下，主体（教育者）通过介体（内容和方法）作用于客体（学生）。这其中，教育介体是教育主客体相互联系、相互作用的联系介质和转化过渡环节。我们知道，介体的本质属性具有连接性、传导性、承载性和媒介性。按照这一划分，教育内容作为教育介体是连接教育主体（教育者）和教育客体（学生）的媒介，表面上看教育内容连接主客体没有什么问题。但是仔细分析，我们就会发现以下问题：一是教育内容的功能问题，教育内容能否把主客体连接起来并实现传导功能。具体的教育过程很容易表明教育内容不具有能动性，它无法实现主客体之间的连接。二是教育内容的职能问题，按照原来的划分，思想政治教育内容的职能就是连接教育的主客体，即把教育的主客体连接起来。但很难理解，连接主体和客体的目的在哪里？即便我们假想内容可以实现连接，这种连接也没有意义。三是把内容和方法确定为介体本身就有问题，因为教育内容和方法被确定为介体表述较为模糊、内容过窄，教育内容和方法又是如何体现为介体，能否合为一体也需要研究。基于以上疑问和启发，我们认为应该对学生思想政治教育过程要素传统划分中的教育内容的归属问题重新进行界定和解读。

学生思想政治教育过程要素传统界定具有无法忽视的矛盾，学生思想政治教育过程要素的主体性和特殊性应当考虑，那么到底学生思想政治教育的主体由谁构成？我们认为思想政治教育过程的主体是认同并掌握教育内容的教育者，其中教育内容不是介体，而是教育过程主体的内在有机组成部分。也就是说，教育内容应当并入教育主体并成为教育主体的内在有机组成部分。何以说教育内容是教育过程主体的内在有机组成部分呢？依据是什么呢？我们认为教育内容作为教育过程主体的内在有机组成部分有两个依据：一是教育者具备教育主体资格的内在要素和条件；二是指教育内容自身地位和作用的必然要求和实现。实际上，教育内容是教育者具备教育主体资格的内在要素和条件。首先，教育者认同和掌握教育内容是其具备主体资格的先决条件。在学生思想政治教育领域，教育者是教育活动的组织者和实施者，是提高教育对象思想政治素质的引导者和促进者，更是教育内容的认同者和掌握者。教育者获取教育主体资格的因素和条件是多方面的，但最关键的是规定教育者必须认同和掌握教育内容。教育者认同和掌握教育内容是其获得教育话语权的关键，教育者只有认同和掌握教育内容，获得教育势能或话语权才能获得教育主体的资格。教育者必然都是掌握了教育内容的教育者，而教育内容必须都是教育者掌握的教育内容。教育者是在认同和掌握教育内容，获取教育势能或话语权后才成为教育主体。正是教育者与教育内容的特殊连接和密不可分的关系决定了认同和掌握教育内容是其具备教育主体资格的先决条件，也正是教育内容是教育者获得主体资格的先决条件决定其必然成为教育主体的内在要素和有机组成部分。其次，教育内容作为教育者具备主体资格的内在要素和构成是其合理归属。依据有三：其一，内容不属于介体，内容本身需要介体。教育介体具有承载和传递功能，更应具有指向性即对象性。而内容本身迫切需要承载者和表达者，它无法满足介体的指向性要求。其二，内容不属于客体，内容需要被作用于客体。客体是教育活动的承受者即教育对象，教育对象的本质属性决定其客体地位。内容不具备被改造或塑造的特性，不可能成为客体。有的学者把教育者和受教者当作主体，而把内容当作客体是偏颇的。其三，内容不属于环体，内容需要环体支撑。社会环境及其提供的支撑条件被确定为环体。内容是对社会环境的超越，不是教育的外部支撑条件而是教育内在核心构架。因此，从教育内容的归属关系上，只能把教育内容并入教育主体。

那么如何理解学生思想政治教育内容作为学生思想政治教育过程中主体的组成部分呢？有什么现实依据？首先，教育内容是思想政治教育过程的主干。事物的时空特性决定事物是由主体或主干与非主体或非主干组成。教育内容是学生思想政治教育过程的主干，制约着思想政治教育活动的各方面、各环节、各层次。教育内容规定着教育者教什么、怎么教、教到什么程度，也决定着教育对象学什么、怎么学、学到什么水平。同时，教育内容规定着教育活动的重点和方向，是整个教育过程的核心架构。教育内容也是教育效果客观考量的依据，评价教育效果如何依据的是教育内容要求，教育效果就是要实现教育内容的要求。教育内容正是依托教育过程主干的地位，使作为教育过程主体的教育者必须实现对其的认同和掌握，成为教育内容的承载者和表达者，教育内容也就获得教育主体内在有机构成的地位。其次，教育内容是社会群体（统治阶级）需要和要求的集中体现。教育内容成为学生思想政治教育过程的主干缘起于教育内容背后的社会群体。教育内容正是借以社会群体需要和要求的外化形式形成教育过程的主干和核心，被赋予教育主体内在构成的地位。思想政治教育的所有活动都是围绕着如何把教肓内谷转化成社会成员的实际行动而开展的，这些内容是社会要求的集中体现。这些内容要求的背后有一个强大的社会群体，这个群体实际上就是思想政治教育的社会力量。从本质上讲，教育内容就是统治阶级的意志愿望和要求的集中体现。国家或统治阶级事实上是思想政治教育实践活动的当然设定者和控制者。它规定教育内容，选择教育者，决定教育方式和性质，享受教育成果，使教育对象成为社会要求的建设者和接班人。同时，教育内容的鲜明意识形态性也决定它的主要任务和职能就是为统治阶级看守文化上层建筑和维护精神文明领域的核心价值体系。所以，国家或统治阶级是教育内容要求的阶级基础。

教育内容回归教育过程主体构成地位是国家或统治阶级的意愿和要求外化的表现形式。教育内容正是借助国家或统治阶级的力量才成为教育主体内在有机组成部分。基于以上分析，我们认为教育内容作为学生思想政治教育过程主体的有机组成部分，依托于教育者的认同和掌握，承载着教育者的主体资格和素养，决定着它是教育过程的核心和主干，蕴含着国家和社会的需要和要求。此时，我们把教育内容界定为主体的有机组成部分，那么，按照传统结构要素划分的教育主体只能是教育者，由于教育内容的"闯入"，教育者在教育过程结构要素中到底占有怎样的地位、扮演什么角色呢？毋庸置疑，教育者是教育过程的主体，是教育活动的组织者和实施者，是提高教育对象品行素质的引导者和促进者。然而，值得注意的是，由于内容作为主体构成的"加入"，我们在十分强调教育者主体性的同时，教育内容的主体特性也不应被忽视。

在学生思想政治教育领域，乃至在思想政治教育学科领域，认清学生思想政治教育内容的主体特性具有非常重要的意义。目前，人们对思想政治教育要素的划分和理解产生了如下偏向：一方面，人们只看到主体性要素，只看到"直接的人"，并在很大程度上想当然地认为只要是人就一定是主体，于是就产生了双主体论、互动主体论、相对主体论和主体间性论。结果是只看到要素的相对主体性，没看到要素的绝对特性，造成主体泛化。提倡多主体，实则无主体。另一方面，人们又想当然地把主体性隐匿的要素划为客体或介体，诸如教育者和教育对象都是主体，而教育内容是客体，或教育内容是介体。后果只能是抓不住要素的主体或无视主体。总的来说，近年人们关于诸要素的划分产生偏向的重要原因是没有系统、全面、深刻地分析诸要素的主体性和特殊性，没有透过要素现象抓住要素本质特征，没有发掘学生思想政治教育过程的逻辑运演规律。教育内容还原到主体构成地位是运用正确的立场、观点、方法重新审视诸要素得出的应然结论。其实，在对学生思想政治教育内容进行整体建构时，讨论学生思想政治教育内容的地位和属性，并不是可有可无的问题。确证思想政治教育内容的主体特性，把教育主体看作认同并掌握教育内容的教育者，有利于推动思想政治教育实践活动协调、有效地开展。这种划分，也有利于思想政治教育更新教育观念，改变思维方式，调整教育布局，优化教育过程；有利于落实教育任务，实现教育使命，达成教育目标，提高教育实效性；有利于规范教育者的工作，明确教育者的责任。因此，讨论学生思想政治教育内容的整体建构，必须对学生思想政治教育内容的地位和属性有清晰的把握，这样才能增强对学生思想政治教育内容地位和作用的理解，进而为整体建构学生思想政治教育内容做好所需的思想认识准备。

学生思想政治教育内容整体建构之所以要讨论学生思想政治教育内容的地位及属性问题，更为重要的是，还能为我们抽象概括乃至整体建构学生思想政治教育内容找到现实基点。既然学生思想政治教育内容不是处于介体地位，不仅仅教育者拿之用来作用于教育对象的方式和工具，那么教育内容就不应该仅仅是一个工具，不能仅仅包括国家和社会要求；既然不是介体，不仅仅是一个工具，那么就不应该脱离教育对象而存在。教育内容在教育过程要素之中具有具体主体地位和属性，是教育者具备教育主体资格和形成教育主导能力的必要而绝对的条件，从这种意义上，无疑就增强了教育内容的主体属性，这就要求在教育内容的建构过程中，为了能够让教育者具有教育主体资格和教育主导能力，教育内容除了宣传贯彻国家意志和社会要求，也要充分反映和涵括教育对象需要，将教育对象成长发展的需要放入教育内容之中，特别是要求教育内容的设计和建构要融入教育对象的成长发展维度，要遵循教育对象的成长发展规律，根据教育对象成长实际来实现国家意志和社会要求的序列化，采取结合教育对象成长发展实际的方式将国家意志和社会要求以循序渐进的形式在整个国民教育诸学段进行呈现。因为只有这样建构教育内容，我们的教育者才能够具有教育的主体资格，才能具有教育主导能力，才能够成为真正的教育者。如果脱离了教育对象的需要，脱离了教育对象成长发展的实际和规律，只是一味地传授国家意志和社会要求，那么学生思想政治教育就会脱离教育对象的实际，不仅教育内容会失去教育主体有机构成的地位，而且教育者也会失去其主体资格，整个学生思想政治教育就会成为无效的教育。其实，教育内容的主体属性，虽然是作为教育主体的有机组成部分，作为教育者具有主体资格和教育主导能力的先决条件，而使教育内容必须关照教育对象，关照教育对象成长发展的实际，并将教育对象成长发展的需要纳入教育内容的建构之中，但是当真正做到这一点之时，这种真正意义上的教育内容已经不仅仅是教育者主体资格的有机构成，也具有了教育对象方面的主体性。从终极意义上看，教育内容最终也是为了实现教育对象方面的主体性，一方面要关照教育对象的成长发展实际；另一方面要将国家意志和社会要求转化为教育对象成长发展的内容。从这种意义上看，整体建构学生思想政治教育内容也必须对学生思想政治教育内容的地位及属性有科学而正确的把握。这样才能更好地充分发挥教育者的职能，同时也才能更好建构具有针对性和实效性的学生思想政治教育内容体系。

第三节　大中小学生思想政治教育内容的系统建构

在对学生思想政治教育内容研究现状进行梳理，特别是在对学生思想政治教育内容的主体属性进行分析把握的基础上，我们将基于思想政治教育学科的立场，对大中小学生思想政治教育内容进行系统化建构。对学生思想政治教育内容进行系统建构既是推进学生思想政治教育内容深化研究的必然选择，也是落实增强学生思想政治教育内容主体属性的现实要求。从现实需要的角度看，我们需要系统建构学生思想政治教育内容。这种系统的建构，既应该包括要素的系统建构，也包括梯度的系统建构。基于如上考虑，特别是在对学生思想政治教育内容研究现状进行梳理和对学生思想政治教育内容的主体属性进行分析把握的基础上，我们将提出学生思想政治教育内容的系统建构的基本框架，即基于对特定教育对象的生理、心理和思想、行为特点以及社会现实要求与期望的把握，然后整体建构初级内容（小学阶段）、次级内容（初中阶段）、第三级内容（高中阶段）、高级内容（大学阶段）等不同层次和不同梯度的学生思想政治教育内容要求，并一定程度上突破目前学界对教育内容建构的通常理解，即思想教育、政治教育、道德教育、法纪教育、心理教育，以及世界观、人生观、价值观、道德观等教育内容。这种探究可以助益于学生思想政治教育内容理论研究的深化，乃至学生思想政治教育内容体系的完善。

一、初级形式的内容要素构成和程度安排（小学阶段）

初级形式的学生思想政治教育内容，从要素构成上看这些内容是最基本、最常识的，从程度层次上看这些内容是最低层、最初级的。鉴于此，笔者将提出关于学生思想政治教育内容初级形式的构想，即将小学阶段思想政治教育内容划分为"关于自己、关于家庭、关于社区、关于祖国、关于世界"的主题进行建构。至于为什么要将学生思想政治教育内容的初级形式划分为"关于自己、关于家庭、关于社区、关于祖国、关于世界"的主题进行建构，这里有必要再作强调。这种层面的划分首先源于社会对教育对象要求和期待的实际状况，符合个体的现实生活和成长发展的逻辑，能够体现小学生思想政治教育内容要求的常识性质，也符合个体的认知发展以及思想道德水平的状况和接受能力的实际。正是基于这些考虑，笔者尝试提出了初级（小学阶段）学生思想政治教育的整体建构。

"关于自己"的教育内容主要包括：在知识上要让小学生知道自己生命的来之不易；知道一些生活习惯和健康常识；了解自己的优点和不足；能看到自己的成长和进步；了解迷恋网络、电子游戏、毒品等不良嗜好的危害。在观念上要让小学生树立珍爱自我生命的观念；具有自己能做的事自己做的观念；愿意反思自己的生活和行为；懂得做人要自尊、自爱；有荣誉感和自信心。在行为上要让小学生学会照顾自己的日常生活；诚实守信，不说谎；有责任、认真地做事，善于向别人学习；勇敢坚强、乐观开朗、积极进取；自觉抵制不健康的生活方式。

"关于家庭"的教育内容主要包括：在知识上要让小学生知道自己的成长离不开家庭；理解家人对自己的爱；知道家庭成员之间应该相互沟通和谅解；懂得邻里生活中要讲道德、守规则。在观念上要让小学生树立对父母亲人的感恩观念；对家庭成员尊重、理解的观念；邻里友好相处的观念；热爱家庭劳动的观念。在行为上要让小学生能够听从父母的教导，关爱父母亲人；与邻里和睦相处；主动分担力所能及的家务劳动；养成良好的饮食起居习惯；爱护家庭周边环境。

"关于社区"的教育内容主要包括：在知识上要让小学生初步了解家乡的

物产、名胜古迹、著名人物；了解本地区的民风、民俗和文化活动；能够识别社会不良的风气；认识常见交通标志和安全标志；初步懂得购物花钱的学问。在观念上要让小学生具有对家乡的热爱之情；形成爱护公共设施人人有责的观念；对弱势人群有同情心和爱心；具有尊重周围劳动者及其成果的观念；具有环境保护的观念。在行为上要让小学生能够尊重各行各业的劳动者及其劳动成果；自觉爱护公共设施；积极参加力所能及的社会公益活动；自觉遵守公共秩序和交通规则；参与力所能及的环境保护活动。

"关于祖国"的教育内容主要包括：在知识上要让小学生认识祖国版图；知道我国是历史悠久、文化灿烂的多民族国家；知道近代我国遭受过列强的侵略以及中华民族的抗争故事；知道中国共产党的成立及中华人民共和国成立和改革开放的事迹；知道中国人民解放军是保卫祖国、维护和平的力量；知道与青少年儿童有关的法律法规。在观念上要让小学生树立为自己是中国人感到自豪的观念和具有祖国领土神圣不可侵犯的观念；初步的民族平等观念；具有珍爱祖国文化遗产的观念；具有奋发图强的爱国志向；具有对社会主义祖国和中国共产党的热爱之情；热爱中国人民解放军；形成初步的法律观念。在行为上要让小学生能够尊敬国旗、国徽，会唱国歌，升降国旗、奏国歌时肃立、脱帽、行注目礼，少先队员行队礼；积极参加并欢度国庆；自觉维护祖国的荣誉和尊严；爱护国家财产；关心社会主义祖国的建设发展；自觉向中国共产党和中国人民解放军优秀分子学习；初步运用与自己相关的法律保护自己。

"关于世界"的教育内容主要包括：在知识上要让小学生知道世界上的大洲、大洋的地理位置；知道不同国家、地区、民族的生活文化习俗、传统节日等状况；知道世界面临的全球性问题；了解战争给人类带来的影响。在观念上要让小学生树立尊重世界不同文化多样性的观念；有对世界历史文化的兴趣；爱护地球环境的观念；热爱世界和平的观念；具有初步的全球视野。在行为上要让小学生能够与外国人友好相处，自觉尊重其文化及风俗习惯；自觉维护地球环境；自觉维护和平、反对侵略；自觉维护我国在世界的国际形象。

二、次级形式的内容要素构成和程度安排（初中阶段）

次级形式的学生思想政治教育内容，一方面这是在初级形式（小学阶段）学生思想政治教育内容基础上的继续提升；另一方面这种次级形式的内容具有相对的独立性。之所以提出次级形式的学生思想政治教育内容，可以从现实中找到很多的根由。例如，就学校来看，包括小学、初中、高中和大学，这种学段的设置符合人的认识规律，是人的各种发展规律以及知识学习规律的必然要求。因此，学生思想政治教育作为一种教育贯穿于国民教育的实践，也应该有次级形式的学生思想政治教育内容。当然，探讨次级形式的思想政治教育内容的根据，从社会现实的角度看，还在于现实中人们往往具有不同的思想道德观念水平，人们的思想观念有着不同的层次，不可能千篇一律，因而这就要求提高人们思想道德水平也必须根据现实要求建构思想政治教育内容的次级形式。

鉴于此，笔者将提出从"我与自我、我与他人、我与集体、我与国家（含法律）、我与社会的关系"五个主题层面把握思想政治教育次级内容要求。具体来说，个体生理、心理、知识能力、生活经验和活动能力的增强，尤其是思维水平的提高和实践能力的增强，使处于初中阶段的个体面临特殊的发展任务，从他们的成长发展看，就是要正确处理"我与自我、我与他人、我与集体、我与国家（含法律）、我与社会的关系"。这构成了他们成长发展和社会性发展的主题。当然，从上述五个主题层面把握思想政治教育内容的次级形式也超越了以往从抽象的思想、道德、法律、心理和国情等方面把握教育内容的模式。这五个层面实际上已经蕴含了思想、道德、法律、心理和国情的教育内容要求。同时，从"我与自我、我与他人、我与集体、我与国家（含法律）、我与社会的关系"五个主题层面把握思想政治教育内容的次级形式也考虑到了与前述初级学生思想政治教育内容的衔接。在小学阶段，主要是从生活常识和基本行为规范维度涉及"关于自己、关于家庭、关于社区、关于祖国、关于世界"五个主题层面，而这里提出的五个层面实际上是初级思想政治教育五个层面的深化，并且突出了次级形式的学生思想政治教育内容要求的重点。

"关于自我"的教育内容要求主要包括：在知识上要让初中生知道自己的生理、心理状态；理解情绪的多样性和复杂性；认识到自尊自信、自立自强的重要性；理解挫折、逆境和压力的意义；认识自我生命的独特性及价值；分辨是非，知道自我的行为会产生一定后果。在观念上要让初中生树立珍惜美好青春的观念；自尊自信、乐观向上、意志坚定的生活观念；自立自强、积极进取的生活观念；正确学习观念和成就动机；完整的自我概念和生命意识；自我负责和自我约束的精神。在行为上要让初中生能够克服青春期的烦恼，调控好自己的心理冲突；能调节和控制自己的情绪；自尊自爱，不做有损人格的事；养成勇于克服困难、开拓进取的优良品质；良好的学习习惯和生活态度；自救自护和不断地自我完善；对自己的行为负责的态度。

"关于他人"的教育内容要求主要包括：在知识上要让初中生知道父母长辈为抚养自己的付出；了解教师工作的辛劳；认识同学的特点和长处；知道与人交往的原则、技巧和方法；正确认识异性同学之间的交往与友谊。在观念上要让初中生树立尊敬、孝敬父母长辈的观念；热爱、尊重老师的观念；团结、友爱同学的观念；真诚、宽容、与人为善的交往观念；热情、大方的异性交往观念。在行为上要让初中生能够孝敬父母长辈，学会与父母平等沟通；积极与教师进行有效沟通；积极友好地与同学、朋友交往；文明礼貌、诚实的人际交流与沟通；与异性进行正常交往。

"关于集体"的教育内容要求主要包括：在知识上要让初中生正确认识个人与集体的关系及集体的作用；理解集体中竞争与合作的关系；理解集体中自由与纪律的关系；知道处理集体关系的基本道德规范。在观念上要让初中生树立集体意识和荣誉感；具有团队合作观念；具有遵守集体纪律的观念；爱护集体成员、为集体服务的观念。在行为上要让初中生能够主动参与集体活动，自觉维护集体的荣誉；正确对待集体中的竞争与合作；遵守学校和班集体纪律与规章制度；爱班级、爱学校、为集体服务。

"关于国家"的教育内容要求主要包括：在知识上要让初中生知道我国的自然、民族和文化等基本国情；知道社会主义现代化建设常识和党的基本路线教育；了解宪法规定的基本权利和义务，知道其他法律常识；知道我国对外交流状况及其在世界格局中的地位、机遇与挑战。在观念上要让初中生树立维护国家安全、荣誉和利益的观念；热爱祖国、热爱社会主义的观念；正确行使权利、自觉履行义务的公民意识和法制观念；具有世界文明交流、对话的观念以及为世界和平与发展做贡献的意识。在行为上要让初中生能够自觉维护国家的统一和民族团结；自觉拥护社会主义建设和党的领导；自觉履行宪法和法律规定的权利与义务，并运用法律武器保护自己；自觉认同中华文化，继承革命传统，弘扬民族精神。

"关于社会"的教育内容要求主要包括：在知识上要让初中生明确社会的发展变化；了解不同劳动和职业的特点及其价值；知道社会角色与责任，认识承担社会责任的意义；知道参与社会公共生活的方法；理解遵守社会规则的重要性；了解人类生存与生态环境的相互依存关系，认识人类社会面临的环境问题。在观念上要让初中生具有关心社会的兴趣和情感；尊重不同行业及劳动者，有初步的社会职业理想；具有社会责任意识和社会服务的观念；具有维护社会公平正义的观念；具有公共精神和规则观念；具有环境保护意识和观念。在行为上要让初中生能够养成良好的亲社会行为；做好升学和社会职业选择的准备；努力做一个负责任的社会公民；遵守公共秩序，自觉爱护公共设施；面对复杂的社会生活和多样价值，作出正确的道德判断和选择；积极参与公共生活、社会公益活动。

三、第三梯度的内容要素构成和程度安排（高中阶段）

学生思想政治教育内容的第三梯度主要是相对思想政治教育初级内容（小学）和次级内容（初中）来说的，是在以上两个层次的内容建构的基础上在广度和深度上的一种适度的提高。这里的思想政治教育内容的第三梯度就是目前高中阶段的教育内容，是一种承前启后的梯度。之所以提出思想政治教育内容的第三梯度，从人才培养的国民教育体系的角度看，我们需要对高中阶段的学生思想政治教育内容进行规约。因此，这些都客观地要求我们在总体上对学生思想政治教育内容的第三梯度进行构想。鉴于此，笔者将提出从"关于个体生活、关于经济生活、关于政治生活、关于文化生活"整体构建第三梯度的学生思想政治教育内容要求。这种"关于个体生活、关于经济生活、关于政治生活、关于文化生活"的主题和范围具有客观性、科学性和针对性。客观性在于根据并符合社会对一定教育对象的要求和期待的实际；科学性反映并体现个体的生活结构和发展趋势；针对性在于针对个体生活现实以及问题，突出了个体生活的特色。当然，提出从"关于个体生活、关于经济生活、关于政治生活、关于文化生活"四个主题层面把握教育内容要求还可以从人类生活划分上获得。人类生活总体上可以划分为个体生活和社会生活，而社会生活总体上又可以划分为经济生活、政治生活和文化生活。因而，从"关于个体生活、关于经济生活、关于政治生活、关于文化生活"四个层面把握高中阶段的教育内容要求也可从人类生活结构划分上获得证明。

"关于个体生活"的教育内容主要包括：在知识上要让高中生知道个体生命存在及其心理健康的知识；知道个体认识和改造世界的正确世界观和方法论；知道适应社会发展、顺应时代要求、自主规划人生的相关知识；理解只有对社会作出贡献才是真正有价值的人生。在观念上要让高中生树立初步正确的友谊、恋爱和家庭观念；树立求真务实、与时俱进的创新观念；树立联系地、发展地、全面地看问题的观念；树立自强不息、追求自我发展进步的观念；树立初步的为人民服务和集体主义的自我价值观念。在行为上要让高中生能够培养积极的生活情趣、健全的人格和健康的生活方式；尊重科学，追求真理，培养科学态度和创新精神；思考生活和学习中遇到的问题，理性规划自己的学习和生活；积极探寻和创造实现自我价值的条件与途径。

"关于经济生活"的教育内容主要包括：在知识上要让高中生知道我国的基本经济制度；知道市场经济的特点及国家宏观调控的知识；了解常见的经济现象和参与经济生活的必要知识；理解公平与效率的关系；知道我国的对外开放及国际经济关系。在观念上要让高中生树立正确的金钱观；具有经济活动的诚信观念；具有经济活动的规则和秩序意识；树立劳动光荣、理智择业的观念；具有效率观念与公平意识；具有经济发展的国家观念和责任感。在行为上要让高中生能够正确地对待金钱，理性地消费；诚实守信、知法守法，抵制经济活动的违法乱纪行为；努力提高自身素质，做好未来就业与自主创业的准备；增强效率观念，培养公平意识，维护社会公平；关注国家对外经济关系，自觉维护国家经济发展。

"关于政治生活"的教育内容主要包括：在知识上要让高中生了解我国的

国体、政体、政党制度、民族区域自治制度等基本的政治制度；体会生活中民主选举、民主决策、民主管理、民主监督权利的内容、途径和方式；认识发展民主政治最根本的是把党的领导、人民当家作主和依法治国有机统一起来；了解当代国际形势、国际关系和我国的外交政策。在观念上要让高中生树立热爱祖国的观念，具有报效祖国的精神，并认同我国基本政治制度；树立人民政府的观念和社会主义民主法制观念；具有公民意识和国家利益至上的观念；坚信中国共产党是我国社会主义事业的领导核心，初步具有为建设中国社会主义事业奋斗的理想；树立世界和平与发展的价值观念。在行为上要让高中生能够自觉维护祖国的荣誉、独立统一和民族的团结；立足当前政治，力所能及地有序参与政治生活；正确行使法律所赋予的民主权利，自觉履行法律规定的政治性义务；提升政治生活的素养，自觉关心国家的前途和命运；维护国家主权，反对霸权主义，发展国际友好合作。

"关于文化生活"的教育内容主要包括：在知识上要让高中生了解生活中的文化现象和文化生活的基本知识；懂得文化传承、文化交融对于文化创新的作用；辨析各种文化现象和文化思潮；认识文化建设的意义及文化对综合国力的影响；理解现代社会公民道德规范和法制建设。在观念上要让高中生认同民族文化价值的同时，增强民族文化的自信心和自豪感；具有弘扬中华文化和发扬民族精神的观念；树立世界文化多样性存在与发展的观念；具有文化创新观念和坚持先进文化的方向；树立社会主义精神文明建设的观念。在行为上要让高中生能够积极参加有益的文化活动，追求健康的文化生活；继承中华文化和弘扬民族精神；投身于社会主义精神文明建设，不断追求更高的思想道德目标；自觉遵守社会公德和具有道德评价能力；参加社会公益，推动良好社会风气的形成。

四、高级形式的内容要素构成和程度安排（大学阶段）

学生思想政治教育内容的高级形式是对高校学生思想政治教育提出的内容要求。这种内容要求的接受认同往往需要一定高层次的思想文化基础和较高的思想道德水准，同时，这种教育内容的接受认同往往直接体现了思想政治教育的目的。鉴于此，笔者把这种高级形式思想政治教育的内容要求从总体上划分为"关于人生、关于政治、关于道德、关于法律"四个主题类别，一方面是基于国家和社会的要求与期待；另一方面更与个体成长发展有关。因为大学生已经不同于中小学生，他们已经进入成年阶段，成为真正的国家的希望和民族的未来，这样的个体身心上已经进入基本成熟状态，他们的生活经验和理性思维都得到了发展，他们思考着自己的人生问题，也关注着国家和民族的未来，同时他们也往往出现一些人生的困惑、迷茫和品德问题。因而，此时这些个体需要面对和处理的问题就主要集中在关于人生发展、生活和学习的态度及心理健康问题，政治方向的选择及社会理想的追求问题，道德规范及道德境界的提升问题，法律知识的掌握、法治观念及行为的养成问题。当然，提出"关于人生、关于政治、关于道德、关于法律"四个基本层面的主题构想也考虑到了与前述学段的学生思想政治教育内容要求层次的衔接，是对前述学段层次学生思想政治教育内容要求主题的升华，这种衔接和升华使高级阶段的教育内容要求呈现出更具抽象的色彩，同时也更好地回归了思想政治教育的本质，即培养国家和社会需要的人，促进人的全面发展。

"关于人生"的教育内容主要包括：在知识上要让大学生认识到人生修养和人生方向目标的必要性与重要性；科学认识人生价值的标准及实现问题；掌握维护身心健康和培养生活情趣的基本知识。在观念上要让大学生树立积极主动、勤奋好学、勇于探究的学习观念；具有乐观向上的生活态度和积极进取的人生价值观；具有与社会发展相适应的开拓进取、公平竞争、团结协作、艰苦奋斗等观念；树立自主择业、就业和创业观念。在行为上要让大学生能够具有明确的成长成才目标；追求高尚的人生价值和积极的人生态度；追求发展进步，努力做一个对他人和社会有益的人；能够辨别人生发展的是非、美丑、荣辱和具备良好个性心理品质。

"关于政治"的教育内容主要包括：在知识上要让大学生整体掌握马克思主义的世界观和方法论，正确认识人类社会发展的基本规律和趋势；系统掌握毛泽东思想与中国特色社会主义理论体系的基本理论；深刻理解历史和人民是怎样选择了马克思主义、中国共产党和社会主义道路的；知道中国特色社会主义建设的主要成就、基本制度、总体布局和内外政策。在观念上要让大学生认同马克思主义是无产阶级及人类解放的科学和共产主义的实现是历史必然趋势；确立在中国共产党领导下走社会主义道路和实现中华民族伟大复兴的观念；认同近代以来的爱国主义传统和革命传统，形成民族自尊心和自豪感；树立中国特色社会主义的共同理想和坚定走社会主义道路的自信。在行为上要让大学生能够拥护党的领导和确立献身于中国特色社会主义事业的政治方向；拥护党的路线、方针和政策，自觉抵制各种背离党的路线、方针和政策的错误倾向与言论；热爱祖国、热爱人民，具有自觉投身中国特色社会主义的使命感和责任感；维护国家利益，不参加违反四项基本原则、影响国家安全和社会稳定的活动。

"关于道德"的教育内容主要包括：在知识上要让大学生理解社会主义道德建设的核心和原则；理解中华民族传统美德的内容；理解我国公民道德基本规范的内容；理解职业道德、社会公德和家庭美德的内容。在观念上要让大学生树立为人民服务的观念和集体主义的价值取向；树立珍视中华民族传统美德的观念；树立遵守公民道德基本规范的观念；树立正确的婚姻恋爱观。在行为上要让大学生能够顾全大局，正确处理国家、集体和个人之间的利益关系；积极弘扬中华民族传统美德；积极践行公民道德基本规范；遵守恋爱道德，恪守社会公德，抵制不良社会风气。

"关于法律"的教育内容主要包括：在知识上要让大学生理解我国社会主义法律的内涵、体系和运行；理解我国宪法规定的国家制度；理解我国的实体法律制度；理解我国的程序法律制度；理解学校的生活和学习规章制度。在观念上要让大学生树立弘扬社会正气的观念；树立社会主义民主法治观念；树立社会主义的自由平等观念；树立社会主义的公平正义观念；树立社会主义的权利义务观念。在行为上要让大学生能够自觉维护国家宪法和法律的权威与尊严；正确行使法定权利和自觉履行法定义务，形成法律思维方式；敢于并善于同各种违法犯罪行为做斗争；遵守课堂纪律、考试纪律等规章制度。

总而言之，我们上述提出的初级（小学）思想政治教育内容要求总体上可以划归涵括为"关于自己、关于家庭、关于社区、关于祖国、关于世界"五个主题进行建构；次级（初中）思想政治教育内容要求总体上可以划归涵括为"关于自我、关于他人、关于集体、关于国家、关于社会"五个主题进行建构；第三梯度（高中）的教育内容要求总体上可以划归涵括为"关于个体生活、关于经济生活、关于政治生活、关于文化生活”四个主题进行建构；高级（大学）教育内容要求总体上可以划归涵括为“关于人生、关于政治、关于道德、关于法律”四个主题进行建构。如上每个梯度的学生思想政治教育内容建构涉及的主题并不是随意的，而是根据国家和社会要求以及个体成长发展的实际情况得出的结论，并且也能得到个体生活及成长发展现实的确证。同时，确定如上每个梯度的教育内容涉的主题也注意到了与阶段的衔接，例如，初级阶段的“关于自己”、次级阶段的“关于自我”、第三阶段的“关于个体生活”、大学阶段的“关于人生”就存在依次螺旋上升和纵向衔接的关系。再如，初级阶段实质上是从基本常识维度来确定教育内容要求的主题，次级阶段实质上是从人际关系维度来确定教育内容要求的主题，第三阶段实质上是从生活结构维度来确定教育内容要求的主题，高级阶段实质上是从素质发展维度来确定教育内容要求的主题，这种基本常识、人际关系、生活结构和素质发展等维度的分析框架既体现了现实中人们思想道德的层次实际情况及个体成长的客观现实，也充分体现了逐步拓展和纵向深入的衔接关系。正是基于这些考虑，我们提出了学生思想政治教育内容的建构框架，即基于特定教育对象的生理、心理和思想、行为特点以及社会现实要求和期望的把握，然后据此以知识、观念和行为进行了大中小学生思想政治教育内容的系统建构。

第六章

学生思想政治教育方法的整体建构

　　在贯通国民教育诸学段的意义上对学生思想政治教育实践要素进行整体建构，也必须推进学生思想政治教育方法的整体建构。学生思想政治教育方法主要是教育者在思想政治教育过程中为了向教育对象传授教育内容所采用的工作方法，或者说是教育者为了达到一定的教育目标对教育对象所采用的活动手段或方式。推进学生思想政治教育实践要素的整体建构，在贯通国民教育诸学段的意义上充分把握了教育对象、教育者职能、教育目标和教育内容的基础上，就应该联系这些已经整体建构的学生思想政治教育实践要素，来推进学生思想政治教育方法的整体建构。推进学生思想政治教育方法的整体建构，必须充分吸纳借鉴关于学生思想政治教育方法的研究现状，同时也应该深入反思学生思想政治教育方法的实践现状，才能找到学生思想政治教育方法整体建构的进路，深入推进学生思想政治教育方法的体系化及学段呈现。

第一节　学生思想政治教育方法的研究现状

目前学界对学生思想政治教育方法的研究取得了一定的成果，这些成果也往往以不同的形式表现出来，既体现在关于学生思想政治教育基础理论研究著作之中，也体现在关于学生思想政治教育方法讨论的期刊论文之中。但总体上看，尚没有搜索到打通国民教育诸学段系统地对学生思想政治教育方法进行研究的专门性学术著作。鉴于此，我们将有关研究情况梳理如下。

在思想政治教育学科领域，关于学生思想政治教育方法的研究，首先存在于学生思想政治教育基本理论研究的著作之中。这些著作主要是针对学生思想政治教育基本问题的研究，是在专门研究学生思想政治教育基础理论的著作中对学生思想政治教育方法进行探讨。上海市高教局组编的《高等学校学生思想政治教育概论》（1984）一书在对高校学生思想政治教育各个方面进行深入系统研究的基础上概括论述了正面引导、比较鉴别、情感陶冶、实际锻炼、批评与自我批评五种方法及其具体实施方法。❶ 樊万清、赵才元（1989）在主编的《高等学校学生思想政治教育学概论》中论述了高校学生思想政治教育工作的主要方法包括灌输教育法、谈心教育法、引导教育法、激励教育法、纪律教育法。❷ 黄书孟在《学生思想政治教育概论》（1991）中论述了学生思想政治教育的八种方法：说服教育法、榜样示范法、实践锻炼法、强化教育法、情感陶冶法、比较鉴别法、心理咨询法、自我教育法。❸ 王琳、叶怀祥（2004）在《21世纪高校学生思想政治教育研究》中认为高校思想政治教育的基本方法是以语言说理形式为主的方法、以形象感染形式为主的方法、以实际训练形式为主的方法、以评价形式为主的方法、以加强管理形式为主的方法。❹ 值得提及的是，尽管专门研究学生思想政治教育基本理论

---

❶ 上海市高教局. 高等学校学生思想政治教育概论［M］. 北京：教育科学出版社，1984.

❷ 樊万清，赵才元. 高等学校学生思想政治教育学概论［M］. 北京：高等教育出版社，1989.

❸ 黄书孟. 学生思想政治教育概论［M］. 杭州：杭州大学出版社，1991.

❹ 王琳，叶怀祥. 21世纪高校学生思想政治教育研究［M］. 成都：西南交通大学出版社，2004.

的著作对学生思想政治教育方法进行了研究，但是这些专门研究学生思想政治教育的著作也有不同的层次区分。就我们目前所掌握的资料看，这些专门研究学生思想政治教育的著作主要集中于高校学生思想政治教育，主要是在高校学生思想政治教育视域下对学生思想政治教育方法的研究，因而很大程度上局限于高校，而不是对其他学段乃至所有学段学生的思想政治教育方法进行的研究。其中，黄书孟主编的《学生思想政治教育概论》相比于其他关于学生思想政治教育研究著作有了一个推进，那就是一定程度上打通了高等教育与基础教育，对学生思想政治教育进行相对整体性研究。当然，仔细研读这部著作也发现，尽管作者从整体上对学生思想政治教育（包括学生思想政治教育方法）进行研究，但也只是截至青少年阶段，小学阶段不在此列，还没有打通大中小学诸学段形成学生思想政治教育整体视域并在整体视域下对学生思想政治教育方法进行深入研究。

在思想政治教育学科领域，学生思想政治教育方法研究不仅存在于学生思想政治教育基础理论的著作之中，更确切地说集中在一般的专门研究高校学生思想政治教育的著作之中，也有些研究成果是关于学生思想政治教育方法的直接研究。就整体看，目前学界关于学生思想政治教育方法的直接研究成果，主要集中在期刊论文之中。具体做如下分析。

笔者在中国知网（截至 2018 年 9 月 20 日）输入"学生思想政治教育方法"进行主题检索，共搜索到 336 条信息。这些期刊论文的题目都带有"学生思想政治教育方法"这样一个主题。而结合用语习惯，我们还输入"学生思想政治教育的方法"进行主题检索，共搜索到 362 条信息。这些期刊论文的题目都带有"学生思想政治教育的方法"这样一个主题。通过进一步筛选比较和统计分析，我们发现这些期刊论文之中，涉及高校学生思想政治教育方法的占 75%，涉及高中或高职学生思想政治教育方法的占 13%，涉及初中学生思想政治教育方法的占 7%，涉及小学生思想政治教育方法的占 3%，而涉及对学生思想政治教育方法进行整体研究并且其中研究视域是基于大中小学诸学段的占 2%。这些研究都是关于学生思想政治教育方法的直接探讨，涉及学生思想政治教育方法的概念、特点、针对性和实效性、创新发展以及具体的方法等有关内容。不可否认，这些研究深化了我们对学生思想政治教育方法的理解和认识，是我们目前所能接触到的关于学生思想政治教育方法研究最为直接、最为集中的研究方式和研究成果。但同样不可否认的是，这些研究普遍是关于高校学生思想政治教育方法的研究，主要涉及高校学生思想政治教育方法的运用和发展创新乃至新方法的探讨，而基于基础教育阶段对学生思想政治教育方法的探讨则比较薄弱。其中，更多的是关于高校学生的思想政治教育方法的探讨，对高中学生、初中学生，特别是小学生思想政治教育方法的探讨还没有深入地展开。

在思想政治教育学科领域，梳理期刊论文关于学生思想政治教育方法的直接研究成果，还有一个值得注意的现象，就是存在一些关于特殊学生群体的学生思想政治教育方法研究。关于特殊学生群体的学生思想政治教育方法研究，从总体上看属于学生思想政治教育方法研究系列，形成了一些代表性成果，这些成果一定程度上是对学生思想政治教育方法的细化研究。这是值得注意的，因为尽管学生思想政治教育方法还没有从总体上获得深入系统的研究，但是关于特殊学生群体的思想政治教育方法研究由于实际工作的需要，而被一些学生思想政治教育的实际工作者重视，并一定程度上获得了研究。例如，朱鸿飞（2008）对高校特困学生思想政治教育方法进行了研究，提出了增强高校特困学生思想政治教育的有效方法为：第一，准确认定，细心观察，及时疏通引导。第二，充分发挥思想政治教育对特困生的育人和导向功能。第三，引导特困生进行积极的自我教育，培养良好的思想道德品质。第四，加强学校和家庭的沟通，增强特困生思想政治教育的合力。❶ 田为龙（2012）对网络信息时代学生思想政治教育方法研究进行了探究并提出了以下观点：第一，完善规章制度，完善网络管理体制。第二，提高学校思想政治教育工作者的网络素质。第三，改进教育方式，拓宽思想政治工作的空间。第四，建立相关网站，加强和改进网站内容，开展丰富多彩的网上思想教育活动。第五，应用手机媒体，灵活进行思想政治教育工作。第六，重视心理关怀，减少学生对网络的心理依赖。❷ 王树田、陈蕾、毛勇（2013）对少数民

---

❶ 朱鸿飞. 高校特困学生思想政治教育方法探析［J］. 教育与职业，2008（6）.
❷ 田为龙. 网络信息时代学生思想政治教育方法研究［J］. 教学与管理，2012（2）.

族大学生思想政治教育方法进行了探析，提出针对少数民族大学生的思想政治教育方法有：第一，转变教育理念和教育方法，使汉族学生更多地了解少数民族学生的文化并与其建立良好的同学关系。第二，优化与整合教育资源，提高教师的跨文化感知能力。第三，调整管理制度与方法。❶从总体上看，这些关于学生特殊群体的学生思想政治教育方法的研究看，一定程度上将学生思想政治教育方法研究进行了相对的细化，但从学生思想政治教育方法本身的研究看，这些研究往往局限于一域又必然导致学生思想政治教育方法研究顾此失彼。

当然，需要指出的是，我们关于学生思想政治教育方法研究现状的梳理主要是基于思想政治教育学科立场，是思想政治教育学科领域出现的关于学生思想政治教育方法研究的一些基本概况。这种梳理必然要屏蔽掉一些研究成果。例如，教育学或德育领域关于学生思想品德教育方法的研究。其实，目前在基础教育领域，有着大量德育方法的研究特别是中小学生德育方法的研究。这些研究成果比较深入系统，但令人遗憾的是这些研究成果局限于教育学领域或德育，而且主要是道德教育方法，研究队伍也主要是教育学科领域或德育领域的专家，而不是思想政治教育学科专业或从事思想政治教育学科研究人员对之作出的研究。我们当前更应该基于思想政治教育学科立场来从国民教育整体上对学生思想政治教育方法进行深入系统的研究。在思想政治教育学科创建伊始，我们就发现思想政治教育学科对学生思想政治教育的支撑作用（如思想政治教育学科创立的早期乃至中期阶段，学生思想政治教育方法的一些成果在思想政治教育原理或方法论的教材或专著中获得讨论）。但必须承认的是，学生思想政治教育是贯穿于国民教育全过程的实践活动，不仅仅存在于高等教育阶段，而是贯穿于大中小学诸学段，是一个贯通国民教育的整体性存在。因而思想政治教育学科不仅要支撑学生思想政治教育，而且还要全面支撑学生思想政治教育；不仅要支撑高等教育阶段学生思想政治教育，还应该对基础教育阶段的学

---

❶ 王树田，陈蕾，毛勇．少数民族大学生思想政治教育方法探析［J］．学校党建与思想教育，2013（9）．

生思想政治教育作出支撑。不可否认，从基于思想政治教育学科的立场对学生思想政治教育方法研究梳理看，虽然在思想政治教育学科领域，学界从不同的侧面和程度上对学生思想政治教育方法进行了研究，积累了大量的关于学生思想政治教育方法的研究成果，但目前思想政治教育学科对学生思想政治教育支撑还不够，还没有对基础教育乃至打通大中小学诸学段国民教育整体上对学生思想政治教育方法进行深入系统的研究。整体建构学生思想政治教育方法体系是推进学生思想政治教育方法进一步深入研究应该努力的方向和突破点。

第二节　学生思想政治教育方法的实践反思

基于学生思想政治教育整体视域，深入探究学生思想政治教育方法的整体建构，不仅要把握目前学界关于学生思想政治教育方法研究的现状，还要把握学生思想政治教育方法的实践现状。只有这样，才能为整体建构学生思想政治教育方法的切入点提供经验借鉴。鉴于此，我们将基于问题的视角对学生思想政治教育方法的实践现状进行理性检视，以期把脉现实实践中学生思想政治教育方法的实施状况。从这种视角来审视学生思想政治教育方法存在的问题，可以呈现出如下情况。

从现实看，要使贯通国民教育诸学段的学生思想政治教育实践收到较好的效果，学生思想政治教育方法必须具有明确的针对性，必须适应不同的学段、年级学生成长发展的需要和时代发展的需要。这是由学生思想政治教育特殊性决定的，学生思想政治教育不同于其他思想政治教育，学生思想政治教育是针对成长发展过程中的人进行的思想政治教育。因而，学生思想政治教育要想取得一定的效果，必须能够适应学生的成长发展规律，必须针对不同成长发展阶段的学生使用不同的方法。这就要求学生思想政治教育方法必须紧密联系教育对象的成长发展实际。学生思想政治教育对象与其他群体相比，年龄分层大、心理成熟度差异大，这既决定了教育方法的差异性，也决定了教育方法的层次性。因此，学生思想政治教育方法要想取得理想的效果，必须符合教育对象的层次性和差异性，体现突出的针对性。要针对不同阶段教育对象的思想动态，针对不同学段学生普遍关心的热点、难点问题，选择不同教育方法进行有针对性的教育引导和释疑解惑。但目前学生思想政治教育方法的运用，没有完全形成与不同学段、年级学生成长发展实际相吻合的方法集合，在国民教育不同学段还没有形成具有针对性、层次性和差异性的方法体系，教育方法的运用不能体现出学段性和适应性，导致教育者在不同学段使用的方法没有层次区分，因而也就不能很好地满足不同学段的学生成长发展需要。学生思想政治教育方法要增强针对性必须对教育对象群体（或个体）的情况分别对待，不能简单地搞"一刀切"，对不同的成长发展阶段或学段的学生要采取因材施教的方法。只有加强思想政治教育方法的针对性，才能使教育者和教育对象在心理上、感情上的距离缩短，教育内容的接受性才会增强，教育的目的才会收到实效。

在现实中，学生思想政治教育方法不仅缺乏针对性，而且还缺乏有效性。虽然从一般意义上看，针对性和有效性一定程度上似乎是同一个问题，但深层看，针对性和有效性还是有一定的区分性。针对性主要是相对于教育对象的情况而言，侧重于教育方法能否对不同的教育对象采取不同的方法；有效性是针对教育效果而言，侧重于教育方法能否带来教育效果。虽然没有针对性的教育方法，往往也不是有效的教育方法，往往也是不能带来教育效果的方法，但是，在一定的社会历史时期，尽管有些教育方法没有针对性，这些教育方法仍然是有效的。但随着人类社会的发展，教育方法的有效性越来越要求符合教育对象的实际，特别是随着社会生活诸领域民主化进程的发展，越来越要求学生思想政治教育方法与时俱进和不断创新。实际上，任何学生思想政治教育方法体系都是以社会发展为背景不断发展的开放系统，并对传统的教育方法进行"取其进步，去其落后，推陈出新，革故鼎新"的继承、重构和创新，才能实现自身方法的有效性。学生思想政治教育方法应是与时俱进、常变常新的，因而当代中国的学生思想政治教育方法的有效性应树立以人为本的理念，遵循时代性、主体性、主动性、互动性、和谐性等原则。随着经济社会的发展，特别是中国特色社会主义事业进入新时代，社会环境和时代的变化对教育方法的影响和改变更加深刻、迅速，学生思想政治教育方法的有效性在这种背景下理应更受到人们广泛的关注和重视。从当前实际情况看，学生思想政治教育方法存在明显的滞后性，如在方法的使用和选择上出现与社会发展现实相脱节现象，存在方法的简单化、浅表化、娱乐化，一定程度制约了学生思想政治教育效果的实现。再如，我们的教育大多只注重"正面"教育，而大众媒体特别是网络中不良因素影响，加之西方自由主义和市场经济派生的利己主义、享乐主义等思潮的涌入，使社会"反面"现象层出不穷，而思想政治教育方法却没跟上时代步伐，导致教育对象容易受这些消极思想的影响，却没有针对性防范和引导。社会发展的复杂性及教育对象自我意识和认知能力的提高也使他们对社会、对生活产生困惑而得不到教育引导和解决。这些问题的显现都说明学生思想政治教育方法存在一定程度的发展滞后。在这种情况下，为了增强学生思想政治教育方法的有效性，就要不断结合新的社会发展实际和教育对象成长发展的实际，对学生思想政治教育方法进行创新发展，进而建构出体现时代特色的学生思想政治教育方法体系。

学生思想政治教育方法在针对性和有效性表现出一定程度的不足的同时，更深层的表现是学生思想政治教育方法缺乏主动性，不能够有效捕捉和及时解决学生成长发展过程中的问题。为了避免教育对象的逆反心理，增强教育方法引导教育对象成长发展的水平，还要增强教育方法的主动性，使教育方法的使用有预测性。学生思想政治教育方法的使用必须与教育对象的成长发展状况一致，必须对学生成长发展过程中的问题作出一定的预测和超前处理，必须能够在引导学生成长发展过程中防患于未然。在这方面，目前的教育方法还缺乏主动性，教育方法只是被教育者任意"拿来"、随意"丢掉"。在具体的教育实施过程中，往往陷入被动，拿不出若干有效的教育方法，甚至不加遴选地将各种教育方法全部"砸向"教育对象，造成的结果是这些方法不能有效地解决学生成长发展的问题，同时对后续学生成长发展的问题也不能起到有效的预防作用。之所以出现这种现象，尽管有多种原因，包括教育者自身职业能力的不足，或者是教育工作者自身工作经验的缺乏，但从根本上看，还在于对学生思想政治教育方法的重视不够，缺乏对学生思想政治教育方法深入系统的研究，导致现实当中人们能够使用或运用的学生思想政治教育方法比较少，即便有些教育者能够掌握许多的教育方法，由于对这些教育方法运用时机或条件缺乏深刻的认识，也往往导致在学生思想政治教育中缺乏主动性，对学生成长发展的引导陷入被动局面。因而在这种意义上，增强学生思想政治教育方法的主动性，必须深入推进学生思想政治教育方法研究，针对社会发展现实和学生成长发展规律建构学生思想政治教育方法集合，形成类型各样的学生思想政治教育方法。

学生思想政治教育方法的针对性、有效性和主动性问题，一定程度上是针对学生思想政治教育方法本身来说的，考察的是学生思想政治教育方法本身质的规定性，其实，审视学生思想政治教育方法的实践现状，还应该放到学生思想政治教育方法之间的关系，放到不同学生思想政治教育方法之间配合度的角度来进行考察。从这个角度看，学生思想政治教育方法缺少有机衔接和配合。这种学生思想政治教育方法之间缺乏有机衔接和配合首先体现在当前学生思想政治教育方法缺乏纵向的配合与协调。对成长发展过程中的个体进行思想政治教育，就要求学生思想政治教育方法要针对学生成长发展的不同阶段形成合力，形成能够相互配合、相得益彰、有机衔接的方法体系。我们知道，在学生思想政治教育中讲授法、榜样示范法、灌输法、讨论法、激励法、学生自我教育法等是思想政治教育的主要实施方法。但是这些方法在不同学段或年级的运用缺乏一定的梯度区分性，造成无法实现同一类别方法的不同程度的有效衔接，在小学、中学和大学等不同学段在某一种方法的使用上往往是"老生常谈"，使用某一种方法不能结合学生成长发展的实际做到有所区分，进而造成方法使用的生硬和不协调。同时，不同的学生思想政治教育方法之间也缺乏横向配合和协调。例如，讲授法、榜样示范法、灌输法、讨论法、激励法等各方法还没有找到相互结合的契合点甚至还在"孤军奋战""孤芳自赏"，缺乏有效的相互配合和支撑。从这种意义上看，如何实现同一种方法或不同的方法在学生成长发展的不同阶段实现有机的衔接和协调，对学生思想政治教育的发展创新来说是非常重要而突出的问题。学生成长发展的过程性、学生接受和认知能力的渐进性、学生知识和能力掌握的积累性，还有社会对于不同成长发展阶段提出要求的差异性等，都决定了学生思想政治教育方法在使用的过程中必须增强自身内部的纵向衔接性和横向贯通性，必须随着学生成长发展的阶段和社会要求的差异而增强自身的有机配合和衔接。

如上可知，加强和改进学生思想政治教育方法是一项细致、艰巨、长期的系统工程，既需要增强学生思想政治教育方法的针对性、创新性和主动性，也需要学生思想政治教育方法的相互配合与协调，才能有效促进教育对象的成长发展并将国家和社会要求转化为教育对象成长发展的内容。学生思想政治教育方法在针对性、有效性、主动性、衔接性和协同性等方面存在着一些明显不足，并且这些不足已经成为制约学生思想政治教育取得理想效果的重要因素，也成为学生思想政治教育方法在实际中问题的集中表现，但是通过这些问题可以看到，尽管这些问题的出现可能有诸多的原因，也可以找到诸多的理由，但必须清醒地认识到，学生思想政治教育方法没有实现有机整合，没有实现学生思想政治教育方法的系统化，没有根据学生成长发展规律的特点和社会发展的现实需要建构系统化的方法体系，这是造成这些问题的深层根源。认识到这点，对于推进学生思想政治教育方法研究，建构具有针对性和实效性的学生思想政治教育方法体系具有十分重要的意义。这也是我们为什么提出对学生思想政治教育方法进行整体建构这个话题，要把学生思想政治教育方法实践现状的把握作为学生思想政治教育方法整体建构的重要环节来进行把握，因为在充分把握学生思想政治教育研究现状的基础上，只有深入学生思想政治教育方法的实践现状，明确当前学生思想政治教育方法实践领域存在的一些不足及造成这些不足的深层根源，才能够进一步增强整体建构学生思想政治教育方法体系的自觉性和主动性，才能为整体建构学生思想政治教育方法体系提供一些指导和参照。特别是随着中国特色社会主义进入新时代，对各级各类学校的思想政治教育必将提出新要求。如何实现学生思想政治教育方法的整体建构或体系建构，一定程度决定着我们在新时代能否把我国教育对象培养成有理想、有道德、有文化、有纪律的人，能否培养出能够担当民族复兴大任的时代新人。因此，深入建构学生思想政治教育方法体系，推进学生思想政治教育方法研究与实践成为无法回避的而且必须回答的前沿课题。

第三节 大中小学生思想政治教育方法的体系建构

在把握了学生思想政治教育方法研究现状和实践现状的基础上，推进学生思想政治教育方法创新发展，一个重要的维度就是建构具有针对性和实效性的学生思想政治教育方法体系。我们认为，整体建构大中小学生思想政治教育方法体系，最为紧迫的工作是，充分把握国民教育诸学段学生思想政治教育方法的本质内涵，然后在此基础上深入分析建构每个学段学生思想政治教育方法的集合。学生思想政治教育方法虽然有自己的一般规定，但是由于受到学生成长发展的阶段性以及国家和社会对不同阶段学生的不同要求的影响，学生思想政治教育方法在国民教育不同学段应该有不同的本质规定，应该有着区别于其他学段思想政治教育方法的本质内涵，因而把握这个特殊本质对于推进学生思想政治教育方法在国民教育诸学段的整体建构具有重要意义。把握诸学段学生思想政治教育方法的特殊本质主要是结合不同学段的学生成长发展内容，以及国家和社会对学生成长发展的不同期待，来深入探究学生思想政治教育要想在这个学段促进学生成长发展以及落实国家和社会对学生成长发展的要求，应该具有怎样的本质规定。不同学段学生思想政治教育方法集合，是指特定的学段到底应该有哪些适合于这个学段的方法。只有分析和建构出每个学段学生思想政治教育方法的集合，才能在这些集合的基础上形成学生思想政治教育方法体系。基于这些考虑，我们提出以具体形象为主导的学生思想政治教育方法集合（小学阶段）、以关系互动为主导的学生思想政治教育方法集合（初中阶段）、以领域建构为主导的学生思想政治教育方法集合（高中阶段）、以实践创造为主导的学生思想政治教育方法集合（大学阶段）。其中，以具体形象为主导是学生思想政治教育方法在小学阶段的本质规定，以关系互动为主导是学生思想政治教育方法在初中阶段的本质规定，以领域建构为主导是学生思想政治教育方法在高中阶段的本质规定，以实践创造为主导是学生思想政治教育方法在大学阶段的本质规定。至于为什么提出这样的说法和每个学段到底有哪些方法，我们将做如下分析。

一、以具体形象为主导的方法集合（小学阶段）

学生思想政治教育方法在小学阶段应该有着怎样的本质规定呢？这是值得深入探究的问题。探究这个问题能够为建构学生思想政治教育在小学阶段的方法集合找到依据，同时也能够为后续其他学段学生思想政治教育方法的本质探究提供思路。我们认为，探究小学阶段学生思想政治教育方法的本质规定，还是应该回到小学生思想政治教育的实际中，与其他学段的学生思想政治教育方法相比，小学阶段学生思想政治教育方法是针对小学生进行的思想政治教育，国家和社会的要求与期待也是针对小学生提出的。从这种意义上看，探究小学生思想政治教育方法的本质规定，就应该回到小学生成长发展的实际中，根据小学生成长发展的实际情况来确定小学生思想政治教育方法的特殊性。这个特殊性其实就是小学阶段学生思想政治教育方法的本质内涵。小学生的成长发展不同于其他学段个体的成长发展，有着自己特殊的成长发展的内容。从总体上看，小学阶段学生成长发展属于对外界事物认知的具体形象阶段。小学生特别是中低年级的小学生对事物的认知往往是一种直观形象的反映，他们喜欢生动活泼的事物，具有爱玩的天性，对周围事物不善于进行深入分析思考。同时，他们与周围成人关系处于以"好孩子"为定向的阶段，往往依从和顺从成人的权威，以成人的奖惩为自己行为选择和是非判断的取向标准。小学阶段的思想政治教育就是针对这样的发展个体进行的思想政治教育，因而这也决定了小学阶段思想政治教育必须适应和满足个体的这种成长发展的状况。学生思想政治教育方法的确立或使用必须适应小学生成长发展的特点，必须以具体形象为主导来选取和使用学生思想政治教育方法。具体形象应该是小学阶段思想政治教育方法选取和使用的灵魂所在，小学阶段所有方法的选取和使用都应具有具体形象性，都必须遵循这个本质规定，是这个本质规定的具体展开和生动体现。

讲故事的方法。讲故事的方法应该是小学生思想政治教育首要的、基本的方法。这一方面是由小学生成长发展的特点和他们的接受能力决定的；另一方面是由讲故事教育方法具有的特点和优势决定的。小学阶段的个体认知发展水平还处于较低的水平，还无法进行概念思维，他们对事物的接受主要是通过感知印象、形象思维的形式来实现的，他们的意识世界中喜欢各种具体的情节和生动的形象，并通过对这些具体形象的反应来认识周围的世界。而讲故事的教育方法主要就是通过具体形象事物的呈现来表达的，符合小学生的认知能力和接受特点。因而，在对小学生进行思想政治教育的过程之中，要善于运用讲故事的方法，通过讲述一些生动活泼的故事来向小学生传达一定的道理，让小学生在听故事的过程中使自身的认知和情感世界获得一定的陶冶。需要指出的是，运用讲故事的方法，必须结合小学生的成长发展的实际，必须结合他们的生活实际，切忌脱离他们的接受能力和实际生活，讲一些他们无法理解的故事。虽然小学生成长发展特点适合通过讲故事的形式来进行教育，但并不是所有的故事都是小学生所能理解接受的。在这方面就要求在教育过程中精心地设计和选择故事，甚至结合学生的实际，将一些原来学生无法理解的故事进行改编，融入小学生的生活语言，使其成为小学生能够接受理解和通俗易懂的故事。这样才能充分发挥讲故事教育方法对小学生品德培养实际价值。因此，当明确讲故事是适合小学生品德培养的方法时，如何运用讲故事的方法，如何精心地编排和讲述具有教育意义的故事就成为更重要的问题。这里问题的关键不在于要不要讲故事，而在于如何运用讲故事的方法来培养学生的品德。

游戏活动的方法。小学阶段除了运用讲故事的方法对学生进行品德培养外，游戏活动的方法也是学生品德培养重要的、基本的方法。如果讲故事的方法是在利用小学生具体形象性认知的特点，那么游戏活动的方法则是对这种认知特点更为直接的正面运用。游戏活动的方法充分利用了小学生的具体形象的思维，通过引导学生参与到游戏活动之中，使学生在游戏中扮演一定的角色，在调动和开掘这个阶段个体玩乐天性的同时，使学生能够在游戏活动和角色扮演过程中获得一种认知的提高和情感的陶冶，进而通过游戏扮演的方式培养他们的同理心和简单品德。游戏活动的方法是与小学生生活实际紧密联系的一种教育方法，也是小学生品德培养的生活化和活动化的客观要求。通过游戏活动的方法能够将一些品德教育融入角色扮演和实际活动中，符合小学生的认知特点和成长发展需要。当然，游戏活动的方法作为小学生品德培养的一种方法，其关键点也是如何利用和运用这种方法的问题。在运用游戏活动的方法对个体进行品德培养的过程中必须进行精心设计和有效引导，特别是要注重与幼儿园阶段游戏活动方法的区分性，游戏的设计不能太低级，也不能太难。太低级或太难都起不到游戏活动对小学生品德培养的教育效果。把游戏活动的方法作为小学阶段的主要方法，要特别注重将品德培养的要求融入游戏活动之中，通过设计高质量的游戏活动来完成相应的品德教育任务。

行为示范的方法。行为示范也是小学生品德培养的主要方法。小学生认知理解能力的限制以及具体形象的认知能力的特点，决定了在培养小学生品德的过程中可以充分利用行为示范的方法。行为示范的方法是在品德培养过程中通过对良好品德行为的直接呈现和示范形式来培养个体良好品德的教育方法，是让小学生在看到良好的行为是什么样的、知道如何做的基础上，按照这样的行为示范进行锻炼的一种品德培养方法。小学生对事物的理解认知能力有限，在培养良好品德行为时，给他们讲述深刻的道理往往听不懂或记不住，他们喜欢以具体形象的方式认识接触到的事物，所以这种认知特点也可以给行为示范的方法提供很大的使用空间，能够对小学生品德培养带来非常积极的效果。行为示范的方法之所以是小学生品德培养的主要方法，深层次看，还是由这个阶段个体对周围成人的依从关系决定的，他们对成人的行为具有极强的模仿能力，并经常以成人的权威为他们自身行为选择取向的标准，从这种意义上，选择或使用行为示范的教育方法，就能够充分利用个体在小学阶段对成人的依附性，通过老师的良好品德行为的示范来直接向学生展示如何做，促进学生良好品德行为的养成。在使用行为示范的教育方法时也必须进行精心的设计，必须结合小学生的实际，必须采用直观形象的方式来对小学生进行良好品德行为的示范，不能提出超出小学生接受和模仿能力的行为要求，要以小学生经过努力观察和认真学习后，能够有效地践行作为主要参考点。

习惯养成的方法。如果行为示范是为了使个体能够模仿良好品德行为，那么习惯养成则是通过行为的反复训练转化为个体品德习惯。习惯养成的方法是小学生品德培养不可或缺的方法，主要是由个体在小学阶段的成长发展决定的，也是由习惯养成方法对这个阶段个体的品德教育的有效性决定的。

小学阶段是培养个体良好行为习惯的最佳时期，特别是纪律习惯的养成关键阶段。小学阶段的个体由于认知发展的限制，处于具体形象水平阶段，还不能够认识事物的深层内涵，因而还不能够接受深入的说理教育，只能进行带有具体形象特点的教育活动。采用习惯养成的教育方法无疑有利于培养个体良好的品德。更为重要的是，之所以说习惯养成是小学生品德培养不可或缺的方法，还在于小学阶段是个体走出家庭，进入学校，开始集体生活，开始初步接触社会的阶段，使他们在这个时候养成良好的行为习惯具有重要的作用。这个阶段注重良好行为习惯的养成，对于个体随后的成长发展将具有重要的奠基作用。心理学的研究也表明，小学阶段是个体纪律养成的黄金时期，三、四年级是个体能够比较突出地实现自身行为内外一致的阶段。用好习惯养成的方法必须进行科学设计，要针对个体在小学阶段不同的年级，有针对性地提出良好行为习惯的要求，并有针对性地进行反复训练，使良好的行为成为个体的行为习惯。特别是要做好常规训练，对常规训练的内容和方式进行规划，包括分阶段有步骤地进行学生守则训练、课堂常规训练、卫生常规训练、礼貌常规训练等。

二、以关系互动为主导的方法集合（初中阶段）

如果学生思想政治教育方法在小学阶段表现出具体形象的本质规定，而形成以具体形象为主导的讲故事的方法、游戏活动的方法、行为示范的方法、习惯养成的方法等小学生思想政治教育方法的集合，那么初中阶段学生思想政治教育方法的本质规定和方法集合又是什么呢？回答这个问题也应该回到初中学生成长发展的实际，根据学生成长发展的实际及社会对初中学生成长发展的期待和要求来探讨。与小学阶段个体成长发展不同，个体进入初中阶段之后有了全新的成长发展内容，在对周围事物认知能力提高的同时，最为突出的表现就是自我意识的觉醒，个体开始有了丰富的内心世界，特别是随着青春期的普遍到来，个体生理发育的突飞猛进，使个体有了强烈的成人感，个体越来越要求与成人同样的地位，开始追求探寻自我的同一性，追求自我的认同感，甚至在一定情况下还会对成人世界产生逆反心理。而国家和社会对这个阶段个体的普遍要求是要他们能够认同社会的规则规范并具有积极健康的心态和实现自我的积极认同。个体在初中阶段成长发展的特点和社会对初中阶段个体的要求，使初中阶段学生思想政治教育方法表现出从总体上不同于以往的本质规定。这种本质规定就是指整个初中阶段的学生思想政治教育方法，必须根据个体的成长发展，来实现觉醒的个体与外界关系的协调，促进个体实现自我的同一性，使觉醒的自我能够成为社会要求的自我。因而，这就决定了初中阶段学生思想政治教育方法的展开必须以实现与外界关系互动为本质规定，建构以关系互动为主导的思想政治教育方法集合。

心理咨询的方法。心理咨询的方法应该是初中阶段学生思想政治教育首要的和基本的方法。这是由个体成长发展的实际情况决定的，也是由心理咨询方法的本质特点和特殊优势决定的。随着生理发育和心理认知能力的提高，与小学阶段不同，个体进入初中阶段，自我意识迅速觉醒，更加关注自我形象和外在的归属感，这个时候容易诱发心理的困惑。同时他们由于自我意识和成人感的高涨，更加希望成人特别是父母、老师能够对他们更加信任，能够把他们看作成人一样给予理解和支持，因而这个时候，他们与成人特别是老师和父母的关系往往比较紧张，这也会诱发他们产生一些内心困惑。另外，青春期的迅猛到来，特别是身体的急剧变化，也会给他们带来一些生理发育的烦恼，特别是性生理的发育和性意识的觉醒，也容易使他们产生异性交往的困惑。当然，值得提及的是，初中阶段的个体由于学习任务的加重和难度的增加，以及父母、老师对他们的高期望，他们也容易产生一些学习生活的焦虑和压力。从总体上看，初中阶段个体面临的这些困惑很大程度上是个体成长发展的结果，特别是个体自我意识觉醒和心理认知能力提高的结果。这些内心的困惑和烦恼需要获得别人的理解，需要表达出来，需要得到别人的理解和同情。心理咨询的方法是一种相互平等交流的方法，这种方法的最大优势是能够实现交流双方的真诚互动并让咨询者充分认识自己和解除心中的困惑。因而，这种方法恰恰能适应个体进入初中阶段成长发展的需要，通过相互的平等交流，能让个体倾吐心中的烦恼，解除心中的困惑，特别是自我成长发展的人际困惑和青春期烦恼。当然，心理咨询的方法并不是初中阶段仅有的方法，在其他学段也有一定的使用范围，但就个体成长发展的总体情况看，初中阶段是个体自我意识觉醒的时期，也是个体与外界产生明显冲突和具有明显心理困惑的时期，因而心理咨询的方法在初中阶段应该处于主导地位，是一种能有效实现与学生进行沟通和交流的方法，必须充分地加以利用。

榜样人物的方法。如果心理咨询的方法是为了适应初中阶段个体自我意识觉醒和心理困惑的需要，以解除个体心中的困惑与烦恼，那么榜样人物的方法则是从适应个体成人感和自我同一性的需要，为个体提供外在的正向引领和指导。在初中阶段随着个体自我意识的觉醒，个体更加关注自我在集体和同伴中的印象，他们渴望获得集体和同伴的认同，期待获得归属感。因而，个体产生了强烈认同感的需要，他们渴望到外面的世界去确证自我的同一性，希望能够找到自己的归属感。面对个体日益强烈的成人感、归属感和认同感，为了能够对个体实现有效的教育引导，就应该充分发挥榜样人物的作用，通过榜样人物的示范引领来满足个体成长发展的需要，促进个体找到自我的认同和实现自我的同一性。其实，榜样教育的方法一直是学生思想政治教育的重要方法，一定意义上看，在学生成长发展的不同阶段，都可以使用榜样教育的方法来对个体成长发展进行引导。但是必须注意的是，尽管榜样教育的方法可以成为引导不同学段学生成长的方法，但是从榜样教育在不同学段的实质内涵来看，不同的学段对榜样教育的本质要求是不一样的。当个体进入初中阶段，这里的榜样教育就不同于小学阶段的要求。例如，小学阶段的榜样教育可以采取成人权威示范的方式来对个体进行榜样示范，而在初中阶段，就不能过度发挥成人权威的作用，成人的权威示范就要让位于能够具有吸引力的榜样人物的引领作用。这里的榜样不是以权威的形式出现而是以平等交流的形式出现。并且这里的榜样人物往往是喜闻乐见、具有亲和力并且能够得到大家普遍喜爱的人物。初中阶段的榜样教育之所以要采取榜样人物的方式，归根结底，主要是由于榜样人物的引领作用能够满足初中阶段个体自我意识觉醒的要求，也能够满足个体追求自我认同感的需要。从一定意义上看，尽管在不用学段榜样教育都是不可或缺的，但是从最需要的阶段看，初中阶段是最需要榜样的阶段，也是榜样教育能够得到最大程度运用的阶段。个体进入初中阶段后自我意识觉醒，寻求自我认同感和同一性需要日益增强，在这时候如果榜样教育能够以榜样人物的形式出现，就能够增强亲和力，能够使个体在接受、认同榜样人物影响的过程中，接受榜样人物的良好暗示，促进个体实现自我认同。这里榜样人物的教育方法，是通过发挥榜样人物的优秀品质和人格魅力，来使个体形成良好的思想品德和行为实践。从这种意义上，初中阶段也应该充分利用榜样人物的教育方法。

情感陶冶的方法。情感陶冶的方法应该是引导初中阶段个体健康成长的重要方法。初中阶段是个体成长发展变化最为迅速的阶段，随着个体自我意识的增强，他们的内心世界变得日益丰富，在内心世界丰富的过程中，他们的情感体验能力也有了非常迅速而明显的变化。进入初中阶段的个体，由于自我意识发展，他们对周围世界的体验变得比较敏感，特别在乎自己的感受和形象，渴望自己能够被周围的世界认同和接纳，希望能够在同龄群体中留下良好的印象，同时他们也羡慕那些被周围的人认同或敬仰的事物。当然，在这个过程中，他们的内心也是不平静的，由于对自我认知能力偏低，对自我期望偏高，也会产生一些莫名的烦恼。他们渴望与外界互动交流，同时在与外界互动交流过程中也形成了一些烦恼情绪需要排解。因而在这种情况下，做好初中阶段个体学生成长发展的引导工作，就应该充分正视个体情感世界发展的现实，通过各种情景的创设，增强个体对外界的情感感知能力和形成良好的情感体验，通过良好的情感陶冶来满足个体对完美事物的情感追求和充盈个体的情感世界。当然，初中阶段情感陶冶的方法主要是根据个体认知和情感的发展需要，多创设一些能够使初中阶段个体崇德向善的氛围，选取那些能够助人为乐、乐于助人、奉献社会的情景，这样才能使个体在融入体验对象的过程中被这些体验对象所感染，成为情感世界的组成部分，使个体形成高尚的道德情感和道德情操。之所以要充分利用情感陶冶的方法来培养个体良好的道德情操，除了与个体在初中阶段的发展状况和成长发展的需要有关，还与初中阶段这种教育方法的缺失有关。从现实看，我们一定程度上比较忽视初中阶段个体内心世界丰富的现实，还没有充分认识初中阶段个体对外界情感体验能力和认知能力的增强，也没有充分正视初中阶段个体在对周围世界感知过程中形成的一些情感体验的困惑。当然，必须承认，情感陶冶的方法并不只适用于初中阶段，其他的学段也可以充分利用情感陶冶的方法，但是从总体上看，情感陶冶的方法应该最大程度上在初中阶段获得应用，情感陶冶法应该是初中阶段的占主导地位的教育方法。

自我教育的方法。自我教育的方法也是能够在初中阶段获得充分利用和使用的方法。尽管自我教育的方法是一种比较经典的教育方法，几乎所有的学段都可以自我教育的方法来促进个体实现自我的成长发展，但就自我教育方法可以最大程度使用来看，则应该是从初中阶段开始的。初中阶段应该是自我教育方法开始获得广泛应用的阶段。在小学阶段，在引导个体成长发展的过程中，也会直接或间接使用自我教育的方法。例如，引导个体自己的事情自己做，要学会自己照顾好自己的饮食起居，能够认识到周围同学的长处并做到取长补短，等等。但总体上看，由于个体成长发展和认知能力的限制，在小学阶段，一定程度还是他律阶段，需要接受外在约束和指导，还不足以使个体对周围事物形成比较深刻的认知能力，以及按照这种认知去积极地改正和调节自己的成长发展。而当个体进入初中阶段，就与小学阶段有了很大的不同，他们的认知能力迅速增强，知识和经验积累迅速增加，特别是随着青春期的到来，个体自我意识迅速觉醒。这个时候的个体已经具有比较强烈的成人感，他们渴望自己能够被周围的世界接纳认同，希望能够给周围世界留下良好形象，同时为了能够做到这些，他们也往往能按照相关要求去安排日常生活和学习，因而他们就一定程度上具有了较强的自我约束和控制能力，能够开始按照自己的理想形象和目标来努力发展。在这种情况下，要促进初中阶段个体的成长发展，就应该充分利用自我教育的方法来调动个体成长发展的积极性，通过创设各种教育活动，使个体能够正确地认识自己和周围的世界，并能形成良好的成长发展目标，以实现个体积极主动的成长发展。可见，随着初中阶段个体自我意识的觉醒和自我行为调节能力的增强，为了引导个体成才发展，初中阶段应该把自我教育的方法作为主要方法。

知识讲授的方法。知识讲授的方法也是初中阶段重要的教育方法，随着个体认识能力的提高和对知识经验吸纳能力的增强，对于初中阶段的个体进行教育，也应该充分利用知识讲授的方法。需要注意的是，这里的知识讲授从总体上看，还不能进行大量的理论或原理的讲授，而应该更多地聚焦于一般的常识性道理的讲授，应该照顾到个体认识能力发展的实际，不能采取从概念到概念的逻辑推演，更多的是应该结合初中阶段个体的生活实际，讲授一些关于个体生理、心理、人际交往和社会发展的简单道理，增强个体对自我的了解和认识，增强个体对生活规则、交往礼仪、道德规范和社会发展常识的了解。一定程度上，对初中阶段个体进行教育主要是通过实际的生活案例和实例加强个体对自我的了解，使个体形成健康阳光的心态、积极的生活态度，掌握得体的交往礼仪、良好的道德规范以及一般的社会发展常识。而要想做到这些，一定程度上，只有通过专门的知识讲授的方法才能实现，但不能过度依赖这个方法。在现实中，一定程度上看，不是知识讲授方法没有运用，而是没有适度运用的问题，过度地依赖知识讲授的方法来对初中学生进行教育。可见，为了更好地促进个体成长发展，在适度运用好知识讲授方法的同时，还必须充分认识到当个体进入初中阶段，要更多地加强各种方法的互动，将知识讲授的方法与心理咨询的方法、榜样示范的方法、情感陶冶的方法和自我教育的方法有机结合起来。

三、以领域建构为主导的方法集合（高中阶段）

由于个体在高中阶段有了全新的成长发展内容和社会对高中阶段个体成长发展要求的提高，学生思想政治教育方法在高中阶段有着与小学阶段和初中阶段不同的本质内涵。如果个体认识发展特点和对外界作用方式的特点，决定了学生思想政治教育方法在小学阶段的表现是以具体形象为主导和在初中阶段的表现是以关系互动为主导，那么随着个体成长发展进入高中阶段，学生思想政治教育方法又有哪些新的本质规定呢？个体进入高中阶段以后，由于自身经历了青春期的发育，已经在生理、心理和认识能力乃至知识经验的积累上进入了一个全新的层次。这个全新的层次就是这个阶段的个体已经彻底摆脱了小学阶段对具体形象类事物的过度依赖，同时也已经相对摆脱了自我与周围世界特别是成人世界的关系互动式（也体现为关系排斥式）的发展阶段，进入了一个理论思维、辩证思维充分发展的阶段。这个阶段的个体对周围事物的认识已经不仅仅局限于事物的表面现象和简单结论，而是在理论思维和辩证思维的作用下能够进入对周围事物认知的深层领域，他们越来越要求能够形成相对系统的知识，同时他们对待周围事物及行为方式的选择上越来越具有辩证综合的特点，能够考虑多种因素并作出自己的行为选择，而不仅仅像小学阶段的权威定向或初中阶段的两极对立中作出自己的行为选择。由于高中阶段个体成长发展的这些新特点，社会对高中阶段的个体也提出了更高的要求，越来越要求他们能够更深入地掌握人生发展的道理和社会发展的规律，越来越要求他们能够相对系统地掌握人生、经济、政治、文化、社会和生态等领域的知识以及国家和社会在这些方面的基本观点。因而，为了适应和满足高中阶段个体成长发展的需要和更好地传授社会要求，思想政治教育在高中阶段要形成以领域建构为主导的教育方法集合。所谓的以领域建构为主导，主要就是指学生思想政治教育方法的使用和创设要能够使个体比较深入系统地掌握关于人生、经济、政治、文化、社会和生态等领域的知识以及国家和社会在这些方面要求的观点，同时，使个体能够在这些方面形成相对系统的认知和比较系统的观点，初步形成国家和社会要求的相对系统的世界观、人生观和价值观。领域建构大致有两重意蕴，一是个体进入高中阶段对事物的认知有了较强的理论思维和辩证思维，需要对诸领域形成相对系统的思想观点。二是社会也要求高中阶段的个体能够对人生、经济、政治、文化、社会和生态等诸领域形成相关系统的知识和思想观点。因此，我们认为，高中阶段学生思想政治教育应形成以领域建构为主导的教育方法集合。

观点讲授的方法。观点讲授的方法是高中阶段首要的、基本的教育方法。虽然从宽泛的意义上看，很多方法都是为了传达一定的观点，都是为了让个体形成一定的观点，观点教育应该是学生思想政治教育最为本质的形式，但就具体的意义上看，观点讲授的方法主要是对观点进行讲授，讲授一些基本的关于人生发展的道理和社会发展的规律。从这种意义上看，虽然所有学段的思想政治教育都是传达一定的看法或观点，但并不是所有学段的思想政治教育都适合使用观点讲授的方法。至少在小学和初中阶段不能大范围地使用观点讲授的方法，因为在小学和初中阶段个体还无法理解抽象的思想观点，还无法形成相对成熟的理论思维和辩证思维，所以尽管在小学和初中阶段也要向他们传达一定的观点，但这些观点往往都是采用一些生活的实例或故事乃至人际互动的方式来实现的。当个体从初中阶段进入高中阶段之后，随着认知能力的发展和知识经验的积累，他们对周围事物的认识更加深刻系统并具有能够接受相对系统的观点传授的能力，同时，他们具有了初步形成一定世界观、人生观和价值观的能力与需要。在这种情况下，进一步引导个体成长发展，就应该对高中阶段的个体传授相对系统的观点。这些观点包括关于人生、关于经济、关于政治、关于文化、关于社会、关于生态等的观点，这些观点包括这些领域的基本知识，同时主要涉及国家和社会在这些方面的观点要求，更涉及这些观点背后初步的哲学立场、观点和方法。观点讲授的方法并不仅仅在高中阶段获得广泛应用，其实随着个体的成长发展和知识经验的积累，在大学阶段观点讲授的方法也能够获得广泛运用，并且进入大学阶段后观点讲授的方法也远比高中阶段运用的抽象度和理论性更高，但是从这种方法能够开始比较广泛地运用、能够基本适应个体的成长发展需要、能够引导个体成长发展和传达社会的要求看，观点讲授的方法无疑是在高中阶段就应该充分地运用的方法。

比较鉴别法。比较鉴别的方法也是高中阶段应该充分运用的方法。如果观点讲授的方法是直接将国家和社会对个体人生和社会不同领域的观点要求进行讲授，那么比较鉴别的方法则是从侧面对关于人生和社会不同领域出现的不同观点进行比较鉴别，进而使个体接受认同国家和社会要求的观点。由于人生和社会现实的复杂性以及人们的立场不同，往往会在人生和社会诸领域形成不同的观点和看法，这是一种客观现实。当个体成长发展到一定阶段，随着其认知能力和知识经验的积累，这些客观的现实将会引起个体的关注和注意，并影响到个体对人生或社会发展的立场和观点的选择。个体在小学和初中阶段虽然也面临着现实中一些观点和看法的影响或冲击，但从总体上看，由于他们认知能力和知识经验积累的限制，他们还无法深入接触和认知现实中关于人生或社会不同领域的各种复杂观点，即便能够接触或了解到一些关于人生或社会不同领域的不同看法，也往往不会引起他们太大的兴趣，因为小学或初中阶段的个体往往不会将关注点放到这方面。例如，对于小学阶段的个体，他们更关注成人的权威；对于初中阶段的个体，他们更关注自我的形象。当个体进入高中阶段以后，由于知识经验的积累，特别是认知能力进入了理论思维和辩证思维阶段，他们能够从更深层次上思考和接触到关于人生或社会不同领域的观点，因而在这个时候，个体才对现实中各种不同的观点感兴趣，才会去深入接触和选择自己感兴趣的观点。由于现实的复杂性和个体认知的局限性，个体感兴趣和选择的观点往往不一定都符合党和国家对个体人生或社会不同领域的观点要求，因而在这种情况下，为了使个体能够接受认同国家和社会要求的基本观点，就应该采取比较鉴别的方法对各种关于人生或社会不同领域的观点进行比较鉴别，使他们能够认识到一些非主流观点的不足或错误，进而形成符合国家和社会要求的人生发展和社会生活诸领域的一些基本观点。当然，正如其他方法一样，比较鉴别的方法从宽泛的意义上，也可以存在于其他不同的学段，但就直接对各种观点的比较鉴别的意义上看，则是从高中阶段开始广泛地使用，并且在这个阶段开始使用才能够获得最大的效果，因为高中阶段正处于对世界观、人生观和价值观的初步形成时期。其他学段，特别是小学或初中阶段也可能使用比较鉴别的方法，但是这里的比较鉴别一定程度上不是观点的比较鉴别，而更多是案例、实例或简单的事件的比较，使个体认识到一些文明礼貌或做人做事的道理。

讨论分析的方法。一定意义上看，观点讲授的方法和观点鉴别的方法，都属于最后要直接告诉个体什么观点是正确的，都一定程度上属于观点灌输的方法，但由于高中阶段个体成长发展，特别是他们认知能力的增强和知识经验的积累，还应该充分调动他们通过自身的思考得出国家和社会要求的思想观点的能力。讨论分析的方法就是这样一种能够满足高中阶段个体成长发展需要和能够使个体通过自己的思考得出正确的观点的方法。尽管在小学阶段和初中阶段也可以一定程度上使用讨论分析的方法，让个体参与到讨论的过程之中，但总体上看，个体在小学或初中阶段还不能深入参与到讨论分析的过程中。一方面是他们的认知能力有限，还不能够非常深入地揭示事物的深层本质，还不能够形成相对系统的观点；另一方面他们对现实的接触面也是有限的，很难结合关于人生和社会的发展现实进行非常深入的比较而得出一定的结论。个体进入高中阶段以后，他们的认识能力越来越深刻，同时对现实的接触面也越来越广，掌握的信息和材料也越来越多，能够比较系统地形成和阐述自己的观点。因而在这种情况下，通过情景的创设或问题的激发，采用讨论分析的方法对现实中个体遇到或需要掌握的关于人生和社会诸领域的观点进行讨论，就能够充分调动高中阶段个体的积极性，就能够促进个体的思考和形成自己的观点。虽然从宽泛上看，讨论分析方法可以在其他学段，其至在小学或初中阶段使用，但是仅仅就围绕各种观点进行深入讨论或围绕各种观点进行深入分析看，这个阶段只能开始于高中阶段。高中阶段应该充分利用讨论分析的方法，通过讨论的方式以充分调动个体的理论思维和辩证思维能力，使个体通过自己的深入思考和观点表达，再加以教师有针对性的引导，初步形成国家和社会所要求的关于人生和社会生活诸领域的基本观点。

社会体验的方法。当个体进入高中阶段后，由于认知能力的提高和知识经验的积累，对他们进行思想政治教育不仅要采用观点讲授、讨论分析、比较鉴别等方法，同时还应该以社会现实生活为课堂，引导高中阶段个体到社会现实中去增强对社会的认知和体验，通过对社会现实生活领域的参与和认知，形成国家和社会要求的关于社会现实生活诸领域的观点。这种社会体验的方法，对于高中阶段的个体来说，既是必要的，也是重要的。从最直接的层面看，之所以要对高中阶段个体运用社会体验的方法进行教育，是因为这种教育方法是对观点讲授、讨论分析和比较鉴别的方法的直接补充。对高中阶段个体进行教育只有联系社会实际，联系个体对社会的体验和认知，才能有针对性地进行观点的讲授、讨论和鉴别。通过社会体验的方法，让个体到现实社会中有计划、有组织、有目的地对社会生活诸领域进行认知和体验，能够为个体形成相关的理论观点提供感性经验，有利于加深对国家和社会要求的相关观点的理解，有利于形成国家和社会要求的关于人生和社会生活诸领域的思想观点。从深层看，社会体验的方法之所以是高中阶段主要的教育方法，主要是与个体进入高中阶段对社会认知和参与能力的提高有根本关联。个体进入高中阶段之后，随着认知能力的提高和知识经验的积累，他们对社会现实生活接触和理解的能力比初中阶段和小学阶段有了很大的提高。尽管引导个体认识社会、参与社会生活，几乎是所有学段的思想政治教育都采用的方法，初中和小学阶段个体虽然认识社会和参与社会生活的能力有限，为了培养个体良好的思想品德也可以适当开展一些社会活动，但是从总体上看，在个体进入高中阶段之前，还不适宜开展大范围的社会活动，即便开展了一些社会活动，由于个体认知能力和知识经验的限制也很难形成比较深刻的体验，以及在深刻体验的基础上形成国家和社会要求的观点。因为在初中阶段和小学阶段，个体对现实生活的理解和接触还是比较有限的，还无法对社会现实生活诸领域形成相对系统的观点。个体在小学阶段，一定程度上看，还没有走向社会，社会对于他们来说只是父母、老师和同伴；个体在初中阶段，虽然个体的活动能力和交往范围有所扩大，但一定程度上看，还无法比较深入地参与到社会生活之中，由于此时他们的注意力更多地转向了关注自我，关注自我与他人的关系，社会现实生活的很多领域依然没有引起他们的注意，没有进入他们的思考和认识范围。当个体进入高中阶段之后就不同于以往了，认识范围和活动范围有了空前的扩大，对社会信息的接受能力越来越强，对社会现实生活日益感兴趣，不再仅仅局限于自己的生活圈子，而是对各种社会现象包括各种国家大事和国际时事有了更多的关注，同时也能对社会现实生活和各种社会现象形成比较深入的看法和评判。因此，为了满足和适应高中阶段个体对社会认知能力和参与能力的增强，同时也为了能够完成高中阶段关于人生和社会的一些基本观点教育，有必要采取社会体验的方法来引导个体深入现实社会并通过对社会现实的观察、感知来引导个体加深对现实人生和社会诸领域的认识，以及得出正确的结论。

四、以实践创造为主导的方法集合（大学阶段）

与小学阶段的具体形象为主导的教育方法、初中阶段的关系互动为主导的教育方法、高中阶段的领域建构为主导的教育方法相比，个体进入大学阶段以后，有了新的成长发展特点和社会对他们的新要求，因而在这种情况下，必须深入把握学生思想政治教育方法在大学阶段的本质内涵。大学阶段是个体的成年阶段，是身心发展成熟完善的阶段。按照法定年龄，也是个体能够走向社会独立承担各种社会责任和义务的阶段。大学阶段也是个体专业学习的阶段，是个体参与国家和社会建设的准备阶段。同时，国家和社会也对大学生成长发展有了新要求，要求他们经过大学阶段的学习直接进入社会之后能够有理想、有本领、有担当，能自觉投入党和国家事业的伟大实践中，并能在社会各行各业之中为党和国家的事业作出贡献，成为党和国家事业的合格建设者和可靠接班人。因而，无论是个体成长发展的需求，还是社会对个体成长发展的要求，都决定了大学不是要培养书斋式的学究，而是要以社会现实为导向培养能够"用得上""有才干"的社会各行各业的建设者，使个体在经历大学阶段的学习教育之后能够成为国家和社会的栋梁之材。大学阶段的学生思想政治教育在这个过程中扮演着帮助个体掌握人类社会历史发展规律、认识自我人生、了解社会规则规范的角色功能，同时也肩负着引导大学生在掌握了专业知识之后走向社会之时能自觉投身到党和国家的事业之中，为党和国家的事业发展贡献力量等有关个体人生方向和政治方向的引领引导的使命职责。在当今时代，青年兴则国家兴、青年强则国家强。特别是中国特色社会主义事业进入新时代，实现中华民族伟大复兴中国梦，更需要数以万亿的个体在经历大学教育或在大学教育过程中能够自觉投身到这个新时代党和国家的伟大事业之中，并在这个伟大的事业之中奋发有为和以改革创新的精神在不同的行业与领域为党和国家的事业发展创造出新的贡献，不断地把党和国家的事业推向前进。可见，与基础教育阶段的学生思想政治教育相比，大学阶段的学生思想政治教育应该与社会现实、与党和国家事业的关系更为紧密，这个阶段是个体经历专业学习走向社会现实之前的直接准备阶段。因而，这也决定了整个大学阶段的学生思想政治教育方法的本质规定，整个大学阶段的学生思想政治教育方法应该以实践创造为导向来进行建构。所谓的以实践创造为导向，主要是指所有大学阶段学生思想政治教育方法的应用都要直接服务于引领大学生投身现实的国家事业的伟大实践并以能够为国家事业的伟大实践创造出新贡献为导向。对此，我们将遵循大学阶段学生思想政治教育方法的这种本质规定，具体建构以实践创造为主导的教育方法集合。

理论讲授的方法。理论讲授的方法应该是大学阶段的主要教育方法，因为进入大学阶段的个体，他们的认知能力和知识经验的积累已经达到了很高的程度，完全能够接受和理解一些抽象的理论概念，同时从大学阶段个体的接受特点看，他们自身对事物的认知也不仅仅追求于表面的理解，而是力求对事物的本质和规律进行深层次的系统理解。理论讲授的方法之所以是大学阶段的主要教育方法，也与大学阶段教育特点有关，个体在大学阶段接受的教育是一种高度系统化的专业理论学习，因而作为伴随于高度系统化的专业理论学习过程中的思想政治教育也应该与大学阶段教育的这种特点相适应，选取理论讲授的方法。当然，在个体认知能力和知识经验已经达到了很高程度的情况下，之所以要采用理论讲授的方法，还在于理论讲授具有相对的系统性、抽象性和完备性，能够最大程度掌握关于人生发展的道理和社会发展的规律，当个体掌握了理论也就能从更高层次去看问题、分析问题。同时，理论讲授的方法之所以是大学阶段的主要方法，还在于理论对于实践的指导作用，实践需要理论的指导，没有革命的理论就没有革命的行动，为了让个体更好地地认识社会现实的诸多现象和经历大学阶段之后更好地投身到党和国家所要求的伟大实践中，也需要在大学阶段通过对人生发展道理和社会历史发展规律以及党的基本理论、基本路线、基本方略和重大路线、方针、政策的讲授，能够使大学阶段的个体更好地认识人生和社会中的诸多复杂现象，树立坚定正确的政治方向。只有理论上的清醒，才能达到实践上的坚定。因而从这种意义上看，对大学阶段的个体进行思想政治教育也应该采取理论讲授的方法。一定程度上看，大学阶段是真正进行思想政治理论学习的阶段，尽管在基础教育，特别是在高中阶段和初中阶段也会涉及一些基本概念和理论知识，但从总体上，高中阶段和初中阶段的一些概念和理论知识往往还具有常识性，还不是一种抽象程度很高的理论学习。从笼统的意义上看，理论讲授的方法可能有更广的学段应用空间，但必须清楚的是，这种应用空间在大学阶段以外，还是非常狭小的。我们不能把高中阶段的观点讲授的方法和初中阶段知识讲授的方法看作理论讲授的方法，因为高中阶段个体的成长发展决定了还不能接受纯粹抽象的理论学习，但是他们思维的理论性和辩证性的增强以及他们本身初步形成自己世界观、人生观和价值观的内在诉求，决定了可以接受关于人生和社会发展诸领域的一些基本观点的学习；而在初中阶段个体由于认知能力和知识经验的不足，还不能进行相对抽象的理论学习和观点讲授，只能接受一些关于做人做事的常识和知识教育。需要指出的是，大学阶段运用理论讲授的方法必须从两个方面努力，一个是必须把理论讲授得系统深入和彻底；另一个是必须把理论讲授与引导个体投身国家事业伟大实践并进行实践创造结合起来。

疏导结合的方法。大学阶段除了直接的理论讲授，还应该充分联系大学阶段个体的实际，从大学阶段个体的思想实际出发来对大学生进行成长发展的引导和指导。在这方面，疏导结合的方法是非常重要的方法。进入大学阶段的个体，与基础教育阶段的个体相比，他们由于认知能力的提高、知识经验的积累和各种社会信息接收能力的提高，在这个过程中会针对关于人生和社会的诸多现象形成自己的主观看法并在这些看法的指导下进行各种行为实践活动。由于个体认知能力的局限性和社会现实的复杂性，因而个体在形成自己看法和主张的过程中往往不一定能够形成国家和社会要求的各种思想观点。这样就产生了如何对待个体已经形成的各种思想观点的问题。对于这样一个问题，不应该采取简单的打压方式，让大学阶段的个体放弃通过自己生活经验已经形成的各种思想观点。这里要做的是首先认识到个体在大学阶段已经形成的各种思想观点的必然性和合理性，然后在这种客观承认的基础上，通过与个体平等交流的方式，创造适当时机和场合，让个体能够充分地表达自己的各种思想观点。只有让大学阶段的个体充分地表达自己的思想观点，教育者才能了解个体的思想观点，才能在这种思想疏通的基础上，针对个体已经形成的思想观点进行分析，并在这个过程中对一些不符合国家和社会要求的思想观点进行引导，通过摆事实、讲道理等多种方式进一步引导个体形成国家和社会要求的各种思想观点，进而达到对个体进行教育的目的。特别是面对现实环境的复杂情况、各种社会思潮充分涌动，甚至境内外敌对势力采取各种方式对高校进行渗透的情况下，更应该充分利用疏导结合的方法，通过疏通大学生已经形成的各种思想观点的方式来对个体的成长发展进行引导。一定意义上看，虽然在基础教育阶段，甚至基础教育的初中阶段就可以采取平等交流的方式让个体倾吐心扉，但总体上看，这还不是针对个体已经形成的各种根深蒂固的思想观点进行疏导；尽管这些阶段平等交流倾吐心扉的方式是必要的也是重要的，但最多只能采取心理疏导或心理咨询的方式。

反思反省的方法。个体进入大学阶段以后，已经与未成年的基础教育阶段有了很大的不同，他们对自我人生和社会生活的把控能力日益增强，完全能够以自己的思想观点来调节自己的人生发展和社会实践。从这种意义上看，当个体进入大学阶段，已经不像高中阶段、初中阶段特别是小学阶段那样还需要成人的帮助来决定自己的行为选择。在这种情况下，对大学阶段的个体进行思想政治教育，就需要充分利用这种自我控制和调节能力来引导个体按照国家和社会要求的方向成长发展。由于个体在进入大学阶段前的成长发展过程中已经初步形成了一定的世界观、人生观和价值观，更由于个体已经初步形成的世界观、人生观和价值观不一定就是党和国家所要求的，因而，对大学阶段的个体进行教育引导，为了充分利用个体的自我控制和调节能力，就应该创设各种条件和时机来引导个体通过自我认知和反思的方式促进个体对已经初步形成的世界观、人生观和价值观以及其他各种根深蒂固的思想观点进行认识，使个体通过反思反省认识到自己已经形成的各种思想观点的不足之处，最终向国家和社会要求的思想观点靠拢，积极践行国家和社会要求的各种思想观点。一定意义上看，通过反思反省的方法对个体进行教育引导，实际上就是促进个体思想矛盾的运动，通过创设各种条件使个体认识到自我认知的局限性，进而提高个体的思想向党和国家要求的方向转化的能力。反思反省的方法之所以是大学阶段重要的教育方法，也在于这种方法对个体在大学阶段和毕业后走向社会与参加社会实践乃至随后的人生修养及政治觉悟等都具有重要意义。如果在大学阶段充分利用这种教育方法对个体成长发展进行教育引导，那么大学阶段个体的自我反思反省能力就会得到锻炼，这种能力一旦得到锻炼，那么个体自身整个成长发展将是受益无穷的。因为反思反省的教育方法作为一种自我教育的方法，一旦被个体掌握并养成习惯，那么就会自动养成见贤思齐、见不贤则内省、严格要求自己和慎独等良好的个体品德修养习惯，使个体今后走向社会和参加社会实践之时也能够为个体思想进步和品德修养的提高提供帮助。当然，正如其他的教育方法一样，反省反思的方法，从宽泛的意义上看，也不一定只有到了大学阶段才能够使用，有时在基础教育阶段，特别是在高中阶段也有必要培养个体的自我反思能力，但就总体上看，由于个体在基础教育阶段认知能力的限制和自我反思调节能力的不足，因而这种方法还不能够得到广泛应用。从大范围应用的角度看，反思反省的方法应用的前提是个体已经能够系统地形成自己的各种思想观点，能够对各种思想观点进行比较鉴别，并能够得出系统深入的结论用以指导自己的人生发展和社会实践。从这种意义上看，反思反省的方法的广泛应用也只能在大学阶段。最后要说明的是，大学阶段运用反思反省的方法，必须要注意各种条件和时机的创设，必须能够让个体充分认知到自身各种思想的不足，同时更为重要的是要做好让个体通过自己的反思反省来最后形成党和国家要求的思想观点的各种工作。

社会实践锻炼的方法。社会实践锻炼的方法也是对大学阶段个体进行思想政治教育的重要方法，甚至可以说是一种更为重要的方法。大学阶段是为社会直接培养人才，是个体进入社会前的准备阶段。从这种意义上看，对大学阶段的个体进行思想政治教育也应该引导个体直接到社会实践之中去锻炼，通过社会实践锻炼来培养个体对人生和社会的认知能力，使自己的各种思想认识和思想觉悟得以提高，特别是使坚持正确人生取向和政治方向的能力获得锻炼。只有运用这种实践锻炼的教育方法，才能使个体大学毕业后在真正走向社会和参加社会实践中坚定正确人生取向和政治方向，才能在社会的各行各业成为党和国家事业伟大实践需要的人才，为国家的伟大事业发展作出新的贡献。社会实践锻炼的方法之所以是大学阶段的主要方法，还在于进入大学阶段的个体，随着认知能力的发展完善和知识经验积累的空前提高，他们的社会认知能力、参与能力和获取社会信息的能力，尤其是接受社会信息影响的能力有了空前的提高。在这种情况下，为了使大学阶段的个体形成党和国家要求的思想观点，就应该通过开展各种有目的、有计划、有组织的社会实践活动，增强个体对社会现实的认知能力和感受能力，充分认识到党领导人民取得辉煌成就和我国社会各领域取得重大进展，同时也能够增强个体投身党和国家事业伟大实践的信心，增强对党和国家开创的伟大事业的认同。进入大学阶段的个体在形成党和国家要求的思想观点方面受到多种因素的影响，尤其容易受到各种不良社会思潮的影响，在这种情况下，为了能够防范不良的社会思潮的思想腐蚀，也需要引导个体走向社会实践，让个体在国家事业的伟大实践中感受到党和国家指导思想的正确性，认识到党和国家制定的各项路线、方针、政策的科学性。当然，引导个体去了解社会、关注社会和参与社会活动并不仅仅只能在大学阶段开展，在基础教育阶段也能够开展一些了解社会、关注社会和参与社会的活动以引导个体增强对社会现实的感知体验，但是从总体上看，在基础教育阶段由于个体认知能力和活动能力的限制，还无法组织更为深入的社会活动，特别是直接到社会现实进行实践锻炼的活动。大学阶段专业的学习，个体认知能力和知识经验的积累，以及引导个体投身党和国家事业的伟大实践并在实践中建功立业的需要，决定了在大学阶段要充分利用社会实践锻炼的方法来对个体的成长发展进行教育引导。大学阶段的社会实践锻炼方法除了顶岗实习、定岗见习，还可以有其他的形式，诸如支教、支农和各种公益活动、志愿者活动等，都可以引导大学阶段的个体通过社会实践锻炼的方式，增强对党和国家领导的现实社会的了解与认知，增强对党和国家的指导思想及路线、方针、政策的了解，增强实际运用党和国家的指导思想和路线、方针、政策解决实际问题的本领及能力，最终通过社会实践锻炼形成符合党和国家要求的坚定执着的人生取向和政治方向。从这种意义上看，社会实践锻炼的方法，是离大学阶段学生思想政治教育目的实现最为接近的一种教育方法，也是大学阶段学生思想政治教育方法本质内涵的集中体现。

第七章

学生思想政治教育效果评估的整体建构

　　学生思想政治教育效果是学生思想政治教育实践要素的重要构成，也是必然构成。学生思想政治教育实践要素相互作用，必然会产生一定的学生思想政治教育实践效果。不同学段的学生思想政治教育实践活动，由于学生思想政治教育实践要素的差异，因而会产生不同的学生思想政治教育效果。在贯通国民教育诸学段的意义上推进学生思想政治教育实践要素的整体建构，必须对贯通国民教育诸学段的学生思想政治教育实践效果评估进行整体研究，形成贯通国民教育诸学段的学生思想政治教育效果评估标准体系。学生思想政治教育效果评估的整体研究，对充分把握不同学段学生思想政治教育实践要素相互作用的效果，对推进学生思想政治教育实践的科学化和标准化具有重要的意义。推进学生思想政治教育效果评估，要充分把握学界关于学生思想政治教育效果评估的研究现状，充分把握学生思想政治教育效果评估的客观依据，才能实现对大中小学生思想政治教育效果评估的整体建构。

第一节　学生思想政治教育效果评估的研究现状

　　就目前看，尽管在现实中人们认识到了学生思想政治教育效果评估的重要性，但目前尚没有找到从贯通国民教育诸学段上专门研究学生思想政治教育效果评估的学术著作。一般来说，关于学生思想政治教育基本理论研究的著作都会涉及学生思想政治教育对象、目标、内容和方法等方面的研究，但是就目前所能搜集的关于学生思想政治教育基本理论研究的著作或教材，例如，曾德聪主编的《学校思想政治教育学概论》（1983）、上海市高教局组编的《高等学校学生思想政治教育概论》（1984）、樊万清和赵才元主编的《高等学校学生思想政治教育学概论》（1989）、黄书孟主编的《学生思想政治教育概论》（1991），乃至当前出版的一些学生思想政治教育基本理论研究的著作，虽然一定程度上对学生思想政治教育的基本问题进行了研究，但总体上看，目前这些研究几乎还没有探讨或涉及学生思想政治教育效果评估。其实，不仅在关于学生思想政治教育基本问题的著作中对学生思想政治教育效果评估关注比较少，而且在期刊论文中关于学生思想政治教育效果评估的研究也不够充分。例如，在中国知网中对学生思想政治教育效果评估研究进行相关检索（截至 2018 年 10 月 18 日），共搜集到 89 篇相关论文。总体上看，这些论文尽管都涉及学生思想政治教育效果评估，但是一定程度上都不是从贯通国民教育诸学段的意义上对学生思想政治教育实效评估的探讨。当然，值得提及的是，我们在搜索相关研究文献中发现，虽然有些研究成果并没有以学生思想政治教育实效评估的称谓进行探讨，但实际上一定程度上涉及学生思想政治教育实效评估，即以德育实效评估的形式对学生思想政治实效评估进行了探讨。这些研究成果尽管使用了教育学的德育概念，但一定程度对进一步深化学生思想政治教育效果评估具有参考借鉴价值。在以上总体交代的基础上，我们将对学界关于学生思想政治教育效果评估的研究现状做如下梳理。

一、基于教育目标的学生思想政治教育效果评估模式

　　基于教育目标建构学生思想政治教育评估指标体系是学界评估学生思想

政治教育效果的主要方式。这是目前很多研究者在学生思想政治教育效果评估方面所持有的观点，学者们认为学生思想政治教育效果评估应该是对学生思想政治教育实施状况进行全面系统的评估。这种评估指标体系最大的特点就在于此种评估指标体系的建构是基于教育目标的层层分解，用主观设定的教育目标评估学生思想政治教育实施的状况，甚至认为学生思想政治教育效果的评估就是用预期的教育目标去全面衡量学生思想政治教育实施的状况。例如，有研究者就认为："教育评价应按照指标体系分类，任何一种教育期望，都必须制定成特定的教育目标，并在评价中将目标转换成一个指标体系，教育评价实际上就是根据这个指标体系来衡量某一教育行为或对象达到的指标程度，现代德育评价要避免偏重某一方面的评定，尽量使德育目标全部实现，就必须扩大评价的范围，考核的德育的全部领域，无论是道德认识、政治态度、行为习惯、个性心理品质、适应状态，乃至教育环境等都要加以评定。"[1] 可见，这种学生思想政治教育效果评估指标体系的模式，实际上是主张教育目标在整个效果评估指标体系形成指导性地位。学生思想政治教育效果评估指标体系的建构就是以教育目标为根据，用教育目标尽可能全面地考察教育实践的要素和环节，并保证教育实践要素和环节符合教育目标的要求。

基于教育目标评估学生思想政治教育效果不仅与人们对学生思想政治教育评估的理解有关，还与人们对实效的通常理解相关。一般来说，效果即实际结果，学生思想政治教育效果无疑是教育实践取得的实际结果。只是对于这个实际效果，在现实中，人们常把它理解为教育目标的实现程度。例如，有人认为，学生思想政治教育实效如何是以教育目标的达成度为标准和尺度的，即学生思想政治教育的结果与教育目标的接近程度、超出程度以及在方向上是否一致等都要用预定的教育目标来衡量。[2] 学校思想政治教育实效是指教育的实际效果，即学校思想政治教育预期目标要达到的程度和学生对学校思想政治教育预期目标的接纳程度。[3] 还有学者认为，实效就是教育对象在环

---

[1] 李江，石红，黎卫. 构建高校德育评价的新体系[J]. 当代青年研究，2005（4）.
[2] 李春玉. 论德育目标与德育实效[J]. 通化师范学院学报（社会科学版），1998（4）.
[3] 王瑛. 中小学德育实效性的概念、判断及主要影响因素[J]. 教育科学研究，2002（2）.

境作用下，在教育行为控制中接受了最大德育信息并充分体现在行动中的一种状态。或者说，是教育在多大程度上影响了人，达到了多少教育目的。● 这些看法具有合理性，这是从教育实践活动的预期目标出发来理解学生思想政治教育的实际效果，学生思想政治教育的实际效果是教育目标的实现状况，这似乎成了目前理解教育实效的常理常规。一提到教育的实际效果，人们马上想到的就是教育目标的实现程度。其实，从目标实现角度理解学生思想政治教育实践取得的这个实际效果虽然具有可取之处，但是用预期的教育目标理解现实的教育实效会显得抽象宏观而不贴切。虽然可以把学生思想政治教育实践取得的实际效果理解为教育目标的达成度，但是教育目标是抽象宏观的，无法解释教育实践获得的具体细微效果，也无法揭示教育目标达成的本质内容。其实，学生思想政治教育实践取得的这个实际效果尽管受到多种教育因素的影响，但是从最主要的方面看，可以理解为教育内容被教育对象认同、接受和实践的现实状况。这种界定要比从目标角度理解学生思想政治教育实践取得的实际效果显得具体贴切。虽然教育目标的达成度可以体现实效，但目标的实现无疑需要教育内容被教育对象认同、接受，因而从内容接受角度理解实效更接近学生思想政治教育实际效果的真实状况。目标往往具有主观随意性，用主观设立的目标，去评估教育内容被认同、接受状况的客观现实，本身就值得商榷。在现实中，正是人们受到评估学生思想政治教育效果从预期教育目标出发的自觉与不自觉的影响，才导致了一般民众对实效评估的主观随意性。人们往往都是从自己主观假定的教育实践应当达到的目标或教育实践应该具有的教育目标出发，来评估现实中的学生思想政治教育实效状况，结果一般都认为目前学生思想政治教育实效低下或实效不理想。殊不知，他们的此种评价往往是基于自己预想的教育目标而得出的关于学生思想政治教育效果的非常主观的武断结论。

因此，目前学界从教育目标实现程度的角度来评估学生思想政治教育效果的评估模式有待商榷。虽然目前基于教育目标的学生思想政治教育效果评

● 黄群英，王笑军. 影响德育实效的三要素相互作用的分析 [J]. 西南科技大学（高教研究版），2002（1）.

估指标体系是人们评估学生思想政治教育及其效果的主要评价模式，但是一方面注重教育实践整体的系统性评估；另一方面是基于教育目标的评估，决定它不是专门评估学生思想政治教育效果的有效方式，导致目前通行的学生思想政治教育效果的指标往往具有主观任意性。正如有学者指出："如果采用一般的方法、标准去衡量教师的工作量，那么衡量到的只是授课时数，而他们的大量的不能用授课时数衡量的工作量就被忽略了。这不仅是对德育工作者的不公平，而且是对德育工作特殊性的忽略。因此，必须建立起科学的评价机制。"❶学生思想政治教育实效的本质规定及其内在的生成规律决定评价实效必须遵循实效本身的规律性要求，对实效进行专门化、科学化评价，而不是基于教育目标追求系统全面的评估指标体系。当然，我们不否认人们在现实中建构学生思想政治教育评估指标体系的价值，如果我们不是为了遵循实效的本质去单纯地评价实效本身，而是为了把握学生思想政治教育运行的状况，那么基于教育目标建构包括各个教育实践要素和环节的评估指标体系，就显得十分重要。但不可否认，从贯通国民教育诸学段对学生思想政治教育效果评估进行系统化建构，如果基于教育目标层层分解建构学生思想政治教育评估指标体系的评价模式，那么将无法实现对学生思想政治教育实效本身的有效评价。

二、基于品德素质的学生思想政治教育效果评估模式

通过梳理有关文献，我们发现，在学生思想政治教育效果评估方面，目前还有一种比较流行的评价模式，那就是对学生思想政治教育对象品德测评的评价模式。在现实中，人们把学生思想政治教育效果评估或测评的重心放在了学生思想政治教育对象的品德测评上，主张品德测评是学生思想政治教育评估的核心，认为学生思想政治教育的效果评估可以通过学生思想政治教育对象的品德测评实现。例如，有学者指出："学生思想品德的形成与发展是中小学德育的出发点和归宿。学生思想品德评价本身就是学校德育工作的一部分，学校德育成效的评价也是通过学生思想品德评价来实现的。"❷持此种

---

❶ 赵剑民. 试析德育价值与德育实效[J]. 教育探索，2001（7）.
❷ 王文源. 关于德育评价科学化问题的几点思考[J]. 教育科学研究，1994（2）.

观点的人往往把学生思想政治教育效果评估转换成品德测评进行理论研究和实践探索，在学生思想政治教育效果评估中注重品德素质的测评，尤其在评估学生思想政治教育效果时往往是通过评价学生的品德素质状况来实现的。于是，在学生思想政治教育领域，人们就形成了通过教育对象品德素质测评来评估学生思想政治教育效果的评价模式，学生思想政治教育效果评估也就转换成了通过建构品德素质测评体系的评价方式来进行评价。建构教育对象的品德素质测评体系不仅成了学生思想政治教育效果评估的重要手段，也成了评估学生思想政治教育效果的直接方式。

仔细分析当前学界主张的基于品德素质测评对学生思想政治教育效果的评估模式可以发现，由于品德素质测评体系的建构是基于人的品德素质结构，因而决定了它无法实现对学生思想政治教育效果的有效测评。建构品德素质测评来评估学生思想政治教育效果评价模式的基点是人的品德素质结构，它往往依据人的品德素质结构要素来确定测评指标体系。品德素质测评指标体系的建构是基于人的品德素质结构要素的层层分解。学者肖鸣政指出："品德测评是一种建立在对品德特征信息'测'与'量'基础上的分析与评判活动。在这种活动过程中，测评者通过'测'与'量'的活动，获得所要搜集的品德特征信息，然后对它们进行综合分析与评判解释。"[1] 他曾在关于思想品德测评目标分类的思考中把"思想品德的测评目标分为认知、情感、意志、行为与信念等五个领域"[2]。同时也有学者指出："设计一个科学实用有效的大学生德育素质评价体系，对于确保实效结果的客观性、公正性和准确性具有不可替代的关键性作用。"[3] 并提出从政治素质、思想素质、品德素质、身心素质、创新素质五个维度建构大学生品德素质评价体系。可见，基于人的品德素质结构是用品德素质测评来评估学生思想政治教育效果的根本依据，通过抽象概括人的品德素质结构要素建构品德素质测评指标体系。但是基于人的品德素质结构建构评估测评体系的评价模式并不是对学生思想政治教育效

❶ 肖鸣政. 品德测评的理论与方法［M］. 福州：福建教育出版社，1994：39.

❷ 肖鸣政. 关于思想品德测评目标分类的思考［J］. 赣南师范学院学报，1990（4）.

❸ 陈桂淑. 大学生德育评价体系创新探析［J］. 重庆工贸职业技术学院学报，2008（2）.

果的专门性评估。我们必须知道，虽然学生思想政治教育效果与教育对象的品德素质有着密切关联，但我们却不能说，学生思想政治教育对象品德素质的形成就是学生思想政治教育带来的实际效果。因为教育对象思想品德形成及其高低是一个非常复杂的过程，换句话说，教育对象思想品德形成并不都是学生思想政治教育带来的结果，教育对象思想品德形成是包括教育、社会和个体在内的多种因素综合作用的结果。学者杜时忠就指出，今天对学生思想品德影响最大的不是学校教育，而是社会风气（初中生和高中生都认为社会风气对自己的思想品德影响最大，学校教育第二位）❶。很明显，由于人的思想品德形成不仅仅受学生思想政治教育实践结果的影响，因而学生思想政治教育结果的测评不应该基于分解人的思想品德结构来建构测评指标体系。基于人的思想品德结构和特征建构品德素质测评体系的评价模式实际上无法实现对学生思想政治教育带来的实际效果本身的评价。

在思想政治教育学科领域，在充分认识到基于品德素质测评的学生思想政治教育效果评价模式无法实现对学生思想政治教育效果有效评估时，还有必要回应现实中一般民众习惯于从教育对象品德状况的角度评论学生思想政治教育实效的偏颇做法。从人的品德素质测评体系评估学生思想政治教育实效在现实中有一种比较通常的表现，那就是人们往往从教育对象品德问题角度来评论学生思想政治教育的实际效果，人们习惯于把教育对象表现出来的品德失范，归咎于学生思想政治教育的低效和无能。在此种逻辑下，学生思想政治教育实践活动便成了"替罪羊"，只要社会出现道德失范、诚信缺失或学生品德出现问题，人们习惯性地就以学生思想政治教育低效为祸首，于是总要把学生思想政治教育拉出来，把它重重地打上几板。更可怕的是，在此逻辑下，人们对学生思想政治教育实践变得不再宽容，甚至有人以教育对象品德问题的层出为由直接否认学生思想政治教育效果的功劳并指出学生思想政治教育应该为社会和个体的思想道德状况负总责。其实，此种基于教育对象品德状况或者社会领域出现道德问题的角度评论学生思想政治教育效果，并得出学生思想政治教育低效、无效或无能的结论是错误的。实质上，这是

---

❶ 杜时忠. 关于德育实效的调查研究［J］. 教育实践与研究，2007（2）.

目前流行的基于品德素质测评的学生思想政治教育效果评价模式在现实中自觉与不自觉的衍生运用。教育对象品德存在问题，社会道德存在问题，这可能是由多方面的原因造成的。实际上，正是由于这些问题的存在，才有学生思想政治教育实践存在的合法性，学生思想政治教育实践永远不可能消除社会道德的消极领域，也永远不可能消除学生的品德问题。学生思想政治教育实践只是在不断解决这些问题中存在，这些问题的存在不仅不表明学生思想政治教育的低效或无能，而恰恰表明学生思想政治教育的必要性和用武之地。正如有学者指出："从学生的品德素质出现问题来评价德育效果，其实最重要的就是即使学生的道德表现真的差了，也不能说明学校德育的效果低下了。因为影响学生道德发展的因素是多样的，学校德育只是其中重要的一个，但并不是所有因素都是学校所能直接左右的，如家庭因素、经济社会转型等。"❶因此，人们习惯基于教育对象品德出现的问题状况评价学生思想政治教育效果的常识性做法是不可取的，这与目前在学生思想政治教育效果评估研究领域存在的通过基于人的品德结构或特征建构品德素质测评体系具有关联性。我们有必要纠正现实中一般民众习惯于从教育对象品德问题状况的角度评判学生思想政治教育效果的这种偏颇做法。同时，也必须知道在学生思想政治教育领域虽有品德素质测评体系的评价模式，但它不能实现对学生思想政治教育效果的有效评价。

三、基于宏观尺度的学生思想政治教育效果评估模式

在现实中，一些学者围绕如何把握学生思想政治教育的实际效果还提出了从宏观或哲学视角检验学生思想政治教育的效果。人们在实践中逐渐认识到把握学生思想政治教育的效果必须有一定的标准，只有确定一定的标准才能有效地检验学生思想政治教育的实际效果并获知实际效果的现实状况。正是基于这些考虑，不少学者提出了检验学生思想政治教育效果的标准，有些研究成果是以整个思想政治教育效果检验标准或大学思想政治教育效果检验

---

❶ 吴灯，易连云. 学校德育不能承受之重［J］. 上海教育科研，2009（5）.

标准的形式出现。例如，王冰等提出了精神标准和物质标准统一的生产力标准。❶ 郭政等提出了战斗力标准和提供精神动力、提供保障的标准。❷ 王鲁宁等分别提出了直接效果与间接效果统一、思想转变与行为转化、价值取向与价值实现的标准。❸ 项久雨认为评估的标准包括最高标准、根本标准和具体标准，实践体现是最高标准，"三个有利于"是根本标准，具体标准是在根本标准的指导下的具体化、系统化的价值尺度系统。❹ 仓道来提出实践标准、宏观标准和微观五标准。❺ 徐海红认为："大学生思想政治教育效果性评价的标准主要包括政治标准、知识标准、能力标准、心理健康标准、品德标准和行为标准等六大评价标准，每一种标准既是科学的、理性的，又是发展的、动态的，体现了实质性评价和动态性评价的统一。这六大标准彼此紧密相连，不可分割，共同构成大学生思想政治教育效果性评价的标准体系。"❻ 可知，学者们虽提出了不同的检验标准，但这些标准的提出都是为了衡量现实中的教育效果，是为了给现实中的教育效果提供一个标准。因而，我们可以把这种衡量学生思想政治教育效果的探索看作目前学界存在的一种代表性的衡量学生思想政治教育效果的评价模式，即检验学生思想政治教育效果的宏观尺度的评价模式。我们称其为学生思想政治教育效果的宏观尺度，就在于这种效果检验的标准往往具有宏观性或从哲学高度提出的检验学生思想政治教育效果的标准。通过上述代表观点，我们也可以看出这些标准大都抽象宏观。正是基于此，可以把目前在学生思想政治教育或领域内出现的这种检验学生思想政治教育效果的标准称为基于宏观尺度的学生思想政治教育效果的评价模式。

既然在学生思想政治教育领域，很多研究者已经开始意识到并提出了检验学生思想政治教育效果的宏观标准，那么此种衡量学生思想政治教育效果

---

❶ 王冰，王钊，徐振华. 关于思想政治教育评价标准的哲学思考[J]. 驻马店师专学报（社会科学版），1994（11）.

❷ 郭政，王海平. 思想政治教育评估标准和方法探析[J]. 南京政治学院学报，2000（5）.

❸ 王鲁宁，安明. 思想政治工作评估标准的哲学探讨[J]. 中共济南市委党校学报，2003（3）.

❹ 项久雨. 思想道德教育价值评价标准的逻辑结构[J]. 学校党建与思想教育，2002（5）.

❺ 仓道来. 思想政治教育学[M]. 北京：北京大学出版社，2004：235.

❻ 徐海红. 大学生思想政治教育实效性评价及标准体系论要[J]. 国家教育行政学院学报，2010（12）.

的宏观标准能否实现对效果的有效评价呢？这是值得讨论的。虽然评价学生思想政治教育效果要有一个标准，没有效果标准的评价只能是主观随意的评价，但是此种检验学生思想政治教育效果的宏观标准无法实现有效评价。原因何在？首先，分析目前学界提出的这些标准，就会发现这些标准的制定和提出太抽象宏观，尽管有时无法怀疑这些标准本身的真理性，但是这些标准往往都不仅适用于学生思想政治教育效果领域，也适用于其他领域。例如，在任何领域，我们都需要坚持实践标准、实事求是标准、生产力标准等，因而从这个角度看，这些标准并不是对学生思想政治教育效果的专门评价，更缺乏对学生思想政治教育效果的理性反思。当然，也许有人会说，目前学界提出的这些标准中不也包括了微观标准吗？为什么说这些标准都是抽象宏观的呢？我们且看这些宏观标准和所谓的微观标准。"根据大学生思想政治教育效果评估的内容，对于效果评估的标准，可以分为宏观和微观两个角度。所谓宏观角度，是从国家和社会的角度，在一个较长的历史时期内，评估大学生思想政治教育活动在现代化建设的总体布局中的地位及它所发挥的社会作用。具体到某所高校，就是社会上对该高校的认可程度。所谓微观评估，是对大学生思想政治教育活动的某一项具体工作、某一具体过程的评估。"❶ 可见，虽然目前学界提出的检验学生思想政治教育效果的标准涉及微观的标准，但这里的微观标准有时候并不微观，多与宏观相对而言。即便是微观标准，这里也存在着这些微观指标是否体现学生思想政治教育效果本质的问题。虽然在评价学生思想政治教育效果时，人们在现实中形成了一种学生思想政治教育效果宏观标准的评价模式，但由于这种标准本身的抽象宏观，或往往是从哲学高度出发提出的检验学生思想政治教育效果的原则，并不具有可操作性，因而衡量学生思想政治教育效果的宏观标准往往无法实现对学生思想政治教育效果专门化的具体评价。

其实，仔细分析学界提出的这些抽象宏观的效果检验标准就会发现，这些标准的制定大都以学生思想政治教育的外在因素作为衡量效果的标准。例如，"评价高校思想政治教育的标准以高校思想政治教育实践的社会效果，以

---

❶ 黄定华. 论大学生思想政治教育效果评估［J］. 湖南城市学院学报，2008（2）.

使教育对象是否自觉地拥护和执行党在社会主义初级阶段基本路线，以教育对象是否自觉地把推动社会生产力的进步和个人的成才有机地结合起来，以是否有利于青年大学生的全面发展，以是否有利于社会主义精神文明建设等五个方面作为高校思想政治教育评估的重要标准[1]。"大学生思想政治教育效果评估的指标标准最终的物质承担者是人、物和环境等三个量化指标。"[2] "大学生思想政治教育评价标准，应该根据高校人才培养和社会发展的需要不断创新。以促进大学生成功就业创业为大学生思想政治教育现实成效的实践评价标准。"[3] 对此，我们就会发现，学界提出的关于检验学生思想政治教育效果宏观标准的制定依据很大程度上都是基于学生思想政治教育实践活动的外在因素，这里不论是社会实践标准，还是基于生产力标准，抑或就业标准等，都不是来自学生思想政治教育本身的因素，都不是从学生思想政治教育效果本身及其生成规律出发作为制定根据。因此，目前学界存在的以教育实践外在因素为依据制定的检验学生思想政治教育效果的宏观标准由于外在于学生思想政治教育实践活动本身，没有遵循学生思想政治教育效果本性及生成规律，因而无法具体地衡量现实中学生思想政治教育效果。试问运用此种抽象宏观的学生思想政治教育效果检验标准怎么能够区分不同学段、年级和教育者带来的效果呢？现实的学生思想政治教育实践需要更具体、更科学、更有可操作性的效果检验标准。

需要指出的是，在分析衡量学生思想政治教育效果的宏观标准时，一方面由于其抽象宏观而不具有可操作性；另一方面由于其基于外在的因素为根据而不是基于学生思想政治教育本身的要求而无法实现对教育效果的检验，这也启发我们提出学生思想政治教育效果检验标准的必要性和重要性，评估学生思想政治教育效果，就需要和应该建立学生思想政治教育效果评估的标准，只是这个检验学生思想政治教育效果的标准不应该是抽象宏观的，应该

---

[1] 谢华. 论高校思想政治教育评估的要求和标准[J]. 西南民族学院学报（哲学社会科学版），2002（10）.

[2] 黄定华. 论大学生思想政治教育效果评估[J]. 湖南城市学院学报，2008（2）.

[3] 吴轶军. 创新大学生思想政治教育评价标准的思考[J]. 江苏经贸职业技术学院学报，2009（5）.

要符合学生思想政治教育实践内部要素相互作用的本质要求。从这种意义上看，虽然衡量学生思想政治教育效果的宏观标准作为评估学生思想政治教育效果的模式不可取，但是就检验学生思想政治教育效果标准本身来说，却具有启发和借鉴意义。学生思想政治教育效果评估必须立足教育实践本身，从中找到具有可操作性的内在衡量标准。

综上可知，目前学界虽有基于教育目标的学生思想政治教育效果评价指标体系，但这种评价模式注重教育实践状况整体的系统性评估，且是从教育目标要求而非教育内容要求角度确定的指标；虽有基于品德素质结构要素建立品德素质测评体系，但它是根据测评要求对素质现状的评估而不是对学生思想政治教育效果的直接考评，虽然品德素质的形成与学生思想政治教育效果密切关联，但是严格说二者并不是一回事；虽有检验学生思想政治教育效果的宏观标准，但都是抽象的且不具可操作性。同时，这些评估模式一定程度上都是对特定学段的学生思想政治教育效果评估的探讨，还没有从贯通国民教育诸学段的意义上来讨论学生思想政治教育效果的整体建构。可见，目前在学界虽然形成了具有代表性的学生思想政治教育效果评估模式，并且在现实中围绕如何考评学生思想政治教育效果进行了不同的尝试，但尚未形成科学有效的学生思想政治教育效果评估模式，更不可能形成贯通国民教育诸学段的学生思想政治教育效果评估标准。因而，重大而紧迫的现实任务就是基于学生思想政治教育效果评估现状的基础上，探讨并提出具有可操作性的学生思想政治教育效果评估模式，同时建构贯通国民教育诸学段的学生思想政治教育效果评估标准。

第二节 学生思想政治教育效果评估的建构依据

在学生思想政治教育领域，不论是从追求效果，还是从评价效果，都需要有一个具有可操作性的专门评价效果的标准。而这里的前提是深入理解效果。目前人们关于效果的最经常理解就是把效果理解成现实的教育结果与预期教育目标相接近、相吻合、相适应的程度。虽然教育目标的达成度可以体现学生思想政治教育效果，但我们的教育目标是如何实现的呢？说到底要实现教育目标需要教育内容要求被教育对象接受、认同和践行。教育对象在教育中不接受、认同和践行教育者传授的内容要求，那么就无法实现预期教育目标。尽管人们可以从不同的角度理解学生思想政治教育效果，但从最直接、最本质的意义上看，学生思想政治教育效果无非就是教育内容要求被教育对象认同、接受和实践的现实状况。从这种意义上看，学生思想政治教育效果评估标准，这里的效果其实是教育内容要求被教育对象认同、接受和实践的实际效果，而评估标准则是关于实际效果的测量尺度。学生思想政治教育效果评估标准的建构依据，首先要基于当前学生思想政治教育效果评估研究现状的基础上，提出具有可操作性的学生思想政治教育效果评估的新模式。

学生思想政治教育效果评估标准是针对学生思想政治教育效果本身建构的测量尺度，是基于学生思想政治教育效果并遵循学生思想政治教育效果生成规律的评价模式。学生思想政治教育追求的实际效果是教育内容要求被教育对象认同、接受和实践的现实状况，评价学生思想政治教育的效果，就是要评价教育内容要求被教育对象认同、接受和实践的现实状况。这是学生思想政治教育效果评估的新模式，这种效果评估的新模式不同于基于教育目标的学生思想政治教育效果评价指标体系的评价模式，也不同于基于品德素质结构的品德素质评价体系的评价模式，也有别于衡量学生思想政治教育效果宏观标准的评价模式。在学生思想政治教育效果评估领域，人们并没有以教育内容要求为根据对学生思想政治教育效果进行评估。以往的学生思想政治教育效果评估模式之所以无法实现对学生思想政治教育效果的有效评价，根本的原因就在于以往的学生思想政治教育效果评估模式没有找到效果评估的科学根据。例如，学生思想政治教育评估指标体系是以教育目标为根据建构评估指标体系，试想用主观预期的教育目标去评估客观存在的效果结果，必然带来效果评估的主观随意；以往基于思想品德结构建构的品德素质测评指标体系的思路也不是效果评估标准建构的根据，品德素质测评指标体系对于评价人的品德素质是科学有效的，但是对效果结果测度则不然，因为人的品德素质的形成不只是教育的功劳；以往基于学生思想政治教育实践的外在因素去建构效果评估的宏观标准也值得商榷，宏观标准根据外在于学生思想政治教育的政治、经济和文化等尺度去衡量效果，不仅抽象且难以操作。因而，如上说明了学生思想政治教育效果评估标准的建构既不能以教育目标为根据，也不能以人的品德素质结构为根据，更不能以教育实践的外在因素去评判学生思想政治教育实践本身的实际效果。

学生思想政治教育效果评估标准建构的依据是教育内容要求，这是由学生思想政治教育效果的本质要求决定的。学生思想政治教育效果是学生思想政治教育实践各种因素相互作用的结果，各种实践因素都会对学生思想政治教育的效果有影响，因而可以从各种实践因素的角度来评估学生思想政治教育的实际状况，但是从主要的方面看，学生思想政治教育效果其实就是教育内容要求被教育对象认同、接受和实践的现实状况。从这种意义上看，学生思想政治教育效果评估标准要基于学生思想政治教育效果的本质，就要根据教育内容的要求建构学生思想政治教育效果评估标准。学生思想政治教育效果评估依据教育内容要求制定考量标准，就可以实现你教育什么内容、你要求什么内容，就要考量什么内容。如果我们以抽象宏观且易主观的教育目标为学生思想政治教育效果评估标准建构的依据，那么容易出现要求的内容不去考量或者考量的不是要求的内容。学生思想政治教育效果评估标准的建构只有把要求的内容和考量的内容统一起来，即考量的也是要求的，才具有合理性。因此，学生思想政治教育效果评估标准的建构应植根于教育内容要求，即以教育内容要求为根据建构学生思想政治教育效果评估标准。

学生思想政治教育效果评估标准建构以教育内容要求为根据，还具有借鉴运用信息论、控制论等现代科学的意蕴。现代信息论、控制论等科学强调信息的输入与输出及其控制反馈。我们知道，学生思想政治教育效果可以理解为教育内容要求被教育对象接受、认同和实践的现实状况，因而以教育内容要求为根据建构学生思想政治教育效果评估标准，在一定程度上就是强调教育内容要求在教育对象身上的实现程度，突出了教育内容要求的信息反馈状况。其实，我们之所以提出以教育内容要求为学生思想政治教育效果评估标准的建构依据，也正是借鉴了当代信息论、控制论等现代科学给予的方法论启示。在这里，我们想简单做一下比拟：这里的教育内容要求就相当于信息，这里的教育对象有点像接收和输出信息的设备，学生思想政治教育活动有点像负责信息的输入，而学生思想政治教育评价就是以输入的信息为根据，通过一定的指标和评价活动，对比教育对象对信息的输出情况，这样我们通过一个简单的控制模式，能够评价信息即教育内容要求被教育对象认同、接受和实践的现实状况，进而评价学生思想政治教育的实际效果。我们提出以教育内容要求为根据建构学生思想政治教育效果评估标准，就是基于这种教育内容要求的输入与输出情况，即你要求什么，就考评什么；你输入什么，就接收什么，进而通过要求与考评、输入与输出的对比，就可以知道学生思想政治教育的实际效果。同时，这种基于教育内容要求建构学生思想政治教育效果评估标准的模式，也能够在最大程度上评价教育对象认同、接受和实践教育内容要求的现实状况，因为学生思想政治教育实践活动对学生思想政治教育要传授的教育内容要求往往是自明的，而且教育对象对教育内容要求的反映状况也往往最清楚，教育对象受到教育内容要求的影响后，要么认同、接受或实践，要么拒绝、排斥或反对，而这种表现无论是从心理学上还是从行为学上都能被呈现和把握，即教育内容要求被教育对象接受和实践后能否具有可显性、可测性。因而，我们可以教育内容要求的认同、接受和实践状况为根据建构效果评估标准来把握学生思想政治教育效果的状况。

实际上，在学生思想政治教育领域，提出以教育内容要求为依据建构学生思想政治教育效果评估标准，这无论对于分解教育目标建构学生思想政治教育评估指标体系，还是基于品德素质结构来评价学生思想政治教育效果，抑或基于宏观标准来检验学生思想政治教育效果，都是一种现实性的改变。以教育内容要求为依据建构学生思想政治教育效果评估标准，可实现"你教什么，就测评什么；要求什么，就考评什么"的理想境界。这种改变将是学生思想政治教育效果评估从无具体可操作性标准到有具体可操作性标准的转变。同时，这种改变也将扭转学生思想政治教育效果评估过分强调整体性的定式（包括教育主体、客体、环境、过程等在内的系统性评估），进而使学生思想政治教育效果评估彰显阶段化和个性化。从现实看，以往人们对学生思想政治教育效果的评价进行过多方面的探索，诸如前述的学生思想政治教育评估指标体系，或品德素质测评指标体系，或检验学生思想政治教育效果的宏观标准。这些探索对于评价学生思想政治教育效果虽具有积极意义，但是这种评估指标体系或评价标准属于总结性、历时性评估或评价，无法说明学生思想政治教育效果与教育时段的关系，无法说明这种评估或评价结果是谁教育的结果。须知，教育对象和教育主体是有现实性区分的，不同时段的教育效果应该也有现实性区分，否则，既无法对教育主体进行肯定，也无法追究教育主体的责任。以学生思想政治教育内容要求为根据的评价标准，关注的是学生思想政治教育传达了什么内容、有哪些要求，这些内容要求在教育对象身上有什么反映或结果。也就是说，学生思想政治教育实践教授了哪些内容，提出了哪些要求，就要评价哪些内容要求在教育对象身上的实现程度如何。对学生思想政治教育效果进行客观考量，不仅可以使学生思想政治教育主体看到自己的差距，而且由于考量的客观性，还会增强自信心、自豪感、责任感和使命感。因此，以教育内容要求为依据建构学生思想政治教育效果评估标准，不仅可以为阶段化、个性化评价提供依据，同时因为"它教什么，就测评什么；要求什么，就考评什么"，可把原有的教育和影响因素作为基础，能够有效解决谁的教育有效果之争的问题。实际上，学生思想政治教育实践总是通过一定的教育内容要求来实现其本质，学生思想政治教育就是把一定社会要求的思想品德的内容要求传达、输入给教育对象。所以，衡量和评价学生思想政治教育的效果必须以教育内容要求为根据，即应该根据学生思想政治教育的内容要求来确定学生思想政治教育效果标准评价的内容。同时，以教育内容要求为根据建构学生思想政治教育效果评估标准，不仅可以为现实学生思想政治教育效果评估提供标准，而且由于能够对学生思想政治教育追求的效果进行客观、科学、有效的评价，进而也有利于促进学生思想政治教育实践及其效果的发展。

学生思想政治教育效果评估标准建构应植根于教育内容要求并对教育内容要求进行合理的把握。我们如何理解教育内容要求呢？只有把握住了教育内容要求，才能对教育内容要求进行抽象概括，进而建构出效果评估标准的指标。学生思想政治教育实践中教育内容要求的外延如何理解呢？我们认为，这里的教育内容要求从通常意义上看，主要包括四个范围涉及的教育内容要求：一是国家关于学生思想政治教育的文件、政策、意见中的教育内容要求。例如，中共中央《关于改革和加强中小学德育工作的通知》，中共中央《关于进一步加强和改进学校德育工作的若干意见》，中共中央、国务院《关于进一步加强和改进未成年人思想道德建设的若干意见》，中共中央、国务院《关于进一步加强和改进大学生思想政治教育的意见》和《中学德育大纲》《小学德育纲要》《中国普通高等学校德育大纲》等中提及的教育内容要求。二是大中小学的学生思想政治教育课程标准以及教材中的教育内容要求。例如，过去小学阶段的"品德与生活"（一至二年级）和"品德与社会"（三至六年级）的课程标准以及教材中的教育内容要求，初中阶段的"思想品德"（七至九年级）的课程标准以及教材中的教育内容要求，以及当前义务教育阶段的"道德与法治"（一至九年级）的课程标准以及教材中的教育内容要求，高中阶段的"思想政治"课程标准以及教材中的教育内容要求，大学阶段的《高校思想政治理论课》教学意见以及教材中的教育内容要求，等等。三是大中小学生的日常行为规范中的教育内容要求。例如，《小学生日常行为规范》《初中生日常行为规范》《高中生日常行为规范》《高校学生日常行为规范》等中提出的教育内容要求。四是大中小学生日常思想政治教育中提出的有关教育内容要求。例如，针对某法治教育活动或志愿服务活动，教育者在教育活动中提出懂法、守法或爱心、责任等教育内容要求。可知，在学生思想政治教育领域，我们提及的教育内容要求存在的领域和范围十分广泛，如上考虑教育内容要求基本范围也能够把各方提出的教育内容要求涵括其中，既突出了国家对学生思想政治教育提出的内容要求，也突出了大中小学课程及教材对学生思想政治教育提出的内容要求，还包括学生思想政治教育者在实际教育活动中提出的教育内容要求。这样把握学生思想政治教育实践中的教育内容要求，既符合学生思想政治教育实践活动的现实，也能涵括不同学生思想政治教育参与者提出的教育内容要求，这就为学生思想政治教育效果评估标准基于教育内容要求制定出客观的、具有可接受性的、科学有效的学生思想政治教育效果评估标准提供了依据。因此，基于教育内容要求制定学生思想政治教育效果评估标准，必须充分把握教育内容要求的存在范围和形态。这是以教育内容要求为根据制定学生思想政治教育效果评估标准的基本要求。

基于教育内容要求建构学生思想政治教育效果评估标准就要对教育内容进行抽象概括。通过对上述教育内容要求的范围把握可知，教育内容要求的范围极其广泛，且非常丰富，涉及方方面面，那么到底怎样以教育内容要求为根据建构效果评估标准的指标呢？对此，在把握教育内容要求存在范围和领域的基础上，就需要对教育内容要求进行分析综合和抽象概括，即对教育内容要求进行简约化把握。我们认为，目前贯通国民教育诸学段的学生思想政治教育中的教育内容要求，不论是国家关于学生思想政治教育的政策、纲要和意见中涉及的教育内容要求，还是学生思想政治教育课程标准及教材涉及的教育内容要求，以及日常的学生思想政治教育与行为规范涉及的教育内容要求，从总体上看，这些林林总总、方方面面、不同层次的教育内容要求可以从三个维度进行抽象概括，即不论我们的教育内容要求具体是什么，但是全部的常规教育内容要求一定含有知识理解的维度，一定含有观念认同维度，一定含有行为外化的维度。那么，在这三个维度上抽象概括教育内容要求是否周延呢？我们认为，这样概括教育内容基本上涵括了教育内容要求的全部维度，因为我们的学生思想政治教育无非就是在传授一定的知识、培养一定的观念、形成一定的行为。尽管在学生思想政治教育过程中我们还会涉及情感的培养、意志的训练，但是情感基本属于观念领域，意志很大程度上属于行为领域，因而从知识——观念——行为三个维度概括教育内容要求符合学生思想政治教育内容要求的基本状况。因此，学生思想政治教育效果评估标准的指标设定就可以立足这三个维度对学生思想政治教育领域纷繁复杂的教育内容要求进行抽象概括，即概括出我们传授的教育内容要求到底有多少知识点需要理解、多少观念需要认同和多少行为模式需要践行。这样以这三个维度的教育内容要求为依据就可以观察教育内容要求被教育对象认同、接受和实践的状况，进而衡量出学生思想政治教育的效果状况。说到底，学生思想政治教育效果评估标准以教育内容要求为建构依据，可以把学生思想政治教育领域纷繁复杂的教育内容要求，经过抽象后概括为三个方面，即知识上的理解、观念上的认同、行为上的实践。学生思想政治教育效果考量的内容应该集中在这三个方面。效果评估标准指标设定就是要以教育内容要求为根据，从知识理解、观念认同和行为外化三个维度，去考评教育内容要求被教育对象认同、接受和实践的现实状况。

在此应该特别强调的是，过去我们对学生思想政治教育效果评估，往往只看重行为，而忽略知识的理解和观念的接受。我们承认，学生思想政治教育的本质特点就在于把接受的知识和思想观念外化为行为，但是我们不能否认这样的事实：学生思想政治教育内容要求有知识、观念的内容，这是我们应该考量的；学生思想政治教育的效果本身就包括人们的思想认识问题，学生思想政治教育如果通过传授一定的知识、形成一定的观念，解决了人们的思想认识问题，那就是不可否认的学生思想政治教育效果。把这方面内容（知识理解或观念认同）纳入考量标准及其指标设定中，一方面反映出学生思想政治教育效果评估标准的客观性，因为它是我们教育的内容要求，是我们教育效果的构成，所以应该进入考量的视野；另一方面，学生思想政治教育的经验和理论反复证明，只有在知识理解和观念接受的基础上，才会走向行为，没有知识理解和观念接受的基础，根本不可能真正地进入行为的境地。我们在学生思想政治教育效果评估标准的指标设定中提出的知识理解或观念认同，可以分为两个类别：一个类别是实现知识理解或观念认同本身就是学生思想政治教育内容要求的目的，有一部分学生思想政治教育就是为解决知识或观念问题而存在。另一个类别是这里的知识或观念是作为行为实现的必经环节，有时候为了解决行为问题，就必须先传授知识或形成观念。基于教育内容要求从知识理解、观念认同、行为外化三个维度设定并细化指标，从最低的角度来说，把知识或观念纳入学生思想政治教育效果考量之中，还体现教育视界中的一种公平；所有的教育都承认知识的理解和观念的接受为教育效果的体现，因而学生思想政治教育的知识理解和观念接受也应该成为效果考量的内容。当然，我们不是反对学生思想政治教育对行为外化的追求，但是我们也不应该走向极端。从实质上说，把学生思想政治教育传授的知识或观念也看作学生思想政治教育的效果并给予考评是公平对待学生思想政治教育及其实践者的一种体现。在一般情况下，在社会稳态运行时期以及人生常规历程中，对于更多的人来说，学生思想政治教育的效果体现在内心世界的知识理解和观念接受的精神层面，正如现实中我们常说的提高素质和精神境界，就是这种实际的体现。如果我们像目前一样把学生思想政治教育的效果及其标准建构仅仅锁定在行为上，就不仅与我们教育的内容要求相冲突，而且也缺乏现实性。当然，这并不意味着在学生思想政治教育效果评估标准上，我们会放松对行为的要求，毕竟知识、观念最后要体现在行为上。因此，学生思想政治教育效果是教育内容要求蕴含的知识理解、观念认同和行为外化的统一体，学生思想政治教育效果评估标准指标的三维设定及其指标的细化须全面建构。

第三节　大中小学生思想政治教育效果评估的整体建构

学生思想政治教育效果评估标准的建构不仅要抽象地把握学生思想政治教育效果评估标准的建构理路，还必须建构学生思想政治教育效果评估的学段标准，形成对大中小学生思想政治教育效果评估的整体建构。学生思想政治教育效果从主要方面看，可以理解为教育内容要求被教育对象接受、认同和实践的现实状况。作为贯通国民教育诸学段的学生思想政治教育，不同学段的学生思想政治教育往往会有不同的教育内容要求，并且任何学段的学生思想政治教育也都在追求着属于自己特定学段的思想政治教育效果。因此，大中小学生思想政治教育效果评估标准的整体建构，是基于教育内容要求建构学生思想政治教育效果评估标准的必然要求，而不同学段的思想政治教育对效果的追求也要求建构属于自己学段的效果评估标准。当前有必要着力建构蕴含不同学段的思想政治教育效果评估标准。

一、小学生思想政治教育效果评估标准

小学生思想政治教育效果评估标准是关于小学生思想政治教育效果的测量尺度。小学生思想政治教育对效果的追求，需要建构专门针对小学生思想政治教育效果的评价标准。只有建构效果的评价标准，才能对小学生思想政治教育的效果状况进行评价，也才能认识到小学生思想政治教育效果的好坏进而采取有针对性的增效策略。小学生思想政治教育效果评估标准的制定需要遵循学生思想政治教育效果评估标准的建构理路，即小学生思想政治教育效果评估标准建构要以小学阶段教育内容要求为依据，通过把教育内容要求抽象概括为知识理解、观念认同和行为外化三个维度，然后具体评价教育对象（小学生）关于知识理解、观念认同和行为外化的实际状况。因此，小学

生思想政治教育效果评估标准建构要把握住小学阶段教育内容要求有哪些。从总体上看,在小学阶段能够提出和蕴含教育内容要求的主要有小学德育纲要、小学课程标准、小学教材内容以及小学生日常行为规范和守则。当然,在小学的不同年段,课程标准和教材内容又是不同的。例如,在小学低年级是"品德与生活"课程标准及教材,在小学中、高年级是"品德与社会"课程标准及教材,乃至最新的"道德与法治"课程标准及教材。因而要想建构科学有效的小学生思想政治教育效果评估标准,就必须对这些存在范围内的具体教育内容要求进行抽象概括。一般来说,抽象概括主要涉及两个方面,一是抽象概括出这些教育内容要求到底涉及哪些知识点需要理解、哪些观念需要认同、哪些行为需要外化;二是找到小学阶段教育内容要求总体上的逻辑展开模式以及主题范围,然后据此整体建构小学阶段学生思想政治教育效果评估标准。

在小学阶段,通过对小学德育纲要、课程标准、教材以及小学生日常行为规范和守则的文本内容分析,我们认为,小学生思想政治教育效果测评标准及其指标建构,应该按照"关于自己、关于家庭、关于学校、关于社区、关于祖国、关于世界"六个主题层面及每个主题层面的知识理解、观念认同和行为外化进行抽象概括。至于为什么要将小学阶段教育内容要求抽象概括分成"关于自己、关于家庭、关于学校、关于社区、关于祖国、关于世界"六个层面,有必要再作强调。首先,这种层面的划分源于小学生思想政治教育领域教育内容要求的实际状况;其次,这种划分符合小学生的现实生活和成长发展的逻辑;再次,这种划分能够承载小学生思想政治教育领域内的所有教育内容要求;最后,这种划分能够体现小学生思想政治教育内容要求的常识性质。例如,用"关于祖国"而不用"关于国家",就在于"关于祖国"既涉及祖国的自然常识,也涉及浅显的祖国领导者中国共产党、人民军队以及社会主义道路等常识,这符合小学生的认知接受能力的实际。总之,基于以上小学生思想政治教育领域的教育内容要求,我们建构出了如下小学生思想政治教育效果评估标准(见表7-1)。当然,如下小学生思想政治教育效果评估标准本身就可以给小学生思想政治教育提供测量效果的尺度并起到校正效果状况的作用。但是如下评估标准作为小学生思想政治教育效果评估的常模标准，在具体使用过程中还可以根据评估需要去灵活设定相关指标的权重和评估等级。不过，这要视具体情况而定。

表7-1　小学生思想政治教育效果评估标准

类别	知识理解	观念认同	行为外化
关于自己	1. 知道自己生命的来之不易 2. 知道自己身体健康的常识 3. 了解自己的优点及不足 4. 能看到自己的成长及进步 5. 了解迷恋网络、电子游戏、毒品等不良嗜好的危害	1. 珍爱自我生命的观念 2. 具有自己的事自己做的观念 3. 愿意反思自己行为的观念 4. 懂得做人要自尊和自爱 5. 具有荣誉感及自信的观念	1. 照顾自己的日常生活和学习 2. 诚实守信，不说谎话 3. 认真做事及善于向别人学习 4. 勇敢坚强，乐观开朗，积极进取 5. 自觉抵制不健康的生活方式
关于家庭	1. 知道自己的成长离不开父母亲人 2. 理解家人对自己的爱 3. 知道家庭成员应相互沟通和谅解 4. 懂得邻里生活要讲道德、守规则	1. 对父母亲人的感恩观念 2. 对家庭成员尊重理解的观念 3. 邻里友好相处的观念 4. 热爱家务劳动的观念	1. 听从父母长辈的教导，关爱父母亲人 2. 主动分担力所能及的家务 3. 养成良好的饮食起居习惯 4. 与邻里友好和睦相处 5. 爱护家庭周边环境
关于学校	1. 了解学校主要部门的工作及职能 2. 知道自己是集体中的成员 3. 知道同学间要相互尊重、友好相处 4. 知道班级及学校中的有关规则及作用 5. 知道民主平等在学校及班级生活中的意义 6. 了解少先队的知识和活动 7. 初步了解男生与女生的差异	1. 对学校亲近热爱的观念 2. 尊敬老师的观念 3. 同学间真诚相待、相互帮助的观念 4. 具有初步的集体观念 5. 珍惜学校学习时间的观念 6. 初步形成遵守规则的观念 7. 初步的民主平等观念 8. 热爱少先队及其活动的观念	1. 遵守学校的日常生活秩序 2. 认真完成学校和集体任务 3. 乐于与同学或他人分享与合作 4. 尊敬老师，听从其教导 5. 遵守班级活动规则及课堂纪律 6. 养成良好的学习习惯 7. 积极参与学校及班级的民主生活 8. 男生与女生正确交往

续表

类别	知识理解	观念认同	行为外化
关于社区	1. 初步了解家乡的物产、名胜古迹、著名人物 2. 了解本地区的民风、民俗及文化活动 3. 识别社会不良的风气 4. 认识常见交通标志和安全标志 5. 初步懂得购物花钱的学问	1. 具有对家乡的热爱之情 2. 形成爱护公共设施人人有责的观念 3. 对弱势人群有同情心和爱心观念 4. 具有尊重社区劳动者及其成果的观念 5. 具有环境保护的观念	1. 尊重各行各业的劳动者及劳动成果 2. 自觉爱护公共设施和财物 3. 积极参加力所能及的社会公益活动 4. 自觉遵守公共秩序和交通规则 5. 参与力所能及的环境保护活动
关于祖国	1. 认识祖国地理版图 2. 知道我国是历史悠久、文化灿烂的多民族国家 3. 了解近代我国遭受过的侵略以及中华民族的抗争故事 4. 了解中国共产党的成立及中华人民共和国成立和改革开放的事迹 5. 知道中国人民解放军是保卫祖国、维护和平的力量 6. 知道国家有关青少年儿童的法律法规	1. 为自己是中国人感到自豪的观念 2. 具有祖国领土神圣不可侵犯的观念 3. 初步的民族平等团结的观念 4. 初步珍爱祖国文化遗产的观念 5. 初步对社会主义祖国和中国共产党的热爱之情 6. 初步热爱中国人民解放军的情感 7. 初步的国家法律观念	1. 尊敬国旗、国徽，会唱国歌，升降国旗时肃立、脱帽、行注目礼 2. 积极参加并欢度祖国的生日 3. 积极维护祖国的荣誉、尊严和统一 4. 关心祖国的大事，爱护国家财产 5. 敬仰中国共产党和人民解放军的优秀分子 6. 初步运用与自己相关的法律保护自己
关于世界	1. 知道世界上的大洲、大洋的地理位置 2. 知道不同国家、地区、民族的生活文化习俗、传统节日等状况 3. 知道世界面临的全球性问题 4. 了解战争给人类带来的影响	1. 具有尊重世界不同文化多样性的观念 2. 有对世界历史文化的兴趣 3. 爱护地球环境的观念 4. 热爱世界和平的观念 5. 具有初步的全球视野	1. 能够与外国人友好相处，自觉尊重其文化及习俗 2. 自觉维护地球环境 3. 自觉维护世界和平、反对侵略 4. 初步自觉维护我国在世界的国际形象

二、初中生思想政治教育效果评估标准

初中生思想政治教育对效果的追求需要建立客观有效的效果评估标准。初中生思想政治教育效果从主要方面看，是初中学生对初中阶段学生思想政治教育内容要求的认同、接受和实践的现实状况，因而初中生思想政治教育效果评估标准要基于初中阶段教育内容要求，以知识理解、观念认同和行为外化为参数进行建构。建构初中生思想政治教育效果评估标准，要把握学生思想政治教育在初中阶段到底提出了哪些教育内容要求？这些教育内容要求在范围和程度上有哪些特点？把握住初中阶段教育内容要求是初中生思想政治教育效果评估标准建构的首要环节。通过小学生思想政治教育效果评估标准的探讨，我们知道了特定学段的学生思想政治教育效果评估标准的建构一般要基于该学段范围内的四种教育内容要求，即效果评估标准的建构要基于特定学段的德育纲要、学段的课程标准、学段的教材内容、学段的学生日常行为规范和守则。但是，由于每一个学段都有着不同的德育纲要、课程标准、教材内容、学生行为规范和守则，因而，初中学段学生思想政治教育效果评估标准的建构就要具体分析自己学段的德育纲要、课程标准、教材内容、学生日常行为规范和守则中到底提出了哪些种类的教育内容要求？到底提出了哪些范围的教育内容要求？到底提出了哪些程度和水平的教育内容要求？初中生思想政治教育效果评估标准的建构必须首先具体深入地分析和把握初中阶段的德育纲要、课程标准、教材内容、学生日常行为规范和守则中提出的教育内容要求及展开模式。这是初中生思想政治教育效果评估标准建构的基础。

通过对初中阶段德育纲要、课程标准、教材以及初中生日常行为规范和守则的文本内容分析，初中阶段学生思想政治教育内容要求总体上涉及五大主题，即"我与自我、我与他人、我与集体、我与国家（含法律）、我与社会"。换句话说，初中生思想政治教育领域内提出的教育内容从总体上规约为"关于自我、关于他人、关于集体、关于国家、关于社会"五个主题层面的要求。这么说的依据是什么？这是基于初中阶段德育大纲、课程标准、教材内容、初中学生日常行为规范和守则等蕴含的教育内容要求的分析得出的结论。中学德育大纲从八个方面提出了初中阶段的学生思想政治教育内容要求，即

"爱国主义教育、集体主义教育、社会主义教育、理想教育、道德教育、劳动教育、社会主义民主和遵纪守法教育、良好的个性心理品质教育"。很明显，这八个方面基本就是围绕"我与自我、我与他人、我与集体、我与国家（含法律）、我与社会"五个主题层面提出来的教育内容要求。而初中生思想政治教育课程标准虽然从"成长中的自我""我与他人和集体""我与国家和社会"三个部分对初中思想品德课程内容作了规定，但是很明显这里三个部分的规定基本上都包括在上述五个层面中。

当然，初中生思想政治教育领域的教育内容要求归纳分类为五个主题层面，即"我与自我、我与他人、我与集体、我与国家（含法律）、我与社会"，并不是说初中生思想政治教育对其他层面，如我与自然、我与世界等方面的内容没有涉及，而是说从主要的层面来看，初中生思想政治教育领域内的教育内容要求所要解决的主题是处理上述五个层面的关系。仔细分析就会发现，初中生思想政治教育在涉及上述五个方面的关系时也蕴含着我与自然、我与世界等方面的要求。同时，基于对初中生思想政治教育领域教育内容要求的分析，提出这五个主题层面还可以从初中生成长发展的实际及其需要处理的成长发展问题获得理解。由于初中生的生理、心理、知识能力、生活经验和活动能力的增强，尤其是思维水平的提高和实践能力的增强，他们处于特定的成长阶段和面临特殊的发展任务，这里的成长发展从现实看，就是要正确处理"我与自我、我与他人、我与集体、我与国家（含法律）、我与社会的关系"。实际上，初中生思想政治教育提出的教育内容要求主要就是基于初中学生成长发展的实际并融合自我与他人、集体、国家和社会的需要而提出来的。当然，提出从上述五个主题层面把握初中生思想政治教育领域的教育内容要求也超越了以往从抽象的思想、道德、法律、心理和国情等方面把握教育内容的模式。

基于以上分析，初中阶段学生思想政治教育效果评估标准建构可以基于初中阶段教育内容要求，形成以知识理解、观念认同和行为外化三个维度为指标参数，评估初中生关于"我与自我、我与他人、我与集体、我与国家（含法律）、我与社会（含环境）"五个主题层面中教育内容要求的认同、接受和实践状况的初中生思想政治教育效果评估标准的建构框架。同时，基于对初中生思想政治教育领域内的德育大纲、课程标准、教材内容以及学生日常行为规范和守则中教育内容要求的分析把握，能够把握在初中生思想政治教育领域内涉及的基本教育内容要求及其范围、主题和程度。这些教育内容的把握为初中生思想政治教育效果评估标准的制定及指标设定做了准备。正是基于以上教育内容要求的分析，我们建构出如下初中生思想政治教育效果评估标准（见表7-2）。当然，正如小学生思想政治教育效果评估标准，虽然初中生思想政治教育效果评估标准本身就可以给初中生思想政治教育提供测量效果的尺度并起到校正其效果状况的作用，但如下评估标准作为初中生思想政治教育效果评估的常模标准，在具体使用过程中也可以根据评估需要去灵活设定相关指标的权重和测评等级。

表7-2　初中生思想政治教育效果评估标准

类别	知识理解	观念认同	行为外化
关于自我	1. 知道自己的生理变化，了解青春期心理常识 2. 理解自我情绪的多样性和复杂性 3. 认识到自尊自信、自立自强的重要性 4. 理解挫折、逆境和压力的意义 5. 认识自我生命的独特性及价值 6. 知道自我的行为会产生一定后果	1. 珍惜美好青春年华的观念 2. 自尊自信、乐观向上的观念 3. 自立自强、积极进取的观念 4. 树立学习及成就动机的观念 5. 完整的自我概念及成长意识 6. 自我负责及自我约束的精神	1. 能克服青春期的烦恼，调控好身心冲突 2. 能调节和控制自己与外界的情绪变化 3. 自尊自爱，不做有损人格的事 4. 克服困难、开拓进取的优良品质 5. 良好的学习习惯和生活方式 6. 能对自己的行为负责
关于他人	1. 知道父母长辈为自己的付出 2. 了解教师工作的辛劳 3. 认识同学的特点及优长 4. 知道与人交往的原则、技巧和方法 5. 正确认识异性同学的交往与友谊	1. 尊敬、孝敬父母长辈的观念 2. 热爱、尊重老师的观念 3. 团结友爱同学的观念 4. 真诚宽容及与人为善的交往观念 5. 热情大方的异性交往观念	1. 孝敬父母长辈，学会与父母平等沟通 2. 积极与教师进行有效沟通 3. 积极友好地与同学朋友交往 4. 文明礼貌、诚实的人际交流与沟通 5. 与异性进行正常交往

续表

类别	知识理解	观念认同	行为外化
关于集体	1. 正确认识个人与集体的关系及集体的作用 2. 理解集体中竞争与合作的关系 3. 理解集体中自由与纪律的关系 4. 知道处理集体关系的基本道德规范	1. 具有集体情感及荣誉的观念 2. 具有团队合作观念 3. 具有遵守集体纪律的观念 4. 爱护集体成员、为集体服务的观念	1. 主动参与集体活动，自觉维护集体的荣誉 2. 正确对待集体中的竞争与合作 3. 遵守学校和班集体纪律及规章制度 4. 爱班级、爱学校并努力为集体做事
关于国家	1. 知道我国的自然、民族和文化等基本国情 2. 知道社会主义现代化建设常识和党的基本路线教育 3. 了解宪法规定的基本权利和义务及其他法律常识 4. 知道我国对外交流状况及在世界格局中的地位、机遇与挑战	1. 维护国家安全、荣誉和利益的观念 2. 具有热爱祖国及热爱社会主义的观念 3. 正确行使公民权利、自觉履行义务的公民意识和法制观念 4. 具有世界文明交流、对话的观念以及为世界和平与发展做贡献的意识	1. 自觉维护国家的统一和民族团结 2. 自觉拥护社会主义建设和中国共产党的领导 3. 自觉履行宪法和法律规定的权利与义务，并运用法律武器保护自己 4. 自觉认同中华文化，继承革命传统，弘扬民族精神
关于社会	1. 知道社会生活的发展变化 2. 了解社会不同劳动和职业的特点及价值 3. 知道社会角色与责任，认识承担社会责任的意义 4. 知道参与社会公共生活的方法和途径 5. 理解遵守社会规则的重要性 6. 了解人类生存与生态环境的相互依存关系及面临的环境问题	1. 具有关心社会生活的兴趣和情感 2. 尊重不同行业及其劳动者，具有初步的社会职业理想 3. 具有初步的社会责任意识和为社会服务的观念 4. 具有维护社会公平正义的观念 5. 具有公共精神和规则观念 6. 具有环境保护意识和观念	1. 养成良好的亲社会行为 2. 做好升学或社会职业选择的准备 3. 努力做一个负责任的社会成员 4. 遵守公共秩序，自觉爱护公共设施，做文明公民 5. 面对复杂的社会生活能作出正确的道德判断和选择 6. 积极参与社会公益活动，自觉保护环境

三、高中生思想政治教育效果评估标准

高中生思想政治教育效果评估标准的建构也必须基于高中生思想政治教育领域内的教育内容要求，必须把握高中德育大纲、课程标准、教材内容以及高中学生的日常行为规范和守则。这就客观地要求必须具体把握学生思想政治教育在高中阶段到底有哪些教育内容要求，这些教育内容要求的范围和主题有哪些，以及这些教育内容要求的类别和程度如何。可以说，全面并具体地把握高中生思想政治教育领域内的教育内容要求，对建构高中生思想政治教育效果评估标准具有前提性、基础性和核心性的价值。由于高中生思想政治教育领域内的教育内容要求主要集中于高中学段的德育大纲、课程标准、教材内容、高中学生日常行为规范和守则，因而基于教育内容要求建构高中生思想政治教育效果评估标准，就必须对高中德育大纲、课程标准、教材内容、高中学生的日常行为规范和守则进行深入具体的分析和把握。同时，应分析高中阶段教育内容要求涉及的基本领域和范围，进而才能建构出高中生思想政治教育效果评估标准。

通过对高中阶段德育纲要、课程标准、教材以及高中生日常行为规范和守则的文本内容分析，高中阶段教育内容要求从总体上可以分为"关于个体生活、关于经济生活、关于政治生活、关于文化生活"四个层面的构想。高中阶段教育内容要求可以从总体上划归和涵括为"关于个体生活、关于经济生活、关于政治生活、关于文化生活"四个层面的主题，归根结底，这里涉及高中学生生活的构成问题，也涉及国家和社会对高中生的要求问题。高中学生知识、能力和经验的积累，使他们对生活的接触范围和体验能力日益增强，他们不再像小学生那样将自己的生活视野主要局限于家庭、学校和社区，也不再像初中学生那样将自己的生活视野主要局限于处理人际关系以及解除自己心理的烦恼和困惑，于是高中学生的生活领域开始分化和重组，形成新的生活视域和生活结构，他们在发展个体生活（学习生活、理性思考、价值追问、理想目标、心理调适等）的同时，有了越来越多的关于经济生活、政治生活、文化生活的体验、需要和困惑。当然，除了从涉及高中阶段的德育大纲、课程标准和教材、学生日常行为规范和守则以及高中学生生活结构的

发展状况获得证明外，提出从"关于个体生活、关于经济生活、关于政治生活、关于文化生活"四个主题层面把握高中阶段的教育内容要求还可以从人类生活划分上获得。人类生活总体上可以划分为个体生活和社会生活，而社会生活总体上又可以划分为经济生活、政治生活和文化生活。因而，从"关于个体生活、关于经济生活、关于政治生活、关于文化生活"四个层面把握高中阶段的教育内容要求也可从人类生活结构划分上获得证明。

正是基于高中阶段教育内容要求的分析整理以及具体把握，我们不仅分析了不同范围的教育内容要求，也对不同范围内的教育内容要求作了从知识、观念和行为等层面的分析和把握，同时在具体分析高中生思想政治教育领域内教育内容要求的基础上，我们还对教育内容要求涉及的主题和范围进行了总体性把握。这些内容要求的分析和把握为高中生思想政治教育效果评估标准的制定及指标设定做了准备。因此，我们提出基于高中阶段的教育内容要求，形成以知识理解、观念认同和行为外化三个维度为指标参数，评估高中学生"关于个体生活、关于经济生活、关于政治生活、关于文化生活"四个主题层面中教育内容要求的认同、接受和实践状况的思想政治教育效果评估标准的建构框架。对此，我们建构出如下高中生思想政治教育效果评估标准（见表7－3）。当然，如下效果评估标准作为高中生思想政治教育效果评估的常模标准，在使用过程中可以根据评估需要去灵活设定相关指标的权重系数和测评等级，只是要以如下效果评估标准为根据而已。

表7－3　高中生思想政治教育效果评估标准

类别	知识理解	观念认同	行为外化
关于个体生活	1. 知道个体生命意义及心理健康的知识 2. 知道个体认识和改造世界的正确的世界观和方法论 3. 知道适应社会发展，自主规划个体人生的相关知识 4. 理解对社会做贡献才是真正有价值的个体人生	1. 树立初步正确的交友、恋爱和家庭观念 2. 树立求真务实、与时俱进的创新观念 3. 树立自强不息、追求发展的观念 4. 树立初步的个体要为人民服务和集体主义的观念	1. 养成积极的生活情趣、健康人格及生活方式 2. 尊重科学，追求真理，培养科学态度和创新精神 3. 思考生活和学习中遇到的问题，理性规划学习和生活 4. 积极探寻和创造实现个体自我价值的条件与途径

续表

类别	知识理解	观念认同	行为外化
关于经济生活	1. 知道我国的基本经济制度 2. 知道市场经济的特点及国家宏观调控的知识 3. 了解常见的经济现象及参与经济生活的必要知识 4. 理解公平与效率的关系 5. 知道我国的对外开放及经贸关系	1. 树立正确的金钱观念 2. 经济活动的诚信观念及法律规范的观念 3. 树立劳动光荣和自主择业的观念 4. 具有效率观念与公平意识 5. 具有经济发展的国家观念和责任观念	1. 正确地对待金钱，理性地消费 2. 诚实守信、知法守法，抵制经济活动的违法乱纪行为 3. 做好未来就业与自主创业的准备 4. 增强效率观念，培养公平意识，维护社会公正 5. 关心国家对外经济关系及国家经济安全
关于政治生活	1. 了解我国的国体、政体、政党制度、民族区域自治制度等基本的政治制度 2. 体会生活中民主选举、民主决策、民主管理、民主监督权利的内容、途径和方式 3. 认识发展我国民主政治最根本的是把党的领导、人民当家作主和依法治国有机统一起来 4. 了解当代国际形势、国际关系和我国的外交政策	1. 热爱祖国，具有报效祖国的精神及认同我国基本政治制度 2. 树立人民政府为人民的观念及民主法制观念 3. 具有基本的公民意识及国家利益至上的观念 4. 坚信中国共产党是社会主义事业的领导核心，初步具有中国特色社会主义的共同理想 5. 树立世界和平与发展的观念	1. 自觉维护祖国的荣誉、独立统一和民族团结 2. 立足当前政治，力所能及地有序参与政治生活 3. 正确行使法律所赋予的民主权利，自觉履行法律规定的政治性义务 4. 积极提高政治生活的素养，自觉关心国家的前途和命运 5. 反对霸权主义，为国际友好往来尽一份力
关于文化生活	1. 了解生活中的文化现象和文化生活的基本知识 2. 懂得文化传承、文化交融对于文化创新的作用 3. 辨析各种文化现象和文化思潮 4. 认识文化建设意义及文化对综合国力的影响 5. 理解现代社会公民道德规范及法制建设	1. 认同民族文化价值及增强民族文化的自信心和自豪感 2. 具有弘扬中华文化及发扬民族精神的观念 3. 树立世界文化多样性存在与发展的观念 4. 具有文化创新观念及坚持先进文化方向的观念 5. 树立社会主义精神文明建设的观念	1. 积极参加有益的文化活动，追求健康的文化生活 2. 继承中华文化和弘扬民族精神 3. 积极参与社会精神文明及思想道德建设 4. 自觉遵守社会公德及积极践行基本的道德规范 5. 参加社会公益，推动良好社会风气形成

四、大学生思想政治教育效果评估标准

作为贯通国民教育诸学段的学生思想政治教育，大学阶段是进行学生思想政治教育的最高学段。正如小学、初中和高中生思想政治教育效果评估标准的建构，大学生思想政治教育效果评估标准的建构也必须基于自己学段的教育内容要求，必须全面把握自己学段的教育内容要求，必须知道自己学段到底有哪些教育内容要求，必须对这些教育内容要求涉及的主题进行分析。我们知道，学生思想政治教育内容要求从总体上存在于德育大纲、课程标准、教材内容、学生日常行为规范和守则四大范围内。因而，对大学阶段教育内容要求进行分析就要具体分析大学阶段的德育大纲、课程标准、教材内容和学生日常行为规范中的教育内容要求。由于在大学生思想政治教育领域目前尚没有国家制定的课程标准，因而大学生思想政治教育内容要求的分析，主要就是把握大学阶段的德育大纲、教材内容和学生日常行为规范中的教育内容要求，当然也会涉及有关大学生思想政治教育课程设置的指导性文件。只有把握住了大学阶段教育内容要求及展开模式，才能以教育内容要求为依据，并从知识理解、观念认同和行为外化三个维度建构出自己学段的效果评估标准。

基于对大学生思想政治教育领域内教育内容要求的分析把握，笔者认为，从总体上看，大学阶段的教育内容要求可以划分为"关于人生、关于政治、关于道德、关于法律"四个基本的主题层面。"关于人生"是指涉及个体的日常生活和学习，也涉及个体的生活情趣、人生态度和心理品质以及人生的自我发展和价值实现等。"关于政治"是指涉及政治的理论知识、政治的理想信念、政治的方向态度等。"关于道德"是指涉及道德生活的知识、观念和行为要求。"关于法律"是指涉及法律生活的知识、观念和行为规范。为什么说大学生思想政治教育领域内的教育内容要求总体上可以划分为"关于人生、关于政治、关于道德、关于法律"四个基本的主题层面呢？依据是什么呢？这种划分基于对大学生思想政治教育领域内的教育内容要求的分析把握。通过上述分析，我们首先发现，把大学生思想政治教育领域内的教育内容要求从总体上划分为"关于人生、关于政治、关于道德、关于法律"四个主题类别，

一方面是基于对该领域内教育内容要求实际分析的结果；另一方面也与大学生成长发展的现实情况有关。当然，之所以对大学生思想政治教育内容要求提出这四个基本层面的构想，还基于与中小学生思想政治教育内容要求主题范围的衔接。在高中，笔者立足于高中生思想政治教育内容及高中学生的生活维度，提出了"关于个体生活、关于经济生活、关于政治生活、关于文化生活"的主题构想；在初中，笔者立足于初中生思想政治教育内容及初中学生的人际维度，提出了"关于自我、关于他人、关于集体、关于国家、关于社会"的主题构想；在小学，笔者立足于小学生思想政治教育内容及小学生的常识维度，提出了"关于自己、关于家庭、关于学校、关于社区、关于祖国、关于世界"的主题构想。可以说，在大学阶段提出的"关于人生、关于政治、关于道德、关于法律"四个基本层面的主题构想考虑到了与中小学生思想政治教育内容要求主题的衔接，也是对中小学生思想政治教育内容要求主题的升华，这种衔接和升华使大学阶段的教育内容要求呈现出更具抽象的色彩，同时也更好地回归了学生思想政治教育的本质，即培养学生思想政治品德的教育。

正是基于大学阶段教育内容要求的分析整体以及具体把握，我们不仅分析了不同范围的教育内容要求，也对不同范围内的教育内容要求做了微观分析把握，同时还对大学阶段教育内容要求涉及的主题范围进行了总体性把握。也就是说，基于对高校领域内的德育大纲、课程指导意见、教材内容以及学生日常行为准则中教育内容要求的分析把握，澄明大学阶段教育内容要求涉及的范围、主题和程度，为大学生思想政治教育效果评估标准的制定及指标设定做了准备。鉴于此，我们提出基于大学阶段的教育内容要求，形成以知识理解、观念认同和行为外化三个维度为参数，评估大学生"关于人生、关于政治、关于道德、关于法律"四个层面中教育内容要求的认同、接受和实践状况的大学生思想政治教育效果评估标准的建构框架。可以说，基于大学阶段教育内容要求的分析把握，如下评估标准本身就可以给大学生思想政治教育提供测量效果的尺度并起到校正教育效果状况的作用，当然，在使用过程中还可以根据评估需要去灵活设定如下大学生思想政治教育效果评估标准指标的权重和测评等级，不过这种设定要视具体情况而定，而且必须以如下大学生思想政治教育效果评估标准为根据（见表7-4）。

表7-4　大学生思想政治教育效果评估标准

类别	知识理解	观念认同	行为外化
关于人生	1. 懂得大学是人生新阶段及大学生活和学习的特点与要求 2. 认识到人生修养和人生方向目标的必要性与重要性 3. 科学认识人生价值的评价标准及其实现问题 4. 掌握维护身心健康及培养生活情趣的基本知识	1. 树立积极主动、勤奋好学、勇于探究的学习观念 2. 具有乐观向上的生活态度和积极进取的人生观念 3. 具有与社会发展相适应的开拓进取、公平竞争、团结协作、艰苦奋斗等观念 4. 树立自主择业、就业及创业的观念	1. 能适应人生成长新阶段及具有明确成长成才目标 2. 追求高尚的人生价值和积极的人生态度 3. 追求发展进步，努力做一个对他人和社会有益的人 4. 能够辨别人生发展的是非、美丑、荣辱及具备良好个性心理品质
关于政治	1. 整体掌握马克思主义的世界观和方法论，正确认识人类社会发展的基本规律及趋势 2. 系统掌握毛泽东思想与中国特色社会主义理论体系基本理论 3. 深刻理解历史和人民选择了马克思主义、中国共产党和社会主义道路 4. 知道中国特色社会主义建设的主要成就、基本制度、总体布局及内外政策	1. 认同马克思主义是无产阶级及人类解放的科学和共产主义的实现是历史必然趋势 2. 确立在中国共产党领导下走社会主义道路、实现中华民族伟大复兴的观念 3. 认同近代以来的爱国主义传统及革命精神 4. 树立中国特色社会主义共同理想与坚定中国特色社会主义自信	1. 拥护中国共产党的领导及确立献身于中国特色社会主义事业的政治方向 2. 自觉抵制各种背离党的路线、方针和政策的错误倾向和言论 3. 热爱祖国、热爱人民，自觉投身新时代中国特色社会主义的使命感和责任感 4. 维护国家利益，不参加违反四项基本原则、影响国家安全和社会稳定的活动
关于道德	1. 知道社会主义道德建设的核心和原则 2. 知道中华民族传统美德的内容 3. 知道我国公民道德基本规范的内容 4. 知道职业道德、社会公德及家庭美德的内容	1. 树立为人民服务的观念和集体主义的观念 2. 树立珍视中华民族传统美德的观念 3. 树立遵守公民道德基本规范的观念 4. 树立正确的婚姻恋爱观念	1. 顾全大局，正确处理国家、集体和个人的利益关系 2. 积极弘扬中华民族传统美德 3. 积极践行公民道德基本规范 4. 恪守社会公德，抵制不良社会风气

类别	知识理解	观念认同	行为外化
关于法律	1. 知道我国社会主义法律的内涵、体系和运行 2. 知道我国宪法规定的国家制度 3. 知道我国的实体法律制度 4. 知道我国的程序法律制度	1. 树立社会主义民主法治观念 2. 树立社会主义自由平等观念 3. 树立社会主义公平正义观念 4. 树立社会主义权利义务观念	1. 自觉维护国家宪法及法律的权威和尊严 2. 正确行使法定权利和自觉履行法定义务 3. 敢于并善于同各种违法犯罪行为做斗争 4. 遵守课堂及考试纪律等规章制度

综上所述，根据学生思想政治教育学段划分的现实，分别建构了小学、初中、高中和大学四个学段的效果评估标准。我们知道，学生思想政治教育效果从主要方面看是教育内容要求被教育对象接受、认同和实践的现实状况，因而基于教育内容要求建构学生思想政治教育效果评估标准必然决定要根据不同学段的教育内容要求建构属于特定学生思想政治教育的效果评估标准。大中小学生思想政治教育效果评估标准的整体构建，是基于教育内容要求建构学生思想政治教育效果评估标准的必然要求，也是形成学生思想政治教育整体视域的现实需要，更是推进大中小学生思想政治教育整体建构的本质要求。基于教育内容要求建构学生思想政治教育效果评估具有广泛的应用性和操作性，值得在现实中认真贯彻。当然，这也需要诸多专家学者和实际工作者乃至相关的教育主管部门共同努力，集思广益，积极探索，才能最终整体建构具有广泛效度和信度的学生思想政治教育效果评估的常模标准或学段标准。

第八章

创建学生思想政治教育学的基本问题

在贯通国民教育诸学段的意义上对学生思想政治教育进行整体研究，除了充分论证学生思想政治教育整体视域的可能和可行，整体建构学生思想政治教育实践要素体系，还应该进一步提升学生思想政治教育整体研究的视野和高度。目前，很少有从整体上对学生思想政治教育进行专门研究，更没有把学生思想政治教育作为独立的分支学科进行建设。创建学生思想政治教育学就是要把学生思想政治教育作为思想政治教育的分支学科来进行深入系统的研究。从学科建制角度加强学生思想政治教育的整体研究，是增强思想政治教育学科自觉意识的现实需要，也是加强学生思想政治教育学术研究的客观必需，更是思想政治教育学科应该担负起的职责和使命。

第一节 作为学科建设的学生思想政治教育

作为学科建设的思想政治教育主要是指作为思想政治教育学科建设的思想政治教育。思想政治教育学科的形成发展与学生思想政治教育有着密切的关联，一定程度上可以说，是相伴而生、如影相随的。从思想政治教育学科形成发展与学生思想政治教育关联的角度，可以确证思想政治教育学科理论建设必须推进学生思想政治教育的理论研究，必须以全部学生思想政治教育作为思想政治教育学科建设和理论研究的重要基础。

从学科创立看，思想政治教育学科事实上与学生思想政治教育密切关联。我国虽有长期的思想政治教育经验积累，但思想政治教育作为专业和学科却创立于 1984 年。思想政治教育成为一门学科，集中体现了国家和社会的发展要求，但也与加强学生思想政治教育密切相关。当时设立学科的文件就指出："我国现行的以马克思主义为指导的思想品德课和政治理论课（从小学的思想品德课、中学的思想政治课，到高等学校的马克思主义理论课）的课程设置、教学内容和教学方法必须进行认真的改革。"❶ 可见，学生思想政治教育虽不是思想政治教育学科创设的全部基础，但设立思想政治教育学科和专业却包含着加强各级各类学校的学生思想政治教育的考量，并指出"师范类思想政治教育专业培养目标就规定为'能在中等以上学校从事马克思主义理论和思想政治教育学科的教学、科研的高级专门人才'"❷。因而"有了思想政治教育专业，系统开展学科建设便有了可靠的依托，通过专业建设，既培养专门人才、推进大学生辅导员的专业化、职业化，又出理论成果、推动学科建设发展、不断攀登新台阶"❸。当然，这里并不是说思想政治教育学科没有为其他领域的思想政治教育提供支撑，而是说它的功能和价值可体现于学生思想政治教育的加强上，即思想政治教育学科的创立不可否认地蕴含着加强学生

---

❶ 教育部社会科学司. 普通高校思想政治理论课文献选编（1949—2008）[M]. 北京：中国人民大学出版社，2008：106.

❷ 张耀灿. 改革开放 30 年与思想政治教育学科建设[J]. 思想政治教育研究，2008（5）.

❸ 张耀灿. 改革开放 30 年与思想政治教育学科建设[J]. 思想政治教育研究，2008（5）.

思想政治教育的成分。

从学科调整看，思想政治教育学科也与加强学生思想政治教育密切关联。思想政治教育学科经历了从思想政治教育本科专业到政治学一级学科下的马克思主义理论与思想政治教育二级学科，再到马克思主义理论一级学科下的思想政治教育二级学科。其实，思想政治教育学科调整的重要线索就是加强学生思想政治教育。例如，"1993 年 7 月，在调整普通高校本科专业目录时，将政治与思想品德教育专业与思想政治教育专业合并，统称思想政治教育专业，在思想政治教育专业下保留培养中等学校政治课教师"❶。只是学生思想政治教育的重心后来转换成了大学生思想政治教育。如 2004 年中央 16 号文件指出："要加强思想政治教育学科建设，培养思想政治教育专门人才。实施大学生思想政治教育队伍人才培养工程"，"为加强和改进大学生思想政治教育提供理论支持和决策咨询"❷。根据 2004 年中央 16 号文件，"为巩固马克思主义在高校教育教学中的指导地位，加强高校思想政治理论课建设，培养思想政治教育工作队伍提供有力的学科支撑"❸，增设马克思主义理论一级学科，思想政治教育学科调整为其下设二级学科，并将思想政治教育学科的研究范围规定为"高校学生思想政治教育与管理工作研究、大学生职业道德教育研究"❶ 等，并且还要求开设"高校学生管理"等课程。因而严格地说，加强大学生思想政治教育是思想政治教育学科调整和发展的新契机。虽然目前思想政治教育学科也服务于其他领域的思想政治教育（如社会稳定、文明创建、资政育人），但不容否认的是大学生思想政治教育正依托思想政治教育学科而发展，思想政治教育学科的学术取向也主要是为大学生思想政治教育提供理论指导。

认识到思想政治教育学科形成发展与学生思想政治教育的关系，确切地

---

❶ 张耀灿. 改革开放 30 年与思想政治教育学科建设 [J]. 思想政治教育研究，2008（5）.
❷ 教育部社会科学司. 普通高校思想政治理论课文献选编（1949—2008）[M]. 北京：中国人民大学出版社，2008：208.
❸ 教育部社会科学司. 普通高校思想政治理论课文献选编（1949—2008）[M]. 北京：中国人民大学出版社，2008：222.
❶ 教育部社会科学司. 普通高校思想政治理论课文献选编（1949—2008）[M]. 北京：中国人民大学出版社，2008：231.

说，认识到目前其与大学生思想政治教育的关系，对集中精力服务于包括大学生在内的思想政治教育及加强学生思想政治教育具有重要意义。然而，值得追问的是，目前思想政治教育学科发展是否完全满足学生思想政治教育的客观需要呢？思想政治教育学科的形成发展轨迹虽与学生思想政治教育密切关联，但思想政治教育学科建设现状与学生思想政治教育的实际要求还存在客观差距。

目前思想政治教育学科并没有以全部学生思想政治教育作为加强学科建设和学术研究的依据。何谓全部学生思想政治教育？从现实看，学生思想政治教育在不同的学段有不同的称谓，如在小学常称为学生品德培养，在初中称为学生思想品德教育，在高中和大学称为学生思想政治教育，有时在大中小学也统称为德育。这些称谓具有合理性，这是根据学生身心特点和认知接受能力从教育内容角度对学生思想政治教育的适度区分，比如在小学，由于学生认知能力限制，只能进行道德品质培养，而非政治理论教育。但这并不否认把这项指向学生的思想观念及行为领域并旨在培养良好思想、政治和品德的活动，总体上称为学生思想政治教育。全部学生思想政治教育即大中小学生的思想政治教育，但是目前思想政治教育学科研究高校学生思想政治教育的多，研究基础教育的学生思想政治教育的少；研究大学生成长发展规律的多，研究中小学生成长发展规律的少，而贯通性研究大中小学生成长发展规律和系统规划学生思想政治教育体系的就更少。目前学界的共识是思想政治教育学科要为大学生思想政治教育提供学科支撑和理论指导。这体现了思想政治教育学科建设的自觉意识，也是科学意识。但是思想政治教育学科的使命和价值不应仅限于此，其中就包括必须为基础教育的学生思想政治教育提供学科支撑和理论指导。

思想政治教育学科建设现状与学生思想政治教育的现实要求存在的差距，主要是与基础教育学生思想政治教育客观要求的差距。原因是什么？笔者认为：一是从事思想政治教育学科建设的基本力量是高校教师，而高校教师直接触及的领域多是大学生思想政治教育，因而他们由于自身教育教学的限制，没有意识或不愿意把精力投入基础教育学生思想政治教育的学术研究中，或仍主观地认为基础教育学生思想政治教育只是教育学科中德育研究领域；二是基础教育的教师、班主任和管理者虽面临实际的学生思想政治教育及问题，但是繁重的教学任务、科研能力的限制和不合理的教育理念以及以学生考试成绩评价教学的导向阻碍他们开展研究工作；三是在思想政治教育学科发展初期，由于教育学科下设的二级学科德育原理一定程度担负了基础教育学生思想政治教育的理论支撑，因而在思想政治教育学科创设初期并没有着力把其纳入自身学科研究领域。但是随着德育原理二级学科的撤销，基础教育学生思想政治教育的学术研究因"无家可归"目前只能挂靠在教育学科领域由教育学科的研究者"任意打扮"，因而目前部分教育学者和专家片面地提出以道德教育或公民教育或社会性教育代替学生思想政治教育就不足为奇了。

其实，基础教育本身的性质和价值客观地要求思想政治教育学科研究并利用基础教育学生思想政治教育。基础教育是高等教育的基础，也是奠基人生发展的教育；是国民教育体系的基础，也是个体建功立业的基础。基础教育是传授一些基础性知识的教育，囊括自然、社会和人生的方方面面，涉及为人处世和安身立命道理的传播与普及。而且，学生在基础教育阶段有许多成长发展的关键阶段，如小学是个体性格定型的时期，初中是个体自我意识高涨的阶段，高中是个体世界观、人生观和价值观初步确立的阶段。思想政治教育要培养国家和社会未来的建设者、发展者和创造者就必须关注基础教育阶段的学生成长发展的规律性现象及思想政治教育的学术研究。如果没有基础教育学生思想政治教育的理论思考和实践构想，那么大学生思想政治教育的加强也显得苍白无力。同时，思想政治教育学科要研究人的思想品德形成发展规律的最好途径就是要研究处在正在形成和发展思想品德的基础教育阶段的学生。因此，这些决定思想政治教育学科建设要把视角融入基础教育学生思想政治教育并着力其理论思考和实践构想。

当然，基础教育学生思想政治教育的问题也呼唤思想政治教育学科必须加强其理论建设。目前，基础教育学生思想政治教育虽没有成为思想政治教育学科研究的重点，但其存在却是一种事实，而且有亟待解决的问题。一是应试教育制约着中小学生思想政治教育的开展，如把中小学思想政治（品德）课作为备考的知识开设。二是中小学生思想政治教育实践要素有待整体建构。例如，教育目标倒置和错位、内容脱节和重复、方法缺乏针对性和层次性、评价单一和空泛等问题，需要系统规划学生思想政治教育体系并实现有效衔接和相互贯通。三是基础教育的学生思想政治教育的效果不理想。目前虽有新的思想政治（品德）课程标准，有专业的教育者，有专门的管理规范，但教育的实际效果仍不理想，这既表现为中小学生思想政治教育本身存在问题，也表现在中小学生成长发展的困惑问题和其与社会要求的差距问题比较突出。四是中小学生思想政治教育的发展定位与实践取向存在问题。部分中小学教师和教育专家习惯于把中小学生思想政治教育直接等同于道德教育，用道德教育代替思想政治教育；部分中小学教师和教育专家也总想把学科形式存在的思想政治（品德）课程消解掉，认为没有必要开设专门的课程进行品德教育。其实，这里既没看到对中小学生进行道德教育是从属于并且是为了养成良好的思想政治品德，也没看到学科形式的思想政治（品德）课程存在的客观依据。

可见，理论界并没有自觉地把学生思想政治教育作为独立存在的整体进行系统的学术探究。学生思想政治教育虽不是思想政治教育学科发展的全部基础，但却是重要根据。从思想政治教育学科形成发展与学生思想政治教育关联的角度看，思想政治教育学科理论建设必须推进学生思想政治教育理论研究，必须以全部学生思想政治教育作为思想政治教育学科建设和理论研究的重要基础。作为学科建设的学生思想政治教育值得深入探究，思想政治教育学科形成发展不可否认地蕴含着加强学生思想政治教育的成分，思想政治教育学科建设必须满足全部学生思想政治教育的客观需要。一定意义上说，把握学科建设维度的学生思想政治教育，可以增强思想政治教育学科的使命意识，可以加强学生思想政治教育的学术研究，也会彰显学生思想政治教育的特点，进而增强学生思想政治教育的针对性并取得理想的效果。

第二节　创建学生思想政治教育学的根据

思想政治教育学科的理论建设应以全部学生思想政治教育为基础，除以大学生思想政治教育为根据外，还要加强中小学生思想政治教育的学术研究，更应该从贯通国民教育诸学段的整体上对学生思想政治教育进行深入系统的研究。放眼现实，思想政治教育学科走过 30 多年发展历程并取得了令人振奋的成绩。处在"而立之年"之后的思想政治教育学科，为了更好地实现自身的成长发展，就需要在新的历史条件下，不断地开拓学科视域，丰富学科内涵，增强学科特色，提高学科水平，特别是建构一门打通大中小学诸学段专门研究学生思想政治教育的分支学科即学生思想政治教育学。目前，学界既很少从整体上对学生思想政治教育进行专门研究，更没有把学生思想政治教育作为独立的分支学科进行建设。创建学生思想政治教育学就是要把学生思想政治教育作为思想政治教育的分支来进行深入系统的研究。澄清学生思想政治教育学创建的根据，既有利于引起人们对学生思想政治教育整体研究的重视，也有利于明晰学生思想政治教育学科建设的价值和意义，进而增强学生思想政治教育系统研究的自觉性和使命感。学生思想政治教育学的创建有着深刻的现实实践根据、学科规制根据和研究现状根据。

一、创建学生思想政治教育学的现实实践根据

学生思想政治教育学的创建就是要对学生思想政治教育实践活动从贯通国民教育诸学段的意义上进行整体性的专门研究。现实中是否存在贯通国民教育诸学段的学生思想政治教育实践呢？在现实中，我们熟知的是大学生思想政治教育，我们不否认思想政治教育学科要加强大学生思想政治教育的研究，并为其提供学科支撑和理论滋养。但如果只存在大学生思想政治教育实践，那么应该形成大学生思想政治教育学，而不是学生思想政治教育学。如果现实中存在中学生和小学生思想政治教育实践，就可以说因为有大、中、小学生思想政治教育实践的整体存在，学生思想政治教育学以学生思想政治教育实践及其经验为研究对象就具有现实根据。中小学属于基础教育，是否存在学生思想政治教育实践最终也可转换成基础教育学生思想政治教育实践是否存在的问题。

从课程的角度，可以确证基础教育学生思想政治教育实践的存在。虽然我们可以暂时存疑学生思想政治教育实践的存在，但从字面上看，学生思想政治教育应该可以理解为培养学生思想政治品德的实践活动。目前在中小学阶段是否存在这种实践活动呢？答案不仅是肯定的，而且还可以找到系统培

养学生思想政治品德的课程体系。例如，在小学低年级（一、二年级）曾设置了"品德与生活"课程，并将课程的性质规定为："品德与生活课程是以儿童的生活为基础，以培养品德良好、乐于探究、热爱生活的儿童为目标的活动型综合课程。"在小学中高年级（三至六年级）曾设置了"品德与社会"课程，并将课程的性质规定为："品德与社会课程是在小学中高年级开设的一门以学生生活为基础、以学生良好品德形成为核心、促进学生社会性发展的综合课程。"在初中阶段还设置了"思想品德"课程，并将课程的性质规定为："本课程是为初中学生思想品德健康发展奠定基础的一门综合性的必修课程。"当然，按照最新国家有关规定将义务教育小学和初中"品德与生活""品德与社会""思想品德"教材名称统一更改为"道德与法治"并制定新课程标准。这个新的教材命名及使用一方面更进一步体现了中小学品德教育属于学生思想政治教育系列（因为在思想政治教育学科看来，道德和法治属于思想政治教育的基本内容）；另一方面也体现了基础教育阶段学生思想政治教育系统化趋势在加强。目前在高中阶段设置了"思想政治"课程，并将课程性质规定为："高中思想政治课进行马克思列宁主义、毛泽东思想、邓小平理论和'三个代表'重要思想的基本观点教育，以社会主义物质文明、政治文明、精神文明建设常识为基本内容，引导学生紧密结合与自己息息相关的经济、政治、文化生活，经历探究学习和社会实践的过程，领悟辩证唯物主义和历史唯物主义的基本观点和方法，切实提高参与现代社会生活的能力，逐步树立建设中国特色社会主义的共同理想，初步形成正确的世界观、人生观、价值观，为终身发展奠定思想政治素质基础。"因此，从相关课程体系及其性质角度看，我们可以说在基础教育阶段存在着系统培养学生思想政治品德的实践活动。虽然在小学阶段乃至初中阶段的课程设置更多地涉及学生良好生活常识和品德习惯的培养，这根本上是由学生身心发展特点和成长规律决定的，他们的接受能力和认识水平决定了只能对其进行基本的品德习惯教育，而不能像对高中生那样开设思想政治课，但我们不能否认它们总体上属于学生思想政治教育的系列。

从日常教育角度，也可以确证基础教育学生思想政治教育的存在。正如大学生思想政治教育可以分为课程和日常两类，既然基础教育有学生思想政治教育的课程，那么是否也存在日常教育呢？首先，基础教育阶段存在与学生思想政治教育相关的主题活动。《光明日报》2014 年 4 月 1 日报道："'心中有祖国、心中有他人'主题教育活动（简称'双有'），迄今已坚持开展 27年，每年围绕一个主题开展少年儿童群众性文化主题活动，已经成为影响力较大、持续时间最长的一项未成年人思想道德建设实践活动。"❶ 并且目前每年 3 月都会在中小学开展学雷锋活动，清明节也会组织学生到革命陵园开展纪念先烈活动等，这些活动的开展都是为了培养学生的思想品德和道德情操。其次，基础教育阶段存在与学生思想政治教育相关的团体活动，这些活动最主要的是少先队活动、共青团活动。一般会在二年级学期末组织小学生举行入队仪式，也会在初中阶段组织学生学习相关共青团知识以及入团宣誓等，这些活动的存在一定意义上都是直接在对学生进行思想政治教育。最后，基础教育阶段存在与学生思想政治教育相关的时政教育。目前随着中国梦的提出以及社会主义核心价值观主要内容的确立，我们提出了把中国梦或社会主义核心价值观融入国民教育全过程。因此，如上这些不论是在小学阶段，还是中学阶段，都说明客观存在着学生思想政治教育的实践，甚至我们也可以说学生思想政治教育是贯穿于国民教育全过程的。

确证基础教育学生思想政治教育的存在，除了从基础教育课程和日常教育找到根据外，还可以从国家关于指导基础教育的文件中找到根据。国家在1993 年 3 月 26 日颁布实施的《小学德育纲要》就指出："小学德育即学校对小学生进行的思想品德教育。"1995 年 2 月 27 日颁布实施的《中学德育大纲》指出："德育即对学生进行政治、思想、道德和心理品质教育。"1998 年3 月 16 日颁布的《中小学德育工作规程》指出："德育即对学生进行政治、思想、道德和心理品质教育。"我们知道，思想政治教育就是思想、政治、道德和心理等教育，因而对学生进行思想、政治、道德和心理等教育无疑属于学生思想政治教育的范畴。可见，学生思想政治教育可以作为贯通于国民教育诸学段的整体性用语，用来指称目前对各级各类学生进行的行为习惯、道德常识、思想观念、政治观点、法律规范等教育，具有深刻的现实根据。

---

❶　汪华. 2014 年全国"双有"主题教育活动发布［N］. 光明日报，2014 - 04 - 01.

当然，创建学生思想政治教育学要对学生思想政治教育实践活动从贯通国民教育诸学段的意义上进行整体性的专门研究。这需要转换学生思想政治教育理解的思维视角。从实际看，几乎很少有人能够贯通性地负责国民教育诸学段的思想政治教育，这就容易使人们对这项活动的理解缺乏整体视域。我们往往只负责这项实践活动的某个学段，为了增强针对性，我们习惯于从本学段的教育内容的角度来对自己的实践活动进行称谓，这就不难理解现实中为什么会出现生活常识教育、思想品德教育、行为习惯教育、思想道德教育、思想政治教育等用语。问题的复杂性还在于，思想政治教育这个用语在现实中可以有不同的所指，如思想政治教育在一定的语境中可以指进行思想政治内容教育，在其他语境中还可以指思想政治教育实践、学科专业。例如，张耀灿、郑永廷、吴潜涛等主编的《现代思想政治教育学》就认为："思想政治教育是指一定阶级、政党、社会群体遵循人们思想品德形成发展的规律，用一定的思想观念、政治观点、道德规范，对其成员施加有目的、有计划、有组织的影响，使他们形成符合一定社会、一定阶级所需要的思想品德的社会实践活动。"❶ 之所以有人认为学生的思想政治教育就是大学生或青年学生的思想政治教育，很大程度上就是因为仅仅局限于从教育内容的角度来理解学生思想政治教育。其实，在思想政治教育成为一项规范的实践活动（有着系统的内容构成，如道德教育、思想教育、政治教育、心理教育等）和成为一门学科专业的背景下，我们也应该借此深化拓展对学生思想政治教育的理解。我们应该区分教育内容和教育性质，将学生思想政治教育从关于教育内容的用语提升为指称整个实践活动，把大中小学诸学段的行为习惯、道德常识、思想观念、政治观点等教育内容都看作学生思想政治教育在国民教育不同学段的特定表现。而这种理解的实质就是要在思想政治教育学科领域内形成学生思想政治教育整体视域，在打通大中小学诸学段的整体上理解学生思想政治教育，对学生思想政治教育从贯通国民教育诸学段的意义上进行整体性的专门研究。

综上可见，学生思想政治教育作为一项实践活动，不仅表现为目前熟知

---

❶ 张耀灿，郑永廷，吴潜涛，等. 现代思想政治教育学[M]. 北京：人民出版社，2006：50.

的大学生思想政治教育，也以潜在的形式存在于基础教育阶段。学生思想政治教育是贯穿于大中小学诸学段的客观存在。虽然学生思想政治教育在不同的学段可以有不同的称谓和样态，但实质上都是学生思想政治教育在不同阶段的表现。既然学生思想政治教育是贯通诸学段客观存在的整体性实践活动，那么以学科化的形式深入系统地研究这项实践活动的规律就具有现实根据。所以说，学生思想政治教育既包括大学生思想政治教育实践，也涵括中小学生思想政治教育，才有必要对学生思想政治教育进行整体研究，形成专门研究学生思想政治教育的学生思想政治教育学。

二、创建学生思想政治教育学的学科规制根据

把学生思想政治教育作为思想政治教育学科的分支来建设，不仅在于现实中存在贯通国民教育诸学段的学生思想政治教育实践，还在于创建学生思想政治教育学是思想政治教育学科应该担负起的使命。这实质上回答的是现实中存在的学生思想政治教育实践的学科归属或定位问题。如果学生思想政治教育实践在归属上是思想政治教育学科的领地，那么就有必要在这个学科内创建专门研究学生思想政治教育的分支学科。

从思想政治教育学科专业的创设看，可以确证其与学生思想政治教育实践的关系。思想政治教育学科专业的酝酿蕴含着对学生思想政治教育实践的关照，在 1980 年 5 月开始的思想政治工作科学化的讨论中，钱学森就撰文指出建议"建立马克思主义德育学"。1984 年 4 月教育部发出的《关于在十二所院校设置思想政治教育专业的意见》的文件规定了思想政治教育学科专业首先是要培养能够做学生思想政治工作的人员，生源主要从理工农医各专业大一的学生干部中进行选拔培养。1984 年 6 月教育部发出的《关于在六所高等院校开办思想政治教育专业第二学士学位班的意见》的文件规定招生来源应当从高校理工农医各专业的辅导员中选拔培养并且毕业回单位工作。这些文件充分体现了思想政治教育学科专业把学生思想政治教育纳入自己的服务领域。当然，支撑学生思想政治教育的并非只有新设置的思想政治教育专业，在这之前高等师范院校中教育学门类中的政治教育专业还继续招生，毕业去中小学做政治教师。可以说，此时学生思想政治教育是由两个学科专业共同

支撑，新创设的属于法学门类的思想政治教育学科专业服务着高校学生思想政治教育，原有的属于教育学门类的政治教育专业支撑着中小学生思想政治教育，但我们不否认思想政治教育学科从创生起就把学生思想政治教育作为服务领域。

随后，思想政治教育学科专业经历了调整，其由原来支撑高校学生思想政治教育，开始支撑中小学生思想政治教育。这肇始于师范院校中"政治教育"专业的改革，1988 年 4 月国家教育委员会下发的《普通高等师范院校本科专业目录》（征求意见稿）中就师范院校的"政治教育"专业改名为"思想品德和政治教育"专业征求意见，并最终定名为"政治与思想品德教育"。在此基础上，"1993 年 7 月在调整普通高校本科专业目录时，将政治与思想品德教育专业和思想政治教育专业合并，统称思想政治教育专业，归属于教育学门类，在思想政治教育专业下保留培养中等学校政治课教师（师范性）和培养思想政治工作干部（非师范性）两个招生方向和培养目标"❶。1993 年 10 月 8 日国家教育委员会发布的《关于高等学校思想政治教育专业办学的意见》将培养目标规定为"在党政机关、学校、企事业单位从事思想政治教育工作的各级专门人才"。如上调整最突出的特点就是思想政治教育学科专业由原来在法学门类下支撑高校学生思想政治教育，开始在教育学门类下具有了支撑中小学思想政治教育的职能。当然，在经历 5 年（1993—1998 年）归属教育学门类后，"1998 年公布的改革开放以来第三次修订的普通高校本科专业目录，又将思想政治教育专业调整回到法学门类政治学科之下，并分为师范类和非师范类。师范类的培养目标是'能在中等以上学校从事马克思主义理论和思想政治教育学科的教学、科研的高级专门人才'，而非师范类则培养'能在党政机关、学校、企事业单位从事思想政治工作的专门人才'"❷。到目前为止这个本科思想政治教育学科专业就一直在法学门类下支撑着学校的学生思想政治教育。因此，既然思想政治教育学科专业有着为各级学校培养思想政治教育专门人才的定位，那么目前在思想政治教育学科内专门地整

---

❶ 张耀灿.30 年思想政治教育学科建设史述论［J］. 学校党建与思想教育，2008（12）.

❷ 张耀灿.改革开放 30 年与思想政治教育学科建设［J］. 思想政治教育研究，2008（5）.

体研究学生思想政治教育（含基础教育学生思想政治教育）无疑是其分内
的事情。

从设置培养研究生的思想政治教育学科专业看，我们也应该在目前法学
门类下的思想政治教育学科内对学生思想政治教育进行系统研究。在积极创
办和发展本科专业的同时，1987 年 5 月 29 日中共中央印发的《关于改进和加
强高等学校思想政治工作的决定》提出要"创造条件培养这方面的硕士生和
博士研究生"。1987 年 9 月 20 日国家教育委员会印发的《关于思想政治教育
专业培养硕士研究生的实施意见》指出："目前主要要为高等学校以及党政机
关培养思想政治工作者和思想政治教育专业的教学、科研人员。"因此，思想
政治教育硕士专业设立就包含着为学校的学生思想政治教育培养人才。考虑
学科整合发展的需要，1997 年 6 月国务院学位委员会设立了法学门类中政治
学一级学科下的"马克思主义理论与思想政治教育"二级学科，并将"能胜
任与本专业相关的教学、科学研究、宣传和党政工作"定位为硕士生的培养
目标，将能"胜任与本专业相关高层次的教学、科学研究、宣传和党政工作"
定位为博士生的培养目标。这个新的培养目标涵括了培养学生思想政治教育
实践和研究的高级人才。随后在 2005 年 12 月 23 日国务院学位委员会和教育
部下发《关于调整增设马克思主义理论一级学科及所属二级学科的通知》，正
式设立法学门类的马克思主义理论一级学科下的思想政治教育二级学科，并
将思想政治教育学科人才培养目标定位为"能胜任与本学科相关的教学、科
研和党政、群团、学生教育管理工作"。研究范围定位为"高校学生思想政治
教育与管理研究，大学生职业道德教育研究，未成年思想道德建设研究"等。
分析研究生思想政治教育学科专业的设置及调整，我们可以看到作为法学门
类的思想政治教育学科专业不仅支撑大学生思想政治教育，还把未成年人的
思想政治教育作为自己的领地。

因此，目前在思想政治教育学科内整体研究学生思想政治教育具有深刻
的学科规制根据。不论是开始以本科思想政治教育专业为存在形式的思想政
治教育学科，还是后来的培养研究生的思想政治教育学科，虽然对学生思想
政治教育的关联和支撑不同，本科思想政治教育专业主要通过培养中小学政
治教师把学生思想政治教育作为自己的服务领域，研究生的思想政治教育学

科专业主要是为高校学生思想政治教育培养人才，但总体上的思想政治教育学科不可否认地支撑着整体上的学生思想政治教育。设立思想政治教育学科和专业包含着加强各级各类学校的学生思想政治教育的考量。并且从学科门类上看，我们目前事实上是在法学门类下的思想政治教育学科内支撑着学生思想政治教育。当然，也许有人会以教育学领域中存在的德育研究来辩解研究中小学思想政治品德培养不属于思想政治教育学科的范围，而应是教育学科的事情。须知，虽然本科思想政治教育专业曾归属过教育学，但这毕竟已经成为历史，它早已带着曾在教育学门类下具有的支撑中小学思想政治品德培养的职能复归了法学门类。其实，德育一直没有成为高校独立设置的本科专业。虽然在 990 年德育原理专业曾在国家规定的培养研究生的学科目录中成为教育学门类下独立的二级学科，但在 1997 年在国家公布的研究生培养目标中又将德育原理专业从教育学门类下撤销。可以设想，连学科专业都不存在的所谓德育研究怎么能担负起基础教育学生思想品德培养研究呢？如果目前作为法学门类下的思想政治教育学科不去澄清这种事实，还误以为研究基础教育学生思想品德培养是教育学科领域的事情，是德育要研究的事情，这无疑是一种自我放逐。尽管作为舶来品的德育概念及其研究有存在的必要性，也有助于启发学生思想政治教育研究，但不能否认的是，目前从国家关于学科专业的规制看，基础教育学生思想政治教育乃至整个学生思想政治教育，事实上是法学门类下的思想政治教育学科要关注和研究的事情。思想政治教育学科为中小学或基础教育培养了相关教育者，也应该在研究上为基础教育学生思想政治教育提供学科支撑。因此，我们应该在法学门类下的思想政治教育学科内理直气壮地加强基础教育学生思想政治教育研究，并从整体上努力把学生思想政治教育作为思想政治教育的分支学科来进行专门化建设。

三、创建学生思想政治教育学的研究现状根据

把学生思想政治教育作为思想政治教育学科的分支来建设，还是研究现状的需要。对学生思想政治教育进行学科化的整体研究不是主观随意的事情，这一方面在于学生思想政治教育的研究已经积累了一定的成果；另一方面也

与学生思想政治教育研究的不足有关。学生思想政治教育研究的成果及不足，构成创建学生思想政治教育学的研究现状根据。

创建学生思想政治教育学是学生思想政治教育研究发展的要求。学生思想政治教育的研究经历了不同阶段，人们最初是在研究中学生思想政治教育时提出了学生思想政治教育概念，20世纪50年代到70年代末，人们关于学生思想政治教育的研究几乎都指向中小学。在1953年《人民教育》第10期发表的署名为北京四中的《学生思想政治教育总结》论文中首次提出了学生思想政治教育概念。随后学生思想政治教育的概念得到了广泛的使用，例如，1963年《学术研究》第6期发表的署名为广教的《广东教育界座谈中小学思想政治教育问题》，1979年《四川教育》第1期发表的署名为营山县城守镇第一小学的《向学生开展生动活泼的思想政治教育》，1980年《锦州师范学院学报（哲学社会科学版）》第4期发表的署名为贾淑英的《必须加强对中小学生的思想政治教育》等文章都对中小学生思想政治教育进行了研究。20世纪80年代初到90年代初，人们开始研究高校学生思想政治教育，笔者针对这个阶段在中国知网搜索到的中小学生思想政治教育研究文献共75篇，研究高校学生思想政治教育的文献共52篇。其中，1981年《上海高教研究》第2期署名为高娇妍、杜年玲的《关于高等学校学生思想政治教育工作的几个问题》的文章首次提出高校学生思想政治教育的概念。然而，从20个世纪90年代中后期以来，中小学生思想政治教育的研究处于迟缓状态，高校学生思想政治教育的研究急剧膨胀发展，目前笔者通过中国知网能搜索到此阶段的高校学生思想政治教育的研究成果共1089篇，而涉及中小学生思想政治教育的研究成果只有235篇。从如上研究历程看，人们很早就开始了学生思想政治教育的研究并积累了大量成果，这为学生思想政治教育学的创建积累了基础，但目前却存在研究高校学生思想政治教育多，研究中小学生思想政治教育少的不均衡发展状态，这无疑又为学生思想政治教育学的创建提供了契机。虽然我们要加强高校学生思想政治教育研究，但是中小学生思想政治教育研究不论是从抓基础，还是从抓根本的角度看，我们都应该重视起来，况且学生思想政治教育研究原本就开始于基础教育阶段（关于中小学思想政治教育的探讨）。创建学生思想政治教育学就是在梳理学生思想政治教育研究历程及成果的基础上，对包括中小学生思想政治教育在内的学生思想政治教育进行整体研究，整体揭示针对学生的思想政治教育的特点和规律，这无疑是学生思想政治教育研究均衡发展的要求。

创建学生思想政治教育学是提升学生思想政治教育研究层次的需要。仔细检视现有的学生思想政治教育研究成果，不仅存在研究格局的不均衡性，还存在研究水平的低层次性。人们在学生思想政治教育研究方面，比较注重学生思想政治教育的政策研究、热点研究和问题研究，而缺少对学生思想政治教育学科化的学问研究。学生思想政治教育的政策研究、热点研究和问题研究与学生思想政治教育的学问研究不是一回事，前者主要是从贯彻国家和相关部门对学生开展的相关主题教育或从解决学生思想政治教育实践中问题的角度对学生思想政治教育开展的研究，带有明显的针对性和应用性；后者是将学生思想政治教育上升到专门学科的高度，试图通过确定研究对象、把握研究内容、选择研究方法、建构理论体系来揭示学生思想政治教育的规律性，带有明显的理论性和学科性。一定意义上，目前存在的学生思想政治教育研究多属于对策研究，而学生思想政治教育学属于学问研究。目前人们把学生思想政治教育作为整体进行专门学科建制的研究几乎为空白。这某种程度上制约了学生思想政治教育的科学发展，也影响了学生思想政治教育的理论提升。创建学生思想政治教育学就是要在整体把握学生思想政治教育研究的层次及其成果的基础上，以学科建制的视角对学生思想政治教育进行专门的学问研究，这种研究反过来可以为学生思想政治教育对策研究提供强有力的学科依托。

创建学生思想政治教育学是处理好学生思想政治教育研究与其他相关研究的需要。客观地讲，目前思想政治教育学科并没有自觉地把学生思想政治教育看作独立的整体存在进行系统的学术研究，进而缺失了对学生思想政治教育的科学定位，也给澄明学生思想政治教育与德育的关系带来了困境。就学生思想政治教育与思想政治教育基本理论研究的关系而言，目前的突出问题就是二者存在边界混淆、取代和论域不分、杂糅现象。很多成果虽然呈现形式是思想政治教育基本理论，但实则是以学生思想政治教育为立论根据。也存在把思想政治教育科学研究等同于学生思想政治教育科学研究的倾向，以为目前已有专门研究思想政治教育的学科，就没有必要再对学生思想政治教育进行专门学科研究。其实，二者是共性与个性的关系，不能相互取代，更不能领域不分。对学生思想政治教育进行专门化的学科研究能厘清学生思想政治教育研究与思想政治教育研究的边界、论域和对象等。这既有利于把握学生思想政治教育的特殊规律，同时也有利于促进思想政治教育原理的发展。就学生思想政治教育与德育研究的关系而言，目前存在的最大认识障碍是，研究学生思想政治教育的人常误以为中小学生思想政治品德培养是德育研究的事情。实际上，就目前而言，德育研究无法完全担负起中小学生思想政治品德培养研究的任务，更无力为基础教育学生思想政治品德培养提供学科支撑。"从语义分析，德育本来就是道德教育；从学者的探讨中可以看出，'大德育'有其名却无其实，德育原理更多的是道德教育原理。"❶ 德育领域的代表性成果及研究者研究的主要是道德教育，提供的只是道德教育的一般道理。既然德育是教育学科的概念以及无法支撑学生思想政治品德培养的所有方面，我们也应该在思想政治教育学科的关照下打通大中小学对系统培养学生思想政治品德的实践活动进行学科化的整体研究。

总之，创建学生思想政治教育学有着深刻的现实实践根据、学科规制根据和研究现状根据。不系统地把中小学生思想政治品德培养纳入思想政治教育学科理论建设范畴，这事实上是把基础教育中的思想政治教育让渡给了教育学或道德教育研究，会造成思想政治教育学科对国民教育支撑的缺位。学生思想政治教育应该有三重形态，作为实践活动的学生思想政治教育，作为研究领域的学生思想政治教育，作为学科形态的学生思想政治教育。目前有作为实践活动的学生思想政治教育，也有作为研究领域的学生思想政治教育，我们还没有创建起专门研究学生思想政治教育的学科。无论从加强学生思想政治教育实践的角度，还是从加强学生思想政治教育整体研究的角度，抑或加强思想政治教育学科建设的角度，我们都需要把学生思想政治教育作为思想政治教育的分支进行专门的整体研究。

---

❶ 张忠华. 论中国特色的德育概念之研究［J］. 现代大学教育，2008（3）.

第三节　学生思想政治教育学的基本视域

把学生思想政治教育作为思想政治教育学科的一门分支学科进行建设具有必要性，也具有现实性。创建学生思想政治教育学，形成学生思想政治教育学的基本视域，亟须形成贯通国民教育诸学段的学生思想政治教育理论体系，建构贯通国民教育诸学段的学生思想政治教育实践体系，创设贯通国民教育诸学段的学生思想政治教育学科体系。

一、形成贯通国民教育诸学段的学生思想政治教育理论体系

把学生思想政治教育作为思想政治教育学科的一门分支学科进行建设，就应该在贯通国民教育诸学段的意义上对学生思想政治教育基本理论问题进行整体研究，形成贯通国民教育诸学段的学生思想政治教育理论体系。

首先，要研究为什么国民教育诸学段旨在培养学生良好思想品德并有着不同表现形态的实践活动总体上可以统称为学生思想政治教育，形成"学生思想政治教育统称论"。学生思想政治教育学创建的前提是学生思想政治教育实践的存在，是充分认识到学生思想政治教育不仅是人们通常理解的高校学生思想政治教育，而是贯通国民教育诸学段，包括中小学或基础教育阶段在内都属于学生思想政治教育存在范畴。然而，当前在中小学或基础教育阶段，很少使用学生思想政治教育这个术语，特别是在初中或小学阶段好像没有进行思想政治教育，而进行的是道德与法治教育，或以往的品德与生活、品德与社会、思想品德教育。因而这里的一个难题就是如何理解学生思想政治教育。学生思想政治教育是思想政治内容的教育，还是包括思想教育、政治教育、道德教育、法制教育、心理教育在内的一项综合性的实践活动？这个问题看似简单，实际上直接决定和影响着学生思想政治教育的研究，特别是影响到大中小学生思想政治教育研究整体视域的成立和学生思想政治教育学的创建。我们认为，学生思想政治教育是一项综合的教育实践活动，包括思想教育、政治教育、道德教育、法制教育、心理教育等。如果我们持有这样的观点，我们就需要充分地给予说明和论证，特别是要深入分析和论证为什么

国民教育诸学段旨在培养学生良好思想品德并有不同表现形态的实践活动总体上可以统称为学生思想政治教育。这是创建学生思想政治教育学必须首先澄明的前提性问题。

其次，要结合社会发展要求、学生成长状况以及其国民教育诸学段的经验和现实，深入研究和确定学生思想政治教育在国民教育诸学段最适合、最恰当的表现形态和实现形式，形成"学生思想政治教育的学段样态论"。既然国民教育诸学段旨在把学生培养成为符合国家和社会要求的品德、思想和行为规范的人的实践活动从总体上可以统称为学生思想政治教育，学生思想政治教育可以贯通国民教育诸学段，学生思想政治教育在国民教育不同的学段可以有不同的存在形式和实现方式，那么值得深入思考的是，学生思想政治教育在不同学段最合适、最恰当的表现形态和实现形式是什么？这是把学生思想政治教育作为思想政治教育学科的一门分支学科来进行建设值得深入研究的问题。就以往乃至当前看，学生思想政治教育在不同学段的表现形态和实现形式，依然处于不断的变化之中。例如，就课程角度而言，二十多年来，小学阶段就经历了从思想品德教育到品德与生活教育（一至二年级）和品德与社会教育（三至六年级），再到当前的整个小学阶段的道德与法治教育，初中阶段也经历由思想品德教育到当前整个初中阶段的道德与法治教育。这些称谓虽然一定程度上反映了时代的变化、社会现实的需要和对教育对象成长发展规律的认识，但是从深层看，实际上属于学生思想政治教育在不同学段最合适、最恰当的表现形态和实现形式问题。这种不同学段称谓的变化，特别是同一学段不同称谓的变化，实则反映了学生思想政治教育学段样态问题的探索尝试。因此，创建贯通国民教育诸学段的学生思想政治教育学，应该要结合社会发展要求、学生成长状况以及其国民教育诸学段的经验和现实，深入研究和确定学生思想政治教育在国民教育诸学段最适合、最恰当的表现形态和实现形式。

再次，要研究和确定学生思想政治教育在国民教育诸学段的分工和重心，形成"学生思想政治教育的学段分工论"。在充分把握了国民教育不同学段的旨在把学生培养成为符合国家和社会要求的品德、思想和行为规范的人的实践活动从总体上可以统称为学生思想政治教育，以及学生思想政治教育在国民教育不同学段最适合、最恰当的表现形态和实现形式的基础上，要根据整个国家和社会要求并联系国民教育诸学段中教育对象成长发展的实际，站在国民教育的整体视域系统思考和深刻揭示学生思想政治教育在国民教育诸学段的分工和重心。这个问题虽然一定程度上与学生思想政治教育的学段样态相关，却不是同一个问题。学生思想政治教育的学段样态问题是要回答学生思想政治教育在不同学段的表现形态和实现形式问题，涉及如何理解学生思想政治教育在国民教育不同学段的称谓问题和实现方式问题，而学生思想政治教育的学段分工问题实际上是一个更深层的问题，涉及学生思想政治教育在国民教育不同学段的核心任务和工作重心问题。要想揭示和说明学生思想政治教育在国民教育不同学段的样态问题，必须深刻揭示和阐释学生思想政治教育在国民教育不同学段的分工问题。学生思想政治教育在国民教育不同学段的分工问题，与国家和社会发展变化对整个学生思想政治教育的总要求有关，也与不同学段教育对象的成长发展状况有关。要结合国家和社会的总要求，并联系不同学段教育对象成长发展的实际情况，将国家和社会的总要求细化为国民教育不同学段的核心任务和工作重心。关于学生思想政治教育学段分工的研究，可以为学生思想政治教育学段目标、学段内容、学段方法乃至教育者学段职能的确定提供深层指导。

最后，要充分把握学生思想政治教育在国民教育诸学段的特殊规律和要求，形成"学生思想政治教育的学段规律论"。从贯通国民教育诸学段的意义上对学生思想政治教育基本理论问题进行深入的理论研究，还有一个不可回避的理论问题需要深刻回答，那就是学生思想政治教育在国民教育诸学段的特殊规律和要求。既然学生思想政治教育在不同学段有着不同的称谓，也可以有不同的表现形态和实现形式，同时也担负着不同的学段分工，那么这些诸多学段差异现象背后的深层学段规律是什么？是哪些深层的特殊学段规律决定了学生思想政治教育在不同学段可以有不同的学段称谓，可以有这样的学段样态，可以有这样的学段分工？这是创建学生思想政治教育学，在贯通国民教育诸学段的意义上对学生思想政治教育基本理论问题进行深入研究必须认真回答好的问题。要回答好这个问题，必须充分把握为什么不同学段可以有不同的学段称谓和学生思想政治教育的学段样态和分工，同时，也应该深入联系学生思想政治教育存在于其中的社会大系统，特别是这个社会大系统中国家和社会的要求，当然，也更应该深入联系国民教育不同学段教育对象成长发展的实际状况，特别是教育对象成长发展的规律性。只有抓住这些关键点，才能深刻回答和抽象概括学生思想政治教育在不同学段的特殊规律和要求以及学生思想政治教育在不同学段到底有哪些规律。

可见，创建学生思想政治教育学涉及一些关于学生思想政治教育的基本理论问题，而能否深入回答和科学阐释好这些基本理论问题将直接决定能否形成学生思想政治教育整体视域，能否在贯通国民教育诸学段的意义上对学生思想政治教育进行深入系统的研究，也决定着能否形成贯通国民教育诸学段的学生思想政治教育理论。在贯通国民教育诸学段的意义上对学生思想政治教育基本理论问题进行研究，就要特别研究为什么国民教育诸学段旨在培养学生良好思想品德并有不同表现形态的实践活动总体上可以统称为学生思想政治教育；深入研究和确定学生思想政治教育在国民教育诸学段最适合、最恰当的表现形态和实现形式；深入研究和确定学生思想政治教育在国民教育诸学段的分工和重心；充分把握学生思想政治教育在国民教育诸学段的特殊规律和要求。从贯通国民教育的意义上对学生思想政治教育的统称、样态、分工和规律等进行深入系统的理论研究，既是推进学生思想政治教育学创建的必然要求，也是学生思想政治教育学的重要内容。当然，对贯通国民教育诸学段的学生思想政治教育进行深入系统的理论研究，除了在贯通国民教育的意义上对学生思想政治教育的统称、样态、分工和规律等基本理论问题进行深入研究外，还有其他一些研究也十分重要。例如，从贯通国民教育诸学段的意义上对学生思想政治教育的热点、难点研究，深入研究现实学生思想政治教育领域中及不同学段中的热点、难点问题并提出针对性策略。再如，从贯通国民教育的意义上对学生思想政治教育的借鉴研究，从历史借鉴和比较借鉴角度研究古今中外针对学生进行思想政治教育的资源和智慧，为当代中国学生思想政治教育提供借鉴。可见，从贯通国民教育的意义上对学生思想政治教育的统称、样态、分工和规律等进行深入系统的理论研究是一个涉及诸多问题的复杂工作，当然也是一个亟须深入回答的重要课题。从现实看，尽管有很多人在研究大学生思想政治教育，也有很多人对中小学生思想道德教育进行了研究，但从研究视角看，人们尚未形成学生思想政治教育的整体视域，尚未在这种整体视域观照下对大学生思想政治教育或中小学思想品德教育进行研究。打通大中小学诸学段形成学生思想政治教育的整体视域，并从贯通国民教育诸学段上加强这项实践活动的系统研究以创建学生思想政治教育学，不仅能够形成贯通国民教育的学生思想政治教育理论，还能够从纵深处丰富、完善大学生思想政治教育理论或中小学思想道德教育理论。

二、建构贯通国民教育诸学段的学生思想政治教育实践体系

从贯通国民教育诸学段的整体上来整体研究学生思想政治教育，推进学生思想政治教育学的创建，不仅要在贯通国民教育诸学段的意义上深刻回答学生思想政治教育的基本理论问题，同时还应以对学生思想政治教育基本理论问题的回答为依据，特别是以对学生思想政治教育的统称、样态、分工和规律等的研究为依据深入贯通国民教育诸学段的学生思想政治教育实践中，优化学生思想政治教育实践要素，建构贯通国民教育诸学段的学生思想政治教育实践体系。创建学生思想政治教育学，应该把整体建构贯通国民教育诸学段的学生思想政治教育实践体系作为重中之重的学科使命来进行贯彻落实。这既是由整体建构贯通国民教育诸学段的学生思想政治教育实践体系的现实需要决定的，也是由当前在这方面特别是以德育为统领整体建构德育体系的不足决定的。

整体建构大中小学不同学段学生思想政治教育实践活动是一项非常重要的现实课题。在这方面有一个不断深入推进的过程，也是一个值得深入反思的过程。中共中央《关于改革学校思想品德和政治理论课程教学的通知》（1985 年 8 月）首次从国民教育整体上分别对小学、初中、高中、大学和研究生阶段的马克思主义思想品德课和政治理论课规定了相应内容和要求。❶ 这是新时期第一次从课程的角度对不同学段的教育实践活动进行整体安排。遗憾的是，这里并没有对贯通国民教育诸学段的课程进行统一的称谓，而只是

---

❶ 教育部社会科学司. 普通高校思想政治理论课文献选编（1949—2008）［M］. 北京：中国人民大学出版社，2008：161.

合称为马克思主义思想品德课和政治理论课。而统一的课程称谓是从总体上对这些课程进行命名，要涉及从贯通国民教育的整体上来抽象概括这些课程。随后这种整体规划有了新的发展。这集中表现为德育在这种整体规划中的引入以及开始用德育来统领和指称不同学段的教育实践活动。中共中央《关于改革和加强中小学德育工作的通知》（1988年12月）首次将中小学作为一个整体来进行德育规划，并首次界定中小学中德育的内涵，即"在中小学教育中，德育即思想品德和政治教育"。中共中央《关于进一步加强和改进学校德育工作的若干意见》（1994年8月）正式提出了"整体构建学校德育体系"，并使用了"德育课程"指称各学段的课程。随后从整体规划的角度先后颁布了《小学德育纲要》（1993年3月）、《中学德育大纲》（1995年2月）、《中国普通高等学校德育大纲》（1995年11月）。可以说，至此人们经常用德育来统称不同学段的教育实践活动，以德育为统领来进行这项实践活动的整体建构。《国家中长期教育改革和发展规划纲要（2010—2020年）》指出："树立系统培养观念"，"构建大中小有效衔接的德育体系"。全面加强和改进学校德育体系，促进大中小学德育课程一体化被相关部门和研究专家提上日程。这些无疑反映了国家和社会对整体规划不同学段教育实践活动的重视。

然而，值得思考的是，这种用德育来统称和整体规划不同学段的教育实践活动，随着形势的发展，是否科学合理？这需要回顾当时人们将德育引入这项实践活动的背景。20世纪80、90年代，德育的大量使用既与"文革"对思想政治教育形象的毁坏有关，也与随着国门打开与国际教育接轨有关，还与考虑到人们对思想政治教育的心理抵触有关。当然，也与我们培养德智体全面发展的人的教育方针有关。可以说，当时使用德育来统一指称和整体规划不同学段的教育实践活动有一定合理性，但是在思想政治教育作为一项实践活动和一门学科专业已经获得人们普遍认可的情况下，用德育来指称和统领不同学段的教育实践活动也带来了一些困境。首先，德育的所指并未达成共识，尽管在国家文件中多次指出德育即思想教育、政治教育、道德教育乃至心理教育等，这常被人称为"大德育"，但研究德育的大多数专家学者（诸如檀传宝、戚万学、朱小蔓、杜时忠、张忠华等）都只是沿袭西方关于德育的界定，即德育就是道德教育，而不主张德育的泛化，有学者就指出"至今还没有一本德育学著作真正是以'大德育'格局来构建自己的理论框架"❶。可见，国家文件中的德育并没有获得大量学术力量的支持。其次，随着思想政治教育学科的深入发展，越来越形成一种共识，即德育是教育学的概念，尽管我们在国家政策中将德育规定为思想教育、政治教育、道德教育乃至心理教育等，但思想政治教育学科的这种共识限制了众多研究思想政治教育的人对这种以德育为指称的思想政治教育实践活动的关注和参与。因此，目前造成的困境是，研究德育的大多数专家学者不是按照国家文件规定的德育内涵去研究德育，而研究思想政治教育的人由于概念使用的限制也无法对实质上是对各级各类学生进行思想政治教育的这项实践活动进行深入系统的研究。当然，这不排除个别德育研究的专家用广义德育研究德育和整体建构德育体系，也不排除个别思想政治教育学科专家用德育概念来研究学生思想政治教育，但总体上看，这不是主流。目前的基本事实是，研究德育的人一般不去研究思想政治教育，研究思想政治教育的人也一般不会使用德育指称。一定意义上，这也就是为什么人们在实践领域呼吁了那么多年，国家相关文件政策一再强调，而整体建构德育体系的成效却始终没有取得实质性进展。

随着形势的发展以及国家对整体建构国民教育诸学段学生思想政治教育实践活动的日益重视和以德育为统领带来的一些困境，我们应该认真思考如何才能更好地推进不同学段学生思想政治教育实践活动的整体建构。其实，如果我们从整体上来理解学生思想政治教育，而不是仅仅将学生思想政治教育局限于思想政治内容的教育，那么学校德育实质上就是学生思想政治教育，各级各类学校德育的指涉都可以在学生思想政治教育的整体视域中获得统摄。例如，《小学德育纲要》就指出："小学的德育就是对小学生进行思想品德教育"；《中学德育大纲》指出："德育即对学生进行政治、思想、道德和心理品质教育"；《中国普通高等学校德育大纲》指出："德育即思想、政治和品德教育"。因而，用学生思想政治教育来统一指称和整体建构不同学段的实践活动更符合这项实践活动的实质。除此之外，用学生思想政治教育来统一指称和整体建构这项实践活动也可以弥补德育指称的广狭不定和研究不足，获

---

❶ 张忠华. 论中国特色的德育概念之研究［J］. 现代大学教育，2008（3）.

得更坚实的思想政治教育学科支撑，吸引更多的思想政治教育学科的力量和人员参与其中。其实，到底用德育来统领大中小学诸学段学生思想政治教育实践活动及其整体建构，还是用学生思想政治教育来统领之，反映的是不同的认识水平。如果我们从大学阶段看这项贯通国民教育诸学段的实践活动，就会明显地看到这项实践活动总体上的思想政治教育实质；如果我们从小学阶段来理解这项实践活动，就会看到这种实践活动是从道德教育开始而随后都是在这个基础上的延展，就会以德育内涵扩充来理解这项实践。这里的实质是到底用事物的低级阶段来理解事物的本质，还是以事物的高级阶段来理解事物的本质。很明显，用事物的高级形态去理解事物的本质更具有合理性。因此，改革开放以来就提出而目前亟须继续深入推进的整体建构国民教育不同学段的学生思想政治教育实践活动，需要我们在把学生思想政治教育作为思想政治教育学科的一门分支学科进行建设时，以学生思想政治教育整体视域来对这项实践活动进行整体设计。

把学生思想政治教育作为思想政治教育学科的一门分支学科进行建设，建构贯通国民教育诸学段的学生思想政治教育实践体系，要实现以德育为统领整体建构德育体系向以学生思想政治教育为统领整体建构学生思想政治教育实践体系转换。德育的实质就是学生思想政治教育，以往整体建构德育体系实际上是对贯通国民教育诸学段的学生思想政治教育实践要素的系统化。这里的关键是对学生思想政治教育的实践要素进行横向贯通、纵向衔接的关联性把握，在形成对特定学段具有针对性和效果性思想政治教育的同时，形成贯通国民教育诸学段的学生思想政治教育实践体系。整体建构学生思想政治教育实践体系要确保要素的完备性和防止要素的过度模块化。以往在以德育为统领整体建构学校德育体系的过程中，几乎都没有将教育对象和教育队伍的系统化把握纳入体系建构之中，并且存在过度模块化的嫌疑。以学生思想政治教育为统领，整体建构学生思想政治教育实践体系，就要深入了解各要素之间的本质性关联。从理路上看，这种整体建构应该以国家和社会发展为背景，以对教育对象的系统把握为起点，然后在系统把握教育对象的基础上结合国家和社会的现实需要，对教育者的职能定位和教育的目标及内容进行系统建构，并在这些基础上实现教育方法体系化建构，最后落脚为教育实效评价标准的系统建构。在推进学生思想政治教育实践诸要素横向贯通和纵向衔接的基础上，实现对学生成长发展内容进行阶段化呈现，逐步建构贯通国民教育诸学段并且能够纵向衔接的教育者职能定位、教育目标序列、教育内容序列、教育方法序列和教育实效评价标准序列，形成整个学生思想政治教育实践要素的纵横体系化，建构匹配性、针对性、层次性、衔接性强的贯通国民教育诸学段的学生思想政治教育实践体系。

当然，创建贯通国民教育诸学段的学生思想政治教育实践体系涉及各个部门、环节的协调和配合乃至规章制度建设，但从最核心的角度，学生思想政治教育实践体系的整体建构就是要以教育对象为起点，以教育者职能定位为关键，以教育目标和内容为核心，以教育途径方法为重点，以教育效果评估为保障，形成诸要素横向贯通、诸学段纵向衔接的总体螺旋上升，逐步提高的学生思想政治教育实践体系。

三、创设贯通国民教育诸学段的学生思想政治教育学科体系

创建学生思想政治教育学不仅要从深化基本理论研究和整体实践建构，还应该推进学生思想政治教育学科体系建构。仔细检视现有的学生思想政治教育研究成果，人们比较注重学生思想政治教育的政策研究、热点研究和问题研究，而缺少对学生思想政治教育学科化的学问研究。对学生思想政治教育进行学科建制研究，可以通过明确研究对象、确定研究内容、选择研究方法等来深化整体视域中学生思想政治教育研究，也可为学生思想政治教育实践体系建构提供有力的学科支撑。从这种意义上，我们也要把学生思想政治教育作为思想政治教育的分支学科来建设。一定程度上看，学生思想政治教育在实践中虽是事实存在，但我们的学科并没有完全担负起学生思想政治教育的学术研究。目前有必要在整体上把学生思想政治教育作为思想政治教育学科的独立领域和研究方向，并尝试建构一门打通大中小学诸学段专门研究学生思想政治教育的分支学科即学生思想政治教育学，并就这个分支学科的研究对象、研究内容和研究方法做一些初步构想。

学生思想政治教育学研究对象的厘定。关于研究对象，从思想政治教育学科本身看，主流观点认为思想政治教育学的研究对象是规律，只是有人认

为是思想政治教育规律，或有人认为是人的品德形成发展规律，抑或有人认为是思想政治教育规律和人的思想品德形成发展规律等，但不管怎样，都认为规律是研究对象。其实"把思想政治教育学的研究对象确定为规律，无论一个、两个、三个，或什么规律，都不够完整和全面。思想政治教育学的研究对象应该包括规律，并且规律问题的研究也是思想政治教育学研究的核心，但是规律不能构成思想政治教育学的研究对象，思想政治教育的实践活动（包括规律）才是思想政治教育学研究对象"❶。鉴于此，学生思想政治教育学的研究对象不是学生思想政治教育规律或学生的思想品德发展规律抑或二者的结合等，而是学生思想政治教育实践活动及其经验。虽然学生思想政治教育学通过对学生思想政治教育实践及其经验的研究，能揭示学生思想政治教育规律和学生品德形成发展规律，但那只是学生思想政治教育学研究对象的重要构成而不是全部构成。学生思想政治教育学的研究对象只能是由大中小学生思想政治教育实践活动及其经验构成的整体存在。

学生思想政治教育学研究内容的确定。根据当前亟须解决的问题，主要研究内容规约如下：一是学生思想政治教育的对象研究。学生思想政治教育对象包括大中小学生，要对大中小学生进行深入系统的研究，这既要把握小学生、初中生、高中生和大学生各个年级的身心基础、主导需要、行为特点和典型问题，也要把握大中小学生身心发展的规律性、主导需要产生的规律性、行为特点表现的规律性和典型问题呈现的规律性，并据此深入探究学生思想品德形成发展的本质、过程、规律和特点等。二是学生思想政治教育的目标研究。学生思想政治教育目标研究是在对象研究的基础上全面把握国家和社会的现实要求，科学合理地整体建构学生思想政治教育目标体系。这既包括建构有针对性的学段目标内容，也包括建构多维的学段目标层次，还要对建构目标的原则方法等进行探究。三是学生思想政治教育的内容研究。这既要对学生思想政治教育内容的确定依据、基本构成、展开模式和学段呈现等进行深入系统的研究，也要对学生思想政治教育的教材内容进行梳理建构，以及对日常教育内容进行科学规约，并实现教材内容与日常内容的配合与对

---

❶ 王立仁. 论思想政治教育学的研究对象[J]. 北京交通大学学报（社会科学版），2011 (3).

接，最终形成涵容社会要求、国家意志、对象发展需要的有效衔接的教育内容体系。四是学生思想政治教育的方法研究。这是要对学生思想政治教育方法进行梳理，梳理出适合学生思想政治教育的方法到底有哪些，并根据各学段学生的特点、教育目标和内容要求去建构有针对性的学生思想政治教育方法体系，力图呈现出每个学段甚至每个年级独特的方法集合。五是学生思想政治教育的环境研究。环境是不断变化发展的，研究学生思想政治教育环境是学生思想政治教育学术创新的背景依据，也是实现环境育人的方式。因而要系统地把握和梳理学生思想政治教育的环境，包括环境的概念界定、类型、特点和选择优化以及科学建构与创设等。六是学生思想政治教育的主体研究。学生思想政治教育无论怎样把握教育对象、建构教育目标、规约教育内容、选择教育方法、优化教育环境，最终都将由教育主体来实施，都必须转化为教育主体的自觉意识和职业技能等，因而要研究各学段教育主体的素质、能力、修养和培养以及各种教育主体之间交流机制的建构等。七是学生思想政治教育效果评估的标准研究。学生思想政治教育追求效果就要建构效果评估标准，没有效果评估标准就无法客观衡量教育效果、评判教育对象品行、实现教育管理与指导，因而要研究如何建构效果评估标准并找到效果评估标准建构的依据原则和方法，同时还要呈现学段效果评估标准。如上虽不是学生思想政治教育学要研究的全部内容（如还有原则、机制、途径等），但目前却是亟待研究的关键内容。

学生思想政治教育学研究方法的选择。要把握研究对象，落实研究内容，必须掌握一套科学的研究方法。这里结合研究对象和内容的特殊性，重点提出如下方法：一是文献调研的方法。学生思想政治教育研究必须充分搜集国内外已有的相关文献资料，把握研究现状，借鉴经验，发现不足，为全面系统研究奠定基础。二是实地观察的方法。观察的方法是指学生思想政治教育对相关问题的研究不能是纯粹书斋式的思辨研究，而必须通过接触和观察研究对象，去深入细致地占有经验材料，并通过归纳概括材料得出结论。三是问卷调查的方法。就是通过设计有效的问卷，不论是封闭问卷，还是开放问卷，去搜集研究对象的有关信息，并通过对信息的处理以获得认识成果。四是访问访谈的方法。学生思想政治教育的参与者或当事人对相关研究对象的感受和体验最真实贴切，最有发言权，也是推进问题解决的线索，因而可通过访问访谈充分了解实际参与者的心态、看法、体验和需求，以把握研究对象的规律性及其发展趋势。当然，贯穿如上的分析综合法、理论建构法和学术研讨法等，也是学生思想政治教育学研究的重要方法。

其实，创建学生思想政治教育学，从学科建制的角度看，是一个系统的工程，涉及诸多的问题，但不容忽视的是，把学生思想政治教育作为思想政治教育学科的一门分支学科来进行建设，创建学生思想政治教育学科体系最为重要的是要明确研究对象、确定研究内容、找到研究方法。从研究对象上，要从贯通国民教育诸学段的整体上来系统研究学生思想政治教育；从研究内容上，要对整体视域中学生思想政治教育的实践构成及实践经验进行深入研究；从研究方法上，要采用历史与逻辑、理论与实证等相结合的方法进行立体多维动态的研究。这是当前深入推进贯通国民教育诸学段的学生思想政治教育基本理论问题研究和整体建构学生思想政治教育实践体系，必须清醒和自觉的问题，更是把学生思想政治教育作为思想政治教育学科的一门分支学科来进行建设，形成贯通国民教育诸学段的学生思想政治教育学科体系必须认真贯彻落实的问题。只有明确了学生思想政治教育学的研究对象，确定了学生思想政治教育学的研究内容，找到了学生思想政治教育学的研究方法，才能更好地推进贯通国民教育诸学段的学生思想政治教育基本理论问题研究，推动学生思想政治教育实践体系的整体建构，才能更好地创建具有针对性和科学性的学生思想政治教育学科体系。

不可否认，随着形势的发展，特别是随着中国特色社会主义进入新时代，如何培养新时代中国特色社会主义事业的合格建设者和可靠接班人、如何培育能够担当民族复兴大任的时代新人，成为当前国家和社会对新时代学生思想政治教育提出的重大课题。为回答好这个重大课题，为了更好地发挥贯通国民教育诸学段的学生思想政治教育培养新时代中国特色社会主义事业的合格建设者和可靠接班人、培育能够担当民族复兴大任的时代新人的时代任务和光荣职责，我们需要深化对学生思想政治教育的理论研究，需要从贯通国民教育的整体上来理解学生思想政治教育的本质规律，特别是深入把握新时代学生思想教育的学段样态、学段分工和学段规律，就需要形成贯通国民教育诸学段的学生思想政治教育理论体系、实践体系和学科体系。

　　需要指出的是，将这项贯通国民教育诸学段的实践活动从整体上统称为学生思想政治教育，创建学生思想政治教育学，能够充分发挥新时代思想政治教育学科对这项实践活动的应有支撑和贡献。不论是目前的德育学（没有研究学段问题），还是思想政治教育学原理（不专门针对学生），甚至大学生思想政治教育抑或青年学生思想政治教育学概论（没有打通大中小学诸学段），都无法取代学生思想政治教育学的创建。学生思想政治教育学以专门揭示各级各类学生思想政治教育的学问为自己的核心主题，以学生思想政治教育的整体化、系统化、学段化等为自己的核心使命，以学生思想政治教育的学段样态、学生思想政治教育的学段分工等为自己的核心概念。其实，创建学生思想政治教育学还能促进专门人才的培养。目前思想政治教育专业的毕业生很大一部分都将从事学生思想政治教育，但我们在人才培养课程中还没有一门直接告诉他们如何做好各级各类学生思想政治教育学问的专门课程（除了一些简单的教学法外，尚未对贯通国民教育的这项实践活动的本质和规律进行知识呈现，还缺失一门学生思想政治教育学课程）。这种现实与各级各类学生思想政治教育的客观存在，与学生思想政治教育工作者的专业要求，与学生思想政治教育在思想政治教育乃至国家和社会发展中的地位很不相符，从这个意义上看，我们也应该打通国民教育诸学段创建学生思想政治教育学。总而言之，学生思想政治教育学的创建，不仅能够深入揭示学生思想政治教育的本质和规律，助力于整体建构学生思想政治教育实践体系，服务于学生思想政治教育人才培养，还能从现实的维度上更好地担负起新时代学生思想政治教育的时代任务和光荣职责。

参考文献

［1］陆庆壬. 思想政治教育学原理［M］. 北京：高等教育出版社，1991.

［2］邱伟光，张耀灿. 思想政治教育学原理［M］. 北京：高等教育出版社，1999.

［3］张耀灿，陈万柏. 思想政治教育学原理［M］. 北京：高等教育出版社，1999.

［4］陈秉公. 思想政治教育学原理［M］. 北京：高等教育出版社，2006.

［5］仓道来. 思想政治教育学［M］. 北京：北京大学出版社，2004.

［6］张耀灿，郑永廷，吴潜涛，等. 现代思想政治教育学［M］. 北京：人民出版社，2006.

［7］熊建生. 思想政治教育内容结构论［M］. 北京：中国社会科学出版社，2009.

［8］曾德聪. 学校思想政治教育学概论［M］. 福州：福建教育出版社，1983.

［9］上海市高教局. 高等学校学生思想政治教育概论［M］. 北京：教育科学出版社，1984.

［10］樊万清，赵才元. 高等学校学生思想政治教育学概论［M］. 北京：高等教育出版社，1989.

［11］黄书孟. 学生思想政治教育概论［M］. 杭州：杭州大学出版社，1991.

［12］陈坚. 高校思想政治教育学概论［M］. 长春：东北师范大学出版社，1992.

［13］王琳，叶怀祥. 21 世纪高校学生思想政治教育研究［M］. 成都：西南交通大学出版社，2004.

［14］詹万生. 整体建构德育体系总论［M］. 北京：教育科学出版社，2001.

［15］陈安福. 中学生心理学［M］. 北京：高等教育出版社，2004.

［16］黄煜峰. 初中生心理学［M］. 杭州：浙江教育出版社，1993.

［17］张向奎，刘秀丽. 发展心理学［M］. 长春：东北师范大学出版社，2002.

［18］林崇德. 中学生心理学［M］. 北京：中国轻工业出版社，2013.

［19］马长青. 大学生问题［M］. 北京：中国青年出版社，2001.

［20］吴鲁平. 中国当代大学生问题报告［M］. 杭州：江苏人民出版社，2003.

［21］王立仁. 问题与对策——大学生活进行时［M］. 长春：吉林人民出版社，2009.

［22］杨晓慧. 当代大学生成长规律研究［M］. 北京：人民出版社，2011.

［23］谭德礼. 当代大学生思想特点及成长成才规律研究［M］. 北京：人民出版社，2012.

［24］肖鸣政. 品德测评的理论与方法［M］. 福州：福建教育出版社，1994.

［25］教育部社会科学司. 普通高校思想政治理论课文献选编（1949—2008）［M］. 北京：中国人民大学出版社，2008.

［26］刘建军. 思想政治教育学原理建构中哲学思维的运用［J］. 思想教育研究，2012 (4).

［27］刘智运. 高校德育体系的结构设计［J］. 高等教育研究，1991 (1).

［28］黄媛．构建大学生思想政治教育体系研究［J］．农业高等教育学报，2012（3）．

［29］文辉，黄少波．系统论在高校学生思想政治教育工作的运用与实践［J］．学术论坛，2017（5）．

［30］陈坚良．大学生思想政治教育的系统分析［J］．思想理论教育，2006（23）．

［31］陈志垠．高校德育系统的要素构成探赜［J］．学校党建与思想教育，2010（24）．

［32］孙其昂．思想政治教育系统建构的创新实践［J］．思想教育研究，2011（4）．

［33］徐艳国．浅论科学构筑大学生思想政治教育工作体系［J］．思想教育研究，2008（8）．

［34］彭庆红，张再兴．高校思想政治教育队伍协调配合机制的完善与改进［J］．思想教育研究，2008（9）．

［35］柯文进，李丽娜．从系统整合的视角看大学生思想政治教育［J］．高校理论战线，2012（5）．

［36］赵飞．论高校思想理论教育对象有效性［J］．中山大学学报论丛，2006（1）．

［37］宋妍，李超．高校思想政治教育工作对象研究［J］．思想理论教育导刊，2009（5）．

［38］李家珉．关于高校思想政治教育对象的若干思考［J］．思想理论教育，2009（7）．

［39］马依依．80后大学生政治信念和道德状况调查研究［J］．思想理论教育，2008（15）．

［40］翁铁慧．准确把握"80后"的成长特点增强思想政治教育实效性［J］．思想理论教育，2008（19）．

［41］张宝君．90后大学生心理特点解析与对策［J］．思想理论教育导刊，2010（4）．

［42］陈郭华．"90后"大学生群体风格和思想特点研究［J］．思想理论教育，2010（21）．

［43］孙成英．思想品德课教学应研究学生的接受心理［J］．思想教育研究，1994（5）．

［44］胡兴松．思想政治课教学艺术续论三：研究学生的艺术［J］．中学政治教学参考，1996（4）．

［45］王静．解读中学生敏感需要是思政课魅力所在［J］．现代中小学教育，2004（9）．

［46］张小乔．少年的自我意识与少年期教育［J］．首都师范大学学报（社会学科版），1984（4）．

［47］卢承业．略论少年期教育［J］．青海师范大学学报（社会学科版），1987（1）．

［48］章永生．中学生道德信念形成之研究［J］．西南师范大学学报（哲学社会科学版），1994（1）．

［49］路金声．关于中学生心理失衡的哲学思考——谈谈中学生的世界观教育［J］．基础教育研究，2000（2）．

［50］林崇德，李庆安．青少年期身心发展特点［J］．北京师范大学学报（社会科学版），2005（1）．

［51］王易，彭思雅．论思想品德的形成规律［J］．教学与研究，2012（9）．

［52］傅先庆．谈高校思想政治教育者的三项工作任务［J］．中国林业教育，1987（1）．

［53］刘晓峰．高校思想政治教育者应具备的素质［J］．太原理工大学学报（社会科学版），2001（1）．

［54］钟万林．论新时期高校思想政治教育者素质的培养［J］．高教论坛，2006（2）．

［55］张爱萍．认同视角下高校思想政治教育者素养探究［J］．学校党建与思想教育，2011（13）．

［56］张琰．论高校思想政治教育者的教育本性［J］．学校党建与思想教育，2016（12）．

［57］钱闻明．高校思想政治教育者转型的动力谫论［J］．学校党建与思想教育，2018（8）．

［58］陆锋，曾婷．高校思想政治教育者与教育对象互动中的冲突分析［J］．黑龙江高教研究，2007（6）．

［59］杨长青．思想政治教育者：影响教育对象态度改变的关键因素［J］．思想政治教育研究，2007（6）．

［60］邵献平．思想政治教育主客体关系的"双主体互动说"［J］．理论探讨，2005（6）．

［61］龙汉武．论高师学生思想政治教育目标的层次体系［J］．湖南师范大学学报（社会科学版），2006（5）．

［62］马红军，杨庆新．构建高职院校学生思想政治教育的目标体系［J］．思想教育研究，2008（5）．

［63］檀律科，张福珍．中美大学生思想政治教育目标对比研究［J］．江苏高教研究，2012（1）．

［64］李忠军．大学生思想政治教育目标新探［J］．思想理论教育导刊，2013（12）．

［65］李秀娟，解超．当代大学生思想政治教育具象化目标体系的构建［J］．上海师范大学学报（哲学社会科学版），2015（6）．

［66］陈鸿．创新高校学生思想政治教育内容体系的思考［J］．现代教育科学，2012（3）．

［67］刘先进．试论核心价值体系与思想政治教育内容创新［J］．兰州学刊，2007（12）．

［68］胡昂．大学与中学思想政治教育衔接性研究［J］．中国教育学刊，2009（7）．

［69］沈壮海．论思想政治教育理论研究的新范式与新形态［J］．思想理论教育导刊，2007（2）．

［70］田为龙．网络信息时代学生思想政治教育方法研究［J］．教学与管理，2012（2）．

［71］王树田，陈蕾，毛勇．少数民族大学生思想政治教育方法探析［J］．学校党建与思想教育，2013（9）．

［72］李江，石红，黎卫．构建高校德育评价的新体系［J］．当代青年研究，2005（4）．

［73］王瑛．中小学德育实效性的概念、判断及主要影响因素［J］．教育科学研究，2002（2）．

［74］赵剑民．试析德育价值与德育实效［J］．教育探索，2001（7）．

［75］王文源．关于德育评价科学化问题的几点思考［J］．教育科学研究，1994（2）．

［76］杜时忠．关于德育实效的调查研究［J］．教育实践与研究，2007（2）．

［77］吴灯，易连云．学校德育不能承受之重［J］．上海教育科研，2009（5）．

［78］郭政，王海平．思想政治教育评估标准和方法探析［J］．南京政治学院学报，2000（5）．

［79］王鲁宁，安明．思想政治工作评估标准的哲学探讨［J］．中共济南市委党校学报，2003（3）．

［80］项久雨．思想道德教育价值评价标准的逻辑结构［J］．学校党建与思想教育，2002（5）．

［81］徐海红．大学生思想政治教育实效性评价及标准体系论要［J］．国家教育行政学院学报，2010（12）．

［82］谢华．论高校思想政治教育评估的要求和标准［J］．西南民族学院学报（哲学社会科学版），2002（10）．

［83］张耀灿．改革开放 30 年与思想政治教育学科建设［J］．思想政治教育研究，2008（5）．

［84］张耀灿．30 年思想政治教育学科建设史述论［J］．学校党建与思想教育，2008（12）．

［85］王立仁．论思想政治教育学的研究对象［J］．北京交通大学学报（社会科学版），2011（3）．

［86］张忠华．论中国特色的德育概念之研究［J］．现代大学教育，2008（3）．

［87］高德毅．实施大中小德育课程一体化建设的现实需求［J］．社会主义核心价值观研究，2017（2）．

［88］邹维．中小学德育一体化建设探究［J］．教师教育论坛，2018（2）．

［89］翁铁慧．大中小学课程德育一体化建设的整体架构与实践路径研究［J］．上海师范大学学报（哲学社会科学版），2018（5）．

［90］谢梦菲．哲学视域下新时代一体化德育的构建［J］．思想政治课教学，2018（7）．

［91］冀晓萍．我国中小学德育一体化的政策溯源与实践理路［J］．中小学德育，2019（3）．

［92］陶丽．思想政治教育视阈下的大学生成长轨迹研究［D］．沈阳：辽宁大学，2011．

［93］何会宁．新时期思想政治教育视域下的大学生研究［D］．重庆：西南大学，2011．

［94］王书侠．改革开放三十年来大学生思想政治教育内容的历史考察与思考［D］．天津：天津师范大学，2009．

［95］潘晓阳．高校思想政治教育者时代形象塑造研究［D］．武汉：武汉大学，2018．

［96］田建国．把立德树人作为教育的根本任务［N］．光明日报，2013 － 02 － 09．

［97］汪华．2014 年全国"双有"主题教育活动发布［N］．光明日报，2014 － 04 － 01．

［98］张春铭．斩断伸向孩子的黑手［N］．中国教育报，2013 － 07 － 23．

［99］吴林龙，王立仁．思想政治教育要研究学生的思想和行为特点［N］．光明日报，2014 － 04 － 28．

后 记

大中小学生思想政治教育整体研究是非常有意义的课题，也是值得深入探讨的课题。学生构成的层次性、学生发展的阶段性、国民教育的层级性、社会现实的制约性，决定了不得不在国民教育的特定阶段，进行特定样式的教育。2019年3月18日，习近平总书记主持召开学校思想政治理论课教师座谈会时强调指出："在大中小学循序渐进、螺旋上升地开设思想政治理论课非常必要，是培养一代又一代社会主义建设者和接班人的重要保障。……要把统筹推进大中小学思政课一体化建设作为一项重要工程，推动思政课建设内涵式发展。"这是党的历史上第一次由总书记主持的规格最高的学生思想政治教育工作会议，也是中华人民共和国成立以来党中央第一次在贯通国民教育的整体上对大中小学生思想政治教育进行整体关照，值得学界高度重视和深入研究。

本书关于大中小学生思想政治教育的整体研究以普通国民教育的诸学段为参照，在系统梳理和把握相关研究现状的基础上，主要是从形成整体视域、实践要素整体建构、学科理论建设三个维度在贯通国民教育诸学段的意义上对学生思想政治教育进行了深入探讨。这些探讨可以为诸学段的学生思想政治教育实践提供参照，也可以为推动思想政治教育学科建设提供参考，具有突出的理论意义，也具有明显的应用价值。

大中小学生思想政治教育整体研究是一个系统工程，也是一个复杂课题。尽管我对这个问题的集中关注有三四年的时间了，积累了一些研究资料，做了一些前期思考，并发表了一些论文，在研究过程中也试图给出一些有新意的观点和启发性的结论，但总体上看，还有不尽如人意之处，特别是有些结论还有待验证。其实，本选题也是我博士论文研究的继续，四年前我在东北师范大学王立仁先生的指导下完成了博士论文。该博士论文是从贯通国民教育诸学段的意义上对学生思想政治教育对象进行了深入系统研究，先后获得过省级优秀博士论文和全国思想政治教育学科优秀博士学位论文。教育对象的系统研究是学生思想政治教育整体研究的"第一块砖"，是大中小学生思想政治教育实践要素整体建构的原点。在博士论文完成之时，我就想着将来有机会要以教育对象研究为基础，深入推进大中小学生思想政治教育的整体研究与理论建构。

在四年之后的今天，我把自己这方面的思考和心得整理出来，感到很充实，也很欣慰，期待着能助益学界对这个问题的研究。当然，由于时间和精力的不足，特别是能力的限制，还有很多的不足之处，恳请诸位专家学者的批评指正。最后特别感谢老师对我的培养，感谢朋友们对我的关照，感谢北京师范大学马克思主义学院领导和同事们对我的关心，感谢我的硕士生张鑫凝同学对书稿的文字校对，感谢知识产权出版社的编辑对书稿的编辑出版！

吴林龙

2019 年 3 月

于北京师范大学马克思主义学院